大学生文化导读

主　编　周银平
副主编　岳五九　王　强　金绍兵

中国水利水电出版社
www.waterpub.com.cn
·北京·

内 容 提 要

本书内容主要为中华优秀传统文化、水文化和徽文化，对中华优秀传统文化中儒、道、墨、法、兵家文化，以及水文化和徽文化等作出了深入浅出的解读阐释，内容丰富，主题明确，主线清晰，逻辑缜密，是青年大学生开展文化理论学习和增强文化自信的重要辅导读本。

本书可作为大专院校文化类教材。

图书在版编目（CIP）数据

大学生文化导读 / 周银平主编. -- 北京 : 中国水利水电出版社, 2019.10
ISBN 978-7-5170-8031-2

Ⅰ. ①大… Ⅱ. ①周… Ⅲ. ①中华文化－高等学校－教材 Ⅳ. ①K203

中国版本图书馆CIP数据核字(2019)第218196号

书　　名	**大学生文化导读** DAXUESHENG WENHUA DAODU
作　　者	主　编　周银平 副主编　岳五九　王　强　金绍兵
出版发行	中国水利水电出版社 （北京市海淀区玉渊潭南路1号D座　100038） 网址：www. waterpub. com. cn E-mail：sales@waterpub. com. cn 电话：（010）68367658（营销中心）
经　　售	北京科水图书销售中心（零售） 电话：（010）88383994、63202643、68545874 全国各地新华书店和相关出版物销售网点
排　　版	中国水利水电出版社微机排版中心
印　　刷	清淞永业（天津）印刷有限公司
规　　格	184mm×260mm　16开本　10印张　243千字
版　　次	2019年10月第1版　2019年10月第1次印刷
印　　数	0001—4000册
定　　价	**38.00**元

前言

中华文化源远流长、灿烂辉煌。在5000多年文明发展中孕育的中华优秀传统文化积淀着中华民族最深沉的精神追求，代表着中华民族独特的精神标识，是中华民族生生不息、发展壮大的丰厚滋养，是中国特色社会主义植根的文化沃土，是当代中国发展的突出优势，对延续和发展中华文明、促进人类文明进步，发挥着重要作用。

中共中央办公厅、国务院办公厅《关于实施中华优秀传统文化传承发展工程的意见》着重指出：随着我国经济社会深刻变革、对外开放日益扩大、互联网技术和新媒体快速发展，各种思想文化交流交融交锋更加频繁，迫切需要深化对中华优秀传统文化重要性的认识，进一步增强文化自觉和文化自信；迫切需要深入挖掘中华优秀传统文化价值内涵，进一步激发中华优秀传统文化的生机与活力；迫切需要加强政策支持，着力构建中华优秀传统文化传承发展体系。实施中华优秀传统文化传承发展工程，是建设社会主义文化强国的重大战略任务，对于传承中华文脉、全面提升人民群众文化素养、维护国家文化安全、增强国家文化软实力、推进国家治理体系和治理能力现代化，具有重要意义。《安徽省实施中华优秀传统文化传承发展工程工作方案》也强调：推动高校开设中华优秀传统文化必修课，加强地方文化校本课程建设，探索中华文化地方课程，强化中华文化教育。

安徽水利水电职业技术学院作为水利行业院校也将关注水利行业文化——水文化的传承和创新。水，以其原始宇宙学的精髓内涵已渗入人类文化思想的意识深层。在漫漫的历史长河中，伴随着人类的进化以及对自然的认知，由物质的层面升华到一种精神的境界。搜寻中国的文化典籍，几乎所有文献，都蕴含着丰富的“水文化”的内容，对“水”的描写、吟诵、歌咏，也一如那些被视为“永恒”的题材。水，不仅影响了中国文化的产生，在文化进程中演绎出丰姿多彩的面貌，而且随着历史的演替，人类文明的发展，已成为中国文化阐释的一个“对象主体”，并使这一文化体系生发出一种特异的艺术光彩。

安徽水利水电职业技术学院作为隶属安徽省的高职院校也将关注安徽地域文化——徽文化的传承和创新。徽文化是一个极具地方特色的区域文化，其内容广博、深邃，有整体系列性等特点，全息包容了中国后期封建社会民间经济、社会、生活与文化的基本内容，被誉为是后期中国封建社会的典型标本。学术界对其的研究，逐渐形成了一门相对独立的地方学——“徽学”，被誉为是并列于敦煌学和藏学的中国三大走向世界的地方显学之一，因而研究徽文化，对弘扬中华传统文化、促进地方经济和社会发展都具有十分重要的意义。

本书是安徽水利水电职业技术学院马克思主义学院核心课程建设成果之一，校本教材的最大特色是内容的广泛性和行业性、地域性的结合。在文化大繁荣、大发展的今天，文化资源越是地域的、行业的，也是民族的，越是民族的也就越是世界的。

本书是团队合作的成果、集体智慧的结晶。由安徽水利水电职业技术学院周银平担任主编，岳五九、王强、金绍兵担任副主编。具体分工如下：吴强编写第一章、第四章，唐业之编写第二章，周留华编写第三章，金绍兵编写第五章，岳五九、王强编写第六章。全书由周银平负责审稿工作。

由于编写时间仓促，加之编者水平有限，疏漏之处在所难免，敬请广大读者批评指正！在编写过程中参阅了多位专家学者的研究成果，篇幅有限不能一一致谢，在此一并表示衷心感谢！

编者

2019年9月

目录

第一章

总　　论

第一节　“文 化” 界 说

文化是一种社会现象，它是由人类长期创造形成的产物，同时又是一种历史现象，是人类社会与历史的积淀物。确切地说，文化是凝结在物质之中又游离于物质之外的，能够被传承的国家或民族的历史、地理、风土人情、传统习俗、生活方式、文学艺术、行为规范、思维方式、价值观念等，它是人类相互之间进行交流的普遍认可的一种能够传承的意识形态，是对客观世界感性上的知识与经验的升华。简单来说文化就是区域人类的生活要素形态的统称：即衣、冠、文、物、食、住、行等。

文化包括物质文化、制度文化和心理文化三个方面。物质文化是指人类创造的物质文明，包括交通工具、服饰、日常用品等，它是一种可见的显性文化；制度文化和心理文化是人类所创造的精神财富，包括生活制度、家庭制度、社会制度以及思维方式、宗教信仰、审美情趣等，它们属于不可见的隐性文化。

广义的文化，是人类在社会历史实践过程中所创造的物质财富和精神财富的总和。著名学者李二和在《舟船的起源》中指出：“文化是一切生命文明行为的代称，大自然是人类文化的根本导师和启蒙者。我们几乎没有一样科学发明是凭空想来的，莫不受自然的启示。人类的文化是大自然的恩赐。”广义的文化包括四个层次：一是物态文化层，由物化的知识力量构成，它是人的物质生产活动及其产品的总和，是可感知的、具有物质实体的文化事物。二是制度文化层，由人类在社会实践中建立的各种社会规范构成。包括社会经济制度、婚姻制度、家族制度、政治法律制度以及家族、民族、国家、经济、政治、宗教社团、教育、科技、艺术组织等的组织制度。三是行为文化层，以民风民俗形态出现，见之于日常起居活动之中，具有鲜明的民族、地域特色。四是心态文化层，由人类社会实践和意识活动中经过长期蕴育而形成的价值观念、审美情趣、思维方式等方面而构成。

狭义文化指社会的意识形态以及与之相适应的制度和组织机构，就是在历史上一定的物质生产方式的基础上发生和发展的社会精神生活形式的总和。1871 年，英国文化学家泰勒在《原始文化》一书中提出了狭义文化的早期经典学说，即文化是包括知识、信仰、艺术、道德、法律、习俗和任何人作为一名社会成员而获得的能力和习惯在内的复杂整体。

文化也可以称为社会团体共同的思维特征。不论“文化”有多少定义，但有一点还是很明确的，即文化的核心问题是人。有人才能创造文化。文化是人类智慧和创造力的体现。不同种族、不同民族的人创造不同的文化。人创造了文化，也享受文化，同时也受约束于文化，最终又要不断地改造文化。我们都是文化的创造者，又是文化的享受者和改造者。人虽然要受文化的约束，但人在文化中永远是主动的。没有人的主动创造，文化便失去了光彩，失去了活力，甚至失去了生命。我们了解和研究文化，主要是观察和研究人的创造思想、创造行为、创造心理、创造手段及其最后成果。

人类由于共同生活的需要才创造出文化，文化在它所涵盖的范围内和不同的层面上发挥着主要的功能和作用。

第一，整合作用。文化的整合功能是指它对于协调群体成员的行动所发挥的作用，就像蚂蚁过江。社会群体中不同的成员都是独特的行动者，他们基于自己的需要，根据对情景的判断和理解采取行动。文化是他们之间沟通的中介，如果他们能够共享文化，那么他们就能够有效地沟通，消除隔阂、促成合作。

第二，导向作用。文化的导向功能是指文化可以为人们的行动提供方向和可供选择的方式。通过共享文化，行动者可以知道自己的何种行为在对方看来是适宜的、可以引起积极回应的，并倾向于选择有效的行动，这就是文化对行为的导向作用。

第三，维持秩序作用。文化是人们以往共同生活经验的积累，是人们通过比较和选择认为是合理并被普遍接受的东西。某种文化的形成和确立，就意味着某种价值观和行为规范的被认可和被遵从，这也意味着某种秩序的形成。而且只要这种文化在起作用，那么由这种文化所确立的社会秩序就会被维持下去，这就是文化维持社会秩序的功能。

第四，传续作用。从世代的角度看，如果文化能向新的世代流传，即下一代也认同、共享上一代的文化，那么，文化就有了传续功能。

文化作为一种精神力量，能够在人们认识世界、改造世界的过程中转化为物质力量，对社会发展产生深刻的影响。这种影响，不仅表现在个人的成长历程中，而且表现在民族和国家的历史中。人类社会发展的历史证明，一个民族，物质上不能贫困，精神上也不能贫困，只有物质和精神都富有，才能自尊、自信、自强地屹立于世界民族之林。

中国文化是中华民族在长期历史发展中的伟大创造物，是整个民族智慧和创造力的结晶。数千年来，它不但在中国历史上大放光彩，惠及历代炎黄子孙，而且在汉代开辟了“丝绸之路”以后，影响了西方世界的历史与文化。在国际社会中，它的传播更加迅速，影响也更加广泛。

第二节　中国传统文化

中国传统文化是指以个体农业经济为基础，以宗法家庭为背景，以儒家伦理道德为核心的社会文化体系。独具特色的语言文字艺术、浩如烟海的文化典籍、领先世界的科技工艺、精彩纷呈的文学艺术、鬼斧神工的建筑文化、天人合一的水利文化、充满思辨的哲学文化、完备深刻的道德伦理文化、等级森严的政治文化、美轮美奂的器皿文化、大放异彩的民俗文化，共同构成了传统文化的基本内容。中国传统文化是以孔子为代表的儒家文化为主体，中国约 5000 年历史中延绵不断的政治、经济、思想、艺术等各类物质和非物质文化的总和，是中华民族的思想精神，是社会政治和经济的根本。

一、中国传统文化的特征

中国传统文化蕴含着中华民族的思维方式、价值观念、行为准则。重现出以下几个特征。

（一）强调知行统一，知识与道德统一

中国古代哲学体系，其核心就是伦理道德学说，其宇宙本体是伦理道德的形而上的实体，其哲学理性是道德化的实践理性。老子提出："人法地，地法天，天法道，道法自然。"在他看来，人伦效法自然。他把自然人格化，伦理化，人的价值以伦理原则为尺度。从认识论上看，中国传统哲学强调知行统一，认识与道德统一。认识的目的在于觉悟，在于行德。《白虎通义》称："学之为言觉也，悟所不知也。"所谓觉悟，就是打开心灵的混沌，焕发德行的潜力。以德行觉悟为认识的主要目标，既是中国文化伦理型性格的表现，又助长了它的伦理化走向。因此，中国文化认识外在客观事物，即使是自然界，也把它与人伦道德搅在一起，而不把它当作独立的认识对象。如果说西方文化是"智性文化"，那么中国文化可以称作"德性文化"。在这种"求善"的德性文化模式制约下，中国的"治道"要津不在"法"治，而在"人"治。"人"治又特别注重道德教化的作用。"以身训人是之谓教，以身率人是之谓化"，尊者、长者尤其要讲究以表率服人。所谓"父不慈则子不孝，兄不友则弟不恭，夫不义则妇不顺"。这一思想的通俗化、大众化的表达，则是"上梁不正下梁歪"。人治先于法治，身教重于言教，这是中国文化的传统。

（二）以惩恶扬善为宗旨，强调教化作用

中国传统文化十分强调"惩恶扬善"和教化作用。如中国古代文学历来就强调"文以载道"，十分重视文学的教化作用，提倡美与善相结合。宋代理学家周敦颐说："文所以载道也，轮辕饰而人弗庸（用），徒饰也，况虚车乎？"（《通书·文辞》），并不承认文学在传播政治伦理学说外，还自有独立的价值。唐代诗人杜甫也说："文章一小技，于道未为尊"（《贻华阳柳少府诗》），因文章主要是载道的而不敢以文章写得好而自尊自傲。在绘画艺术中，画家着力表现花草树木、飞禽走兽、山川日月、天地万物，不是为了表现它们自身的美，而是因为从它们的生命节律和形式可以联想到人类社会的运行节律和形式，体悟到伦理道德和思想感情。正如墨竹画家文同说："竹如我，我如竹。"他之所以醉心于绘画"心虚异众草，节劲逾凡木"的竹子，就是要用竹来颂扬谦逊的品格，坚贞的气节，借以砥砺自己的品格。写物是为了写人，以颂扬人伦道德、节操。就是史学，也不以存史为主要目的，而以"寓褒贬，别善恶"为宗旨。写历史是服从和服务于伦理的需要。中国古代教育也是把伦理道德教育放在第一位，把学习文化知识放在第二位。教育的目的是使学生成为有道德的"君子"。孟子也明确指出教育的目的是为了"明人伦"，"教以人伦：父子有亲，君臣有义，夫妇有别，长幼有序，朋友有信"（《孟子·滕文公上》）。

总之，中国传统文化，无论文学艺术，还是史学、教育都以"惩恶扬善"的教化为目的，渗透了伦理道德观念。

（三）强调"忠孝"，充满人文精神

中国传统文化特别重视宣传"忠孝"观念。宗法专制的中国古代社会把天下（国家）

视为一个大家庭，封建国家的政体就是按照父权家长制的模式建立起来的，君主是全国的“严父”。诚如黑格尔所说：“中国纯粹建筑在这样一种道德的结合上，国家的特性便是客观的‘家庭孝敬’。中国百姓把自己看作是属于他们家庭的，而同时又是国家的儿女。”所以，中国封建统治阶级提倡“以孝治天下”。在他们看来，在家孝顺父母，出外就能忠于君王，就不会犯上作乱，天下也就太平了。中国古代政治从来就没有完善而独立的法律制度，而是以德代政，以道德说教来代替法制的实施。此外，中国古代文化充满人文精神，具有非宗教性品格。在中国传统文化中，人事、人伦摆在首要地位，而不是宗教。孔子说：“未能事人，焉能事鬼?”“子不语怪、力、乱、神。”由于中国文化充满人文精神，重人伦，讲究“忠”“孝”“仁”“义”，所以，造就了历史上众多的舍生取义、精忠报国的志士仁人。由于中国文化强烈的人文精神，才有中华民族巨大的凝聚力，才有数千年辉煌昌盛的文明。但是以孝亲、忠君为核心的封建伦理意识，也是残害人民的精神枷锁——“君要臣死，臣不得不死；父要子亡，子不得不亡”的封建糟粕，也严重地阻碍了历史车轮的前进。

（四）强大的生命力和凝聚力

在人类社会发展史上，不但有四大文明古国，也曾经出现过许多优秀的文化体系。英国历史学家汤因比认为，在近6000年的人类文明史上，出现过26个文明形态，但是在全世界只有中国的文化体系是长期延续发展而从未中断过的文化。这种强大的生命力成为中国文化的一个重要特征。中国文化的强大生命力表现在很多方面，但最突出地表现在以下两个方面：

一是表现出无与伦比的生命延续力。就世界范围而论，中国古代文化虽然是世界上最古老的文化之一，却不是最早的。但在世界上所有古老的文明与文化中，唯有中国传统文化表现出最顽强的生命延续力。这种无与伦比的生命延续力，使得中国传统文化成为世界上唯一绵延不绝发展至今的一种文化类型。在人类历史上，多次出现过因为外族入侵而导致文化中绝的悲剧，如印度文化因雅利安人入侵而雅利安化，埃及文明因亚历山大大帝国占领而希腊化、恺撒占领而罗马化、阿拉伯人移入而伊斯兰化，希腊罗马文化因日耳曼蛮族入侵而中绝并沉睡千年。但是在中国，此类情形从未发生。中国文化持续至今而未曾中辍，表现出无与伦比的延续力。

在漫长的历史发展过程中，中国古代文化虽未受到远自欧洲、西亚、南亚而来的威胁，但也屡屡遭到北方游牧民族的军事冲击，如春秋以前的“南夷”与“北狄”入侵，十六国时期的“五胡乱华”，宋元时期契丹、女真、蒙古人接连南下，直至明末满族入关。这些勇猛剽悍的游牧民族虽然在军事上大占上风，甚至多次建立起强有力的统治政权，但在文化方面，却总是自觉不自觉地被以华夏农耕文化为代表的先进的中原文化所同化。匈奴、鲜卑、突厥、契丹、女真、蒙古等游牧或半农半牧民族在与先进的中原文化的接触过程中，几乎都发生了由氏族社会向封建社会的过渡或飞跃。军事征服的结果，不是被征服者的文化毁灭与中断，而是征服者的文化皈依和进步。而在这一过程中，中国传统文化又多方面地吸收了新鲜养料，如游牧民族的骑射技术，边疆地区的物产、技艺等，从而增添了新的生命活力。

正是从这个意义上，我们说中国传统文化犹如万里长江，是由无数高山上的涓涓细流，汇合成奔腾的大河，一直向前发展，从不中断，直到汇入大海。所以，中国传统文化在发展中既是一脉相承的，又汇入综合了我国各民族的智慧，形成了独特的具有强大生命力的文化体系，成为人类文化史上的伟大奇观。

二是表现出非凡的包容会通精神。中国传统文化在自己的发展历程中，从不抱残守缺，故步自封，总是能以非凡的包容和会通精神来丰富和完善自己。中国传统文化的这一精神首先表现在对诸家学说采取兼容并蓄的学术主张。中国古代思想家虽各有所尊，但又提倡“万物并育而不相害，道并行而不相悖”，并把这当作文化发展的理想境界。所以，春秋战国时虽百家争鸣，互相驳难，但也互相吸收。如吕不韦就主张统揽百家，这一思想集中体现在他主持编撰的《吕氏春秋》上。而中国传统文化中，儒、释（佛）、道三者得以长期并存，更是典型地反映了这一包容会通精神。所以，在中国古代，儒、释（佛）、道三者的神可以并祀于一堂，在《西游记》《红楼梦》等古典小说中更是可以见到三者合一的许多具体描写。唐太宗在《大秦景教碑》序文里，甚至表达了任何宗教都可以融合在一起的思想。事实上，中国古代除了儒、释（佛）、道三家并存外，甚至还以宽容的心态接受了基督教、伊斯兰教等其他宗教。

总之，被打上儒家伦理文化烙印的中国传统文化是封闭的生态环境条件下，农业为主的自然经济的产物，是以汉族为主体，融合各族人民的智慧，共同创造的，这一特定区域特定人类圈的社会精神形态，具有强烈的民族性。在5000年文明进程中，中国传统文化形成完整而庞大的体系，从哲学思想、思维方式到心理倾向，渗透进社会生活的方方面面，十分丰富，具有内容的完整性。中国传统文化具有永久的传承性，世世代代传播延续下去，无论是自然传承，还是选择传承，随着时间的推移从不停止。

当然，传统文化属于旧的时代，受着时代的局限，对其的态度总是一分为二的，其中精华与糟粕并存，养料与毒素同在。对教育有正面的积极的影响，也有负面的消极的效应，具有影响的双重性。

二、包罗万象的中国传统文化

中国传统文化博大精深，源远流长，兼容并蓄，包罗万象。内容主要包括语言文字、古代科学技术、古代教育、古代文学、古代艺术、古代史学、传统理论道德、古代宗教、古代思想、传统节日、名山大川。

诸子百家思想文化。在5000年文明进程中，中国产生了璀璨的思想文化，形成了百家争鸣的文化盛事。如老子、庄子、列子为代表的道家思想文化，思想主张为“道德、无为、逍遥”，代表著作有《道德经》《南华经》《管子》。以孔子、孟子为代表的儒家思想文化，其思想核心为仁、义、礼、智、信，代表著作有《论语》《孟子》《中庸》《大学》。以李悝、韩非、李斯为代表的法家思想文化，其思想核心为“君主集权，以法治国”。以墨子为代表的墨家思想，其思想核心为“兼爱、非攻、举贤、节俭”。还有以公孙龙为代表的名家思想，以邹衍为代表的阴阳家思想，以鬼谷子、苏秦、张仪为代表的纵横家思想，以吕不韦为代表的杂家思想，以孙武、孙膑为代表的兵家思想。这些学派共同丰富了中国传统思想文化。

琴棋书画。中国古代人民的智慧是无穷的，在生活中，创造了许多乐器和名曲，以及书法艺术、绘画艺术。乐器有笛子、二胡、古筝、箫笛、鼓、古琴、琵琶。利用这些乐器，劳动人民创造了许多脍炙人口的名曲，如《高山流水》《广陵散》《平沙落雁》《梅花三弄》《十面埋伏》《夕阳箫鼓》《胡笳十八拍》《汉宫秋月》《阳春白雪》《渔樵问答》。中国象棋、中国围棋，对弈、棋子、棋盘；中国书法、篆刻印章、文房四宝（毛笔、墨、砚台、宣纸）、木版水印、甲骨文、钟鼎文、汉代竹简、竖排线装书；国画、山水画、写意画；敦煌壁画；八骏图、太极图（太极）。这些无不彰显传统文化的昌盛与魅力。

传统文学。中国传统文学主要是指诗、词、曲、赋、小说、诗学、散文。包括先秦诗歌、汉赋、唐诗、宋词、元曲、明清小说。这些都散发着迷人的魅力，成为中国文化的重要组成部分。如《西游记》《红楼梦》《三国演义》《水浒传》《聊斋志异》等不仅成为中国世代传颂的佳作，也为世界人民所接受。

传统节日。中国有各种各样的传统节日，也有各种礼仪和习俗。汉民族传统节日近50个。如春节、上元节（元宵节）、花朝节（百花生日）、上巳节（三月三）、寒食节、清明节、端午节、七夕节、中元节（鬼节）、中秋节、重阳节、冬至节、腊八节、祭灶日（小年）、除夕。每个地方还有地方和民族的特色。

中国戏剧。中国拥有众多的剧种，充满地方色彩和文化元素。如京剧、越剧、秦腔、潮剧、昆曲、湘剧、豫剧、曲剧、二人转、河北梆子、皮影戏、川剧、黄梅戏、粤剧、花鼓戏、巴陵戏、木偶戏、脸谱、梨园戏、歌仔戏、双簧等。

语言文字。汉字是世界四大自源文字之一（另外三种是埃及圣书字、苏美尔楔形文字、玛雅文字），并且是唯一一种使用至今，并仍然充满活力、历久弥新的文字。汉字作为表意（语素）文字的杰出代表，独霸世界文字之林半边天（另一半是各种字母、表音文字）。汉字及其所记录的汉语，精妙绝伦，其艺术性盖诸文字之冠，也产生了古典格律诗、对联、字谜、测字算卦等各类艺术形式。

传统中医。中医是中国医学的重要组成部分。在日常的生活中，劳动人民充分发挥智慧，编写了许多中医学著作，如《黄帝内经》《针灸甲乙经》《脉经》《本草纲目》《千金方》《神农本草经》《伤寒杂病论》《金匮要略》。直到现在，这些理论仍然发挥着作用，成为中国医学发展的重要源泉。

宗教哲学。包括儒、道、释、周易、阴阳、五行、干支、罗盘、八卦、占卜、风水、面相等方面。

民间工艺。包括潮绣、剪纸、风筝、中国织绣（刺绣等）、中国结、泥人、面人、面塑、纹样（饕餮纹、如意纹、雷纹、回纹、巴纹等方面。

民风民俗。包括礼节、婚嫁（红娘、月老、聘礼、洞房）、丧葬（孝服、纸钱、头七）、祭祀（天地祖先）、贴门神、年画等。

衣冠服饰。汉族衣冠服饰始于黄帝，备于尧舜，各朝代形制不同。汉族还有受其他民族文化影响而诞生的中山装、唐装、旗袍等。各少数民族服饰、各类传统及现代的佩饰、鞋、帽等，也独具特色。

古玩器物。包括玉、金银器、瓷器、红木家具、景泰蓝、中国漆器、彩陶、紫砂器、蜡染、古代兵器、青铜器、古玩（铜钱等）、鼎、金元宝、如意、烛台、红灯笼、黄包车、鼻烟壶、鸟笼、长命锁、铜镜、大花轿、水烟袋、芭蕉扇、桃花扇等。这些无不体现中国传统文化的博大精深，是中国元素的象征。

传说神话。中国古代劳动人民在劳动中，创造了许多感人至深的传说神话。如盘古开天辟地、女娲补天、后羿射日、嫦娥奔月、夸父逐日、精卫填海、天仙配、梁祝、孟姜女哭长城、牛郎织女、白蛇传、妖怪、玉帝、阎罗王、黑白无常、孟婆、奈何桥等。这些传说神话虽是生产力低下的产物，但是充分反映了劳动人民的智慧和想象力，为古代文化繁荣提供了诸多源泉和素材。

传统音乐。中国传统音乐分类如下：民间音乐、文人音乐、宗教音乐、宫廷音乐。其中民间音乐包括民间歌曲、民间器乐、民间歌舞、戏曲音乐和说唱音乐；文人音乐包括古琴音乐、诗词吟诵调、文人自度曲；宗教音乐包括道教音乐、佛教音乐、伊斯兰教音乐、萨满教音乐及其他宗教音乐；宫廷音乐包括祭祀乐、朝会乐、喜迎及巡礼乐、宴乐。

中国对联。对联，又称楹联或对子，是写在纸、布上或刻在竹子、木头、柱子上的对偶语句。对联言简意深，对仗工整，平仄协调，是一字一音的中文语言独特的艺术形式。对联相传起于五代后蜀主孟昶，它是中华民族的文化瑰宝。

名山大川。中国地大物博，拥有名山大川无数。如五岳的华山、恒山、衡山、嵩山、泰山。四大佛教名山：山西五台山、四川峨眉山、安徽九华山、浙江普陀山。道教四大名山：青城山、龙虎山、武当山、齐云山。中国七大水系：长江、黄河、淮河、珠江、松花江、辽河、海河。

总之，在劳动过程中，我国古代人民创造了内涵丰富的传统文化。这些文化不仅充分反映了当时中国社会的现状，更为社会主义文化建设提供了宝贵的精神财富。

第二章

儒 家 文 化

第一节 儒家文化概述

文化是中华民族精神的载体，中国传统文化源远流长，博大精深，是中国文化的主体部分，而儒家文化是中国传统文化的主流和重要组成部分，发挥着重要的作用，为历代统治者和知识分子所推崇。儒家的价值理念、伦理道德观、仁爱观等影响着中国乃至世界，我们要继承和弘扬以儒学为代表的中国传统文化，取其精华，去其糟粕，迎接未来的竞争与挑战。儒学体现了传统文化精神、价值选择、价值观念，可以以儒治世。儒学是凝成中国民族精神的主流，是东亚文明的精神内核。“察业识某若佛，观事变莫若道，而知性尽性，开价值之源，树价值之主体，莫若儒”。儒学的这种地位是历史形成的，在两千五百多年前，孔子创立儒家学说，不是凭空创造的，而是在社会的大动荡中通过对三代流传下来的中国传统文化遗产进行反思，认真梳理和重新加以诠释而形成的思想学说体系。孔子提倡“信而好古”和“好古敏以求之”，使儒学具有深厚的历史渊源，成为中国原典的保存者和当时中国传统文化的集大成者。孔子非常注重实地考察，坚持“察知征信”与“因革损益”的原则，使儒学又具备审慎的因时制变的品格，在中国处在第一次社会形态变革的时代，儒学即应运而生，这突出了中华传统文化需要保存、延续和发展的特性。

中国传统文化的主干是儒、道、佛三家思想，其中儒家思想是核心。因此，要了解中国传统文化首先应该了解儒学。

儒家思想是随着时代的变迁而不断演进的。孔子于春秋末期创立儒家学派，提出“克己复礼”“仁者爱人”等一整套对后世产生巨大影响的政治伦理思想体系。战国时期儒家分成八派，主张性善论的孟子学派和主张性恶论的荀子学派是最主要的两派。至汉代，儒家思想经过董仲舒的改造而神学化，并由民间的一种学说变为官方的统治意识，取得了独尊的地位。儒家思想在魏晋时受到玄学和佛教的挑战，一度衰落，但它的纲常伦理观念有利于封建统治，影响仍然很大。唐代孔颖达等人作《五经正义》，儒学再度被罩上耀眼的光环。到宋代，儒学吸收佛、道思想，更加完善和哲理化，称为理学。后来理学发展为心学，成为明代的显学。清代又出现提倡经世致用的实学。儒家思想的理论形态虽然不断改变，但有其共同的基本特征。我们应从儒家的演变、发展中，进一步认识儒家的思想人格和人生哲学模式，实事求是地分析其历史地位和作用。

第二节　先秦儒家思想

一、孔子的天命观和仁、礼思想

在向封建社会过渡的春秋战国（即先秦）时期，产生了强烈的人文意识，一些学者通过对自然、社会和人生的观察体验，形成各具特色的学说。一时，百家争鸣，蔚为壮观，从而奠定了中国文化的基本格局。

儒家思想是中国文化的主干之一，产生于春秋战国之际，以孔孟之学为其学术代表，主要有《周易》《尚书》《诗经》《礼记》《春秋》《论语》《孟子》等儒家经典。

孔子（公元前551—公元前479年），名丘，字仲尼，春秋末期鲁国（今山东曲阜）人。他幼年丧父，过着贫贱的生活，青年时做过会计和牛羊管理人。他非常好学，曾学习过音乐，对古代的典章制度产生了浓厚兴趣。在他30岁时，开始私人讲学，这是他一生的主要事业。51岁出任鲁国中都宰，后来升任司空、司寇。因不能实现政治思想，在54岁时离开鲁国，带着弟子游说列国，14年间，到过宋、卫、陈、蔡、齐、曹、郑、薛、叶、楚等国，自称"如有用我者，吾其为东周乎"（《论语·阳货》）。各诸侯国君主都不采纳他的主张，等其再回鲁国时，已68岁了。

孔子晚年致力于教育，并系统整理了《诗》《书》等古代文献。依据《史记·孔子世家》记载，他把记叙历史的《春秋》加以删修，使之成为我国第一部编年体历史著作。《论语》是他的弟子和再传弟子整理的孔子言行录，载有孔子与弟子间的谈话，是后人研究孔子思想的基本资料。

孔子是儒家学派的创始人。"儒"的名称，早在商代就有了，是对一种宗教职业人员的称呼。这种人员的主要职责是主持祭祀和接待宾客，与这两项职责相适应，需要掌握那些与迷信掺杂在一起的古代天文知识和礼仪规则。在宗教和政治合一的时代，儒的宗教职责与政治职责是分不开的。但春秋时代的儒，已经不再是与政治结合的神职人员，而成为以传授礼仪知识谋生的自由职业者。他们出仕于朝堂，能够为公卿尽其忠顺；人居于家中，可对父兄尽其孝悌。遇事尽量按"礼"的规定约束自己，不饮酒乱其本性。孔子具备春秋时代儒的修养，也做过儒的事情，但他不是普通的儒，是一个有政治思想且学术渊博的儒。

孔子是中国历史上第一个创办私学的教育家。教育是孔子一生的主要事业。他依照"有教无类"（《论语·卫灵公》）的主张办学，把社会上不同阶层的人吸收到自己门下来，在几十年中形成了一个很有影响的学派——儒家学派。孔子从事教育近半个世纪，先后有弟子三千，兼通"六艺"者七十二人。不少弟子经学习之后，从事政治或教育活动，成为有政绩、有名望的人。孔子的教育事业，对于打破贵族垄断文化教育和贵族世袭官职的局面起了重要作用。孔子死后，儒家分成八个派别，称为儒家八派。子思、孟子两派有承继关系，思想倾向基本一致，自宋代后被尊为儒家正宗。荀子为代表的一派，与子思、孟子的思想有差别，当时也有很大影响。在后来的封建社会里，统治者常常兼用荀子儒学和孟子儒学以统治人们的思想。

在西周宗教思想体系中，天的观念是西周全部历史观念、伦理观念、政治观念以及自然观念的基础。人们崇拜的天是活灵活现的人格神。在他们的观念中，天的命令是准确无误的。孔子没有完全摆脱传统的天命思想，他说："获罪于天，无所祷也"（《论语·八佾》）。他认为自己担负着承继古代文化的使命，而这使命是天赋予的。但是，孔子对"天命"的态度模棱两可。一方面，他一生孜孜不倦，"知其不可而为之"，似乎很不以"天命"为然；另一方面，当他的思想不能实现，处处碰壁，理想落空时，特别是到了晚年，他又相信起天命来了。他自称"五十而知天命"，又称"生死有命，富贵在天"，君子"畏天命"，"小人不知天命而不畏也"（《论语·季氏》），显然这在逻辑上互相矛盾。

"天命"是虚的，而礼乐则是现实的。礼起源于宗教仪式，用以表示对神灵和祖先的敬意。在宗教政治时代，作为祭祖的礼必然具有国家政治制度的意义。"礼"就其实质而言，是维护等级森严的秩序的。因此，礼首先指社会政治制度，其次才是伦理道德规范。《礼记·曲礼》说："夫礼者，所以定亲疏、决嫌疑、别同异、明是非也。"很明显，孔子鼓吹的"礼"，是用以维系"君君、臣臣、父父、子子"的人伦关系的。

孔子关于礼的言论相当多，他是拥护周礼的，但他所说的礼，在范围和含义上与周礼又有所不同，表现出对古代思想的改造。其一，补充了周礼。西周"礼不下庶人"，孔子打破了这一传统，主张"齐之以礼"（《论语·为政》）。其二，孔子所说的礼的基本意思是礼仪、礼制，突出了现实政治的含义，崇敬鬼神的色彩被淡化了。

孔子重视礼，规定"非礼勿视，非礼勿听，非礼勿言，非礼勿动"（《论语·颜渊》），不仅要求学生们知道礼乐条例，更要求学生们理解礼乐精神的实质和现实作用。他认为礼乐的作用是调和社会各阶层之间的关系，这正是前代圣王之道的精神实质所在。统治者依礼办事，才能更容易"使民"，并使统治阶级内部各安其分，避免冲突。而士阶层依礼"事君"，以礼约束自己的行为，恭敬地执行自己的职责，才能在社会上立足。这些必定会束缚人们的思想，扼杀人们的创造精神。

礼是宗法社会的产物，它自然反映了宗法主义的社会关系，然而这并不是儒家礼乐观念的全部内容，宗法观念没有完全限制儒家礼乐理论的发展，儒家也没有停留于礼的狭隘的社会意义的层面。他们将礼和乐相结合，不只是把礼作为外在的、固定的行为规范，而是力图进入精神的层面，用礼乐激发和表达人类的感情，引导人们形成和谐友爱的人际关系。孔子说过："礼云礼云，玉帛云乎哉？乐云乐云，钟鼓云乎哉？"（《论语·阳货》）意思是说，礼并不只是摆玉器、丝帛这类礼器之事，乐也并非只是击钟鼓这类演奏之事，人们不要注意礼乐外在的、形式的、次要的方面，应努力达到它们深层次的内涵，即由礼乐培养内在的、纯真美好的感情，进入一种崇高的精神境界。

孔子言必称礼乐，从社会、政治、伦理诸方面规定了礼乐的意义和作用。他把"礼乐"同"征伐"相提并论，列为天子应当关心并直接掌握其决定权的国家头等大事。其弟子颜渊问他治国大事，孔子只字不讲政治方略、政策方针，而大讲特讲实行古代的礼乐。礼乐不仅是国家政治的根本，而且也是个人精神修养、人格完善的基本手段。由于孔子提倡，礼乐同仁义一样，成为儒家最为重视的根本观念，对中华民族的精神、中华文化的发展产生了深远的影响。中国人自古以来就希望国家成为礼仪之邦，讲究精神的高尚、人格的完善、言行的文雅，并且做到待人彬彬有礼、相互谦让，这些都有助于古人摆脱远古遗留下来的野蛮习俗。

孔子的核心思想是仁。仁是春秋时代的新观念，指一种美好的品德。孔子之前的《尚书》，只在《金縢》篇一处出现“仁”字，即周公祈祷代武王而死时自称“予仁者考”，而《论语》中的“仁”字则出现一百次以上。孔子竭力用“仁”这一范畴解决广泛的问题，以仁释礼，仁礼结合。他这么做，从政治作用看，仁是礼的精神支柱；从修养主体看，恭、宽、信、敏、惠是实现仁的具体要求；从血缘关系看，孝悌是为仁之本；从人我关系看，忠恕是为仁之道。

孔子的仁是包罗从德的最高观念到一般的道德规范的范畴，仁包含了一切优秀的道德品质。仁与传统的孝和德也有关系，孝和德包括在仁之中，每一种美德都是仁的必要条件，全部美德的总和构成仁。如他所说：“好仁者，无以尚之。”（《论语·里仁》）如果一个人能称得上“仁”，那就是完美无缺的了。所以，一个人违背了任何一项道德要求，都可以被指责为“不仁”。仁的最终目的是治国安民。他强调了孝对于治国的意义，把孝纳入仁的思想体系。孔子同样突出了另一个道德范畴——德的政治含义，崇德尚文，反对武力征伐，这是孔子针对霸道盛行的春秋时代提出的政治方案，从理论上来说，德自然包括于仁的思想体系之中。

孔子仁学思想的特点，一是服务于国家政治，二是植根于血缘基础，三是强调伦理本位，四是重视主体能力，五是抑制个性欲望。总之，他把“仁”作为儒学的基础范畴，探讨人的价值。做一个完善的人，是孔子自始至终的理想，早期儒学也因此被称为“人学”。

二、孟子的仁政说和性善说

继承孔子儒学的两大主要派别——孟子之儒和荀子之儒，分别从人“性善”和“性恶”的角度，探讨了人的本性，成为先秦儒学人情化的代表。

孟子（公元前372—公元前289年），名轲，字子舆（待考）。战国时期邹国（今山东邹城市）人，鲁国庆父后裔。中国古代著名思想家、教育家，战国时期儒家代表人物。孟子继承并发扬了孔子的思想，成为仅次于孔子的一代儒家宗师，对后世中国文化的影响全面而巨大，有“亚圣”之称，与孔子合称为“孔孟”。孟子及其门人著有《孟子》一书。

孟子受业于孔门，以孔子的继承人自居。其仁政主张、性善学说、“万物皆备于我”（《孟子·尽心上》）的观点，都与孔子思想有渊源关系，并对孔子思想有新的发挥。

从孔子主张“德治”到孟子提出“仁政”，是儒家学说的重大发展。孔子主张的“德治”和“仁”，基本内容属于道德伦理范畴，还不是政治学说。曾子主张以哀怜之心执行刑罚，开始将“仁”扩展到政治领域。孟子进而将“仁”的思想发展为系统的“仁政”学说，提出“仁政”说和“性善”论，反映出伦理本位的人本主义思想，从而为后来中国封建社会儒家的政治思想奠定了理论基础。

孟子的“仁政”学说，在经济关系方面主张“制民之产”，反对横征暴敛，使百姓能够生活下去，以保持小生产相对稳定性。在政治关系方面则是一种道德政治的理想，也叫做“王道”，与之对立的暴力政治则被称为“霸道”。他不但认识到“诸侯之宝三：土地、人民、政事”，而且反对“以力服人”的霸道，倡导“以德服人”的王道，劝诸侯君主“以德王天下”，着眼于争取民心，“保民而王”（《孟子·梁惠王上》）。

孟子的道德政治思想发展了古代的“民本”思想。根据《尚书》中的“民惟邦本，本固邦宁”，他进一步提出“民为贵，社稷次之，君为轻”（《孟子·尽心下》）。并举例说：一个地方百里的小国，只要施仁政于民教之于忠信，便可以用棍棒打败秦楚的坚甲利兵。在孟子看来，依靠道德使人民服从，人民就会心悦诚服，像七十子归服孔子一样。他还说，商汤统一天下时，先向东方进军，西方的百姓就不高兴；先向南方进军，北方的百姓也不高兴，都希望商汤先来到自已的地方，人们盼望商汤的心情，就像久旱之地的人们盼望大雨一样。

孟子继承孔子的伦理思想，其主要贡献是把伦理范畴与性善说联系起来，作了比较深刻的探讨。仁政学说的基础是性善论，孟子着重说明人们的道德修养不仅必要，而且可能。他说：“恻隐之心，人皆有之；羞恶之心，人皆有之；恭敬之心，人皆有之；是非之心，人皆有之。恻隐之心，仁也；羞恶之心，义也；恭敬之心，礼也；是非之心，智也，仁、义、礼、智，非由外铄我也，我固有之也，弗思耳矣”（《孟子·告子上》）。

孟子认为，人们的恻隐、羞恶、恭敬、是非“四心”生来俱有，已包含着仁、义、礼、智“四端”的萌芽。人们经过后天的努力，将“四端”发扬光大，仁义礼智的品德就会像火一样燃烧起来。“四端”是孟子伦理思想的主要范畴，是处理“五伦”关系的规范。“五伦”是君臣、父子、兄弟、夫妇、朋友五种主要的社会关系。“五伦”不是并列的，主要指君臣、父子关系；“四端”也不是并列的，主要是仁义。追求礼义仁智，必须以义为荣，以利为耻。孟子特别强调仁、义，原因是他认为“未有仁而遗其亲者也，未有义而后其君者也”（《孟子·梁惠王上》）。可见，其着眼点主要还是政治关系。与孔子的伦理思想相比，孟子将仁、义并称，明显地提高了义的重要性。他又明确地把礼作为“节文”，即仁义的形式，而不再像孔子那样讲“克己复礼为仁”。孟子的这些论述，反映了时代的进步。

孟子还构建了一个“天人合一”的思维模式，以及与之相应的尽心、知性、知天的认识路线。他把心、性与天联系起来，沿着孔子的思路，发展改造殷周传统的天命思想，形成一套伦理化的世界观。他说：“尽其心者，知其性也。知其性，则知天矣。存其心，养其性，所以事天也。夭寿不贰，修身以俟之，所以立命也”。（《孟子·尽心上》）这段话已包括孟子在世界观方面的基本环节、修养方法和修养目标。

孟子讲的心和性，指善心和善性，心和性实际是一回事。尽心、知性就是保持和发展善心、善性。他认为仁、义、礼、智等道德观念是人心固有的，不虑而知，不学而能，叫良知、良能。例如，两三岁的小孩知道爱戴父母，长大后知道恭敬兄长，就是这种“良知”“良能”。人有良知、良能，说明人性本来是善的。但先天的善并不牢固，也不完满，只能说是善的萌芽，所以叫“善端”。如不努力保持和发展先天之善，便可能受积习和不良环境的影响而失去它，变得与禽兽无异。

尽心、知性、知天作为孟子世界观的几个要素，其出发点和归宿都在于强调人的主观精神的作用，肯定人的作为，实际内容就是“四端”“五伦”的道德意识。孟子把尽心、知性与知天、知命相联系，说明他多少吸收了传统的天命论。他的世界观在许多地方是矛盾的，如既讲君权天授，又讲君权民授，而天授是虚的，民授才起实际作用。他还认为，圣王贤相是尽心、知性、知命的先知先觉者，“五百年必有王者兴，其间必有名世者（指贤臣)”(《孟子·公孙丑下》)。把人的主观能动性提高到道德境界，主张人的积极有为的活动，这是孟子思想的特色，对中国古代文化有着深远的影响。但是他把这一点过分夸大了，以为只要反求诸己，专心致志地向内心追求，就会得到一切，而从精神上获得极大的幸福和快乐，“万物皆备于我，反身而诚，乐莫大焉”(《孟子·尽心上》)，这就夸大了道德意志的作用。

三、荀子的隆礼重法和性恶论

荀子（约公元前313—公元前238年）名况，时人尊而号为“卿”，故又称荀卿，汉代避宣帝讳而改称孙卿，战国末期赵国（今山西南部）人，先秦著名思想家。荀子早年游学于齐，学问博大，曾三次担任当时齐国“稷下学宫”的“祭酒”(学宫之长)。约公元前264年，应秦昭王聘，西游入秦。后曾返回赵国，与临武君义兵于赵孝成王前。后来荀子受楚春申君之用，为兰陵（今山东省苍山县兰陵镇）令。晚年从事教学和著述。

荀子学识渊博，继承了儒学并有所发展，还能吸收一些别家之长，故在儒学中自成一派。在人性问题上，荀子主张性恶论，认为人性善是教化的结果。在天道观方面，提出“制天命而用之”的人定胜天的思想。荀子对礼很重视，宣扬儒家的王道思想，认为“水能载舟亦能覆舟”。

荀子属于儒家的重要代表，但是较为激进，既主张“隆礼”，又要求“重法”，与孟子为代表的儒家派别有着明显区别。

在战国时期生产力和科技都有较大发展的历史条件下，荀子的学术主张适应于建立中央集权的统一封建国家的要求，也符合取得政权的地主阶级的需要。他提出“天人相分”“人定胜天”的理论，比较彻底地否定传统天命思想。这是对先秦天人关系争论所作的一个很有科学价值的总结，在古代思想史上具有划时代的意义。这一理论在他的《天论》篇有系统的论述，《礼运》《王制》《富国》等篇也从不同侧面作了发挥。

他明确提出，天是无意志、无目的的自然界。“列星随旋，日月递炤，四时代御，阴阳大化，风雨博施，万物各得其和以生，各得其养以成，不见其事而见其功，夫是之谓神。皆知其所以成，莫知其无形，夫是之谓天”(《荀子·天论》)。他认为，人有认识客观事物的能力，客观事物有可被认识的性质。“凡以知，人之性也；可以知，物之理也”(《荀子·解蔽》)。从上面这句话可知，他在承认客观事物独立于人的意志之外的前提下，承认了世界的可知性；他不仅承认事物发展有客观规律，而且强调主体的能动作用。

与孟子的思想主张不同，荀子主张“性恶”论，提出了“人之性恶，其善者伪也”(《荀子·性恶》)的著名观点。其“性恶”论包括三个方面：一是把人性恶规定为先天的自然性；二是认为人性与社会道德规范不相协调；三是主张“化性起伪”，即通过人为努力转化所谓“恶”的人性，获得所谓“善”的品质，使之符合封建道德规范。从“性本恶”出发，他认为经过学习和教化，人皆可以为尧舜，从而实现矛盾的转化。

荀子的“性恶”论和孟子的“性善”论是战国时代的两种人性学说，其差异在于：“性恶”论强调“性伪之分”，是以“天人相分”思想为基础的；“性善”论强调天赋“四端”，是以“天人合一”思想为基础的。“性恶”论否认天赋道德观点的存在；“性善”论承认天赋道德观点的存在。“性恶”论以人类的物质生活作为研究人性的出发点，认为社会纷争动乱是人们追求物质利益的必然结果；“性善”论以先天道德观念作为研究人性的出发点，把社会纷争动乱的原因归结于道德观点的丧失。由此可见，“性恶”论较之“性善”论，包含了更深刻的内容。当然这两种人性学说也有共同点：两者所说的人性都是先天具有的人类本性，而不是现实社会关系中的具体的人性，因而都是抽象的人性。虽然其对人性问题的研究局限在“善”“恶”评价上，但都把“善”“恶”看成超历史的范畴。

与“性恶”论密切相关，荀子在社会思想方面提出“明分使群”的社会起源说。“(人类）离居不相待则穷，群居而无分则争。穷者患也，争者祸也。救患除祸，则莫若明分使群矣。”“礼者，贵贱有等，长幼有差，贫富轻重皆有称者也”。(《荀子·富国》）他还具体地讲到礼对不同社会地位的人的要求：君要“以礼分施，均遍而不偏”，臣要“以礼待君，忠顺而不懈”，父要“宽惠而有礼”，子要“敬爱而致文”，兄要“慈爱而见友”，弟要“敬诎而不苟”，夫要“致功而不流，致临而有辨”，妻要“夫有礼则柔从听侍，夫无礼则恐而自竦也”(《荀子·君道》)。

与“性恶”论密切相关，荀子还提出了“礼法”并重的政治思想。从孔子提倡以周礼治国以来，礼治成为儒家的重要政治主张，荀子继承了儒家的传统，对道德和法律的互补关系也有一定的认识，主张“隆礼重法”，强调礼在为人、做事、治国方面的作用，认为礼是法的根据、法的总纲，而法是礼的体现、礼的确认。如果只讲礼义，不讲制度，只重教化，不重刑罚，就不足以维护统治。他说：“人无礼则不生，事无礼则不成，国家无礼则不宁”。(《荀子·修身》）他还把“建国诸侯分土而守”作为礼的主要内容，表明他仍然主张分封制，其政治思想没有脱离儒家礼治的基本立场。

荀子的礼法思想继承了儒家传统的礼治思想，又具有法家法治思想的因素，这使荀子成为政治思想上从儒家到法家的过渡人物，他的弟子韩非、李斯发展了他的政治思想，成为法家的代表人物。

第三节 汉唐儒家思想

一、汉代儒学对儒家思想的第一次改造

中华民族思想文化的统一是在秦汉时期带有制度化、模式化和程序化的特征。儒学经过了董仲舒的改造，由先秦时期百家争鸣的一家变为“独尊”，由民间学说变为官方意识形态。董仲舒在政治上主张德刑并用，礼乐教化，德政为主，刑罚为辅，在思想文化上主张罢黜百家，独尊儒术，完成了统一秦汉思想的最后一道工序，也导致了经学思维方式的产生和唯上唯书心理的蔓延。

董仲舒（公元前179—公元前104年)，西汉广川（河北景县广川镇大董故庄村）人，思想家、政治家、教育家，唯心主义哲学家和今文经学大师。汉景帝时任博士，讲授《公羊春秋》。汉武帝元光元年（公元前134年)，武帝下诏征求治国方略，董仲舒在著名的《举贤良对策》中系统地提出了“天人感应”“大一统”学说和“诸不在六艺之科，孔子之术者，皆绝其道，勿使并进”。“推明孔氏抑黜百家”的主张为武帝所采纳，使儒学成为中国社会正统思想，影响长达两千多年。其学说以儒家宗法思想为中心，杂以阴阳五行说，

把神权、君权、父权、夫权贯穿在一起，形成帝制神学体系。他提出了天人感应、三纲五常等重要儒家理论。其后，董仲舒任江都易王刘非国相 10 年；元朔四年（公元前 125 年），任胶西王刘端国相，4 年后辞职回家，著书写作。这以后，朝廷每有大事商议，皇帝即会下令使者和廷尉前去董家问他的意见，表明董仲舒仍受武帝尊重。董仲舒一生历经四朝，度过了西汉王朝的极盛时期，公元前 104 年病故，享年 75 岁。死后得武帝眷顾，被赐葬于长安下马陵。

董仲舒对儒学的最大贡献，是提出了“罢黜百家，独尊儒术”的主张。汉初，道家的“黄老之学”曾被统治者确定为安定社会的统治思想，充当了先秦哲学经法家过渡到经学的中间环节。汉武帝为了进一步强化中央集权，果断地改换统治思想，采纳了他“罢黜百家，独尊儒术”的建议。这个建议的目的是统一思想，而非消灭百家争鸣，更主要的是顺应了封建专制主义和地主经济进一步发展的历史要求。为维护大一统的局面，董仲舒建立了一整套神学化的儒学体系。

董仲舒学说的特点是以儒家思想为中心，以奉天法古为旗号，以先王之道为楷模，吸收阴阳五行说，吸纳韩非思想，“推天道以明人事”，极力宣扬王权神授，论证儒家的纲常名教，为儒家的伦理道德披上神学外衣，建构了一个以天人感应为核心、以阴阳五行为骨架的神学观念体系。在“神形”之辩中，他主张“神”是“形”的本原，“形”是由“神”派生出来的。他还按“天人感应”“奉天法古”的原理，推演出一套“三统”说的历史循环论及三纲五常的社会伦理观念。这套思想非常适应封建统治者的需要，因而得到汉武帝的赞赏。

此外，在义利问题上，他主张道义高于功利，“正其谊不谋其利，明其道不计其功”，鼓吹“杀身成仁”和安贫乐道，以此规范人心和维护统治阶级的整体利益。为维系人心和强化政治，他反复强调“仁政”和“德治”，提出以教化为主、以刑罚为辅的“阳德阴刑”理论。

经董仲舒的改造，汉代儒学在吸收先秦儒学思想的基础上，杂以燕齐方士和黄老刑名思想，形成了一个新体系。这在儒学演变历史上是一次大的变化，使儒家思想发展到了新的高度，但也严重地禁锢了人们的思想。

二、天人感应的神学思想和三纲五常的伦理观

在“天人合一”的思想体系里，“天”的本质决定人的本质，“天”的意志主宰人类社会。董仲舒在解答宇宙的起源、演变、结构时，把先秦的天命观与阴阳五行结合，创造出一个高踞宇宙本源之上，具有意志和道德的人格神——天，称“天者，自神之君也，王者之所尊也”。天运动阴阳二气，产生各种自然现象。他认为宇宙由地、阴、阳、火、土、金、水、人等“十端”构成。十端通过五行“相生相胜”，演变出和谐完整的宇宙——人事有序同构。这种阐释更加明确了自孟子以来就存在的“天人合一”论。如果说，先秦孔孟儒学是以人情化的伦理亲情为其主要特征，那么，董仲舒则是以神学化的天人观念为显著标志。他还依此推导出另一个著名命题：“天人感应”，认为大自然的灾异是天对人事的“谴告”，如果社会太平则天降各种“符瑞”表示赞许。“天人感应”论直接成为两汉“谶纬”迷信的理论根据。

恢复宗教化的神灵之天是董仲舒“天人感应”思想的主旨。他在《春秋繁露》中对商周以来传统的天命论作了发挥：“唯天子受命于天，天下受命于天子”；“受命之君，天命之所予也”；在对策三中又说“道之大原出于天，天不变，道亦不变”，以此论证了王权神授。在天人关系上，他以荀子提出的自然界的功能“不见其形而见其功”，“皆知其所以成，莫知其无形”作为出发点，企图解决如何“知天”的问题。但他未能正确地回答这一问题，而是恢复了宗教神学的“天人合一”思想，并歪曲利用某些自然科学成果，提出了更加系统的宗教神学世界观。

使阴阳五行伦理化是“天人感应”说的重要内容。自然界的五种物质元素之间的关系，被歪曲附会成为父子、君民关系，养生送死的孝道和竭力事君的忠道。他还以天有阴阳气论证人具有善恶的两重人性，并把人性分为天生能善的“圣人之性”、贪欲难改的“斗筲之性”和可善可恶的“中民之性”。须知，孟子的行善论、荀子的性恶论，说的都是中等人的人性，而董仲舒的“性三品”，则包括了人的三种等级，在理论形态上更加完备。

董仲舒把伦理准则归于“天意”。他通过神秘化的阴阳五行学说来说明三纲五常是“出于天”，并断定阴阳之间的关系是“阳尊阴卑”“阳贵阴贱”，由此进行推论：“天为君而覆露之，地为臣而持载之；阳为夫而生之，阴为妇而助之；春为父而生之，夏为子而养之，秋为死而棺之，冬为痛而丧之。王道之三纲，可求于天”（《春秋繁露·基义》）。这里讲君臣是天地关系，夫妇是阴阳关系，父子是四季关系，而天地关系和四季关系也是阴阳关系，所以他又说：“君臣、父子、夫妇之义，皆取诸阴阳之道，君为阳，臣为阴；父为阳，子为阴；夫为阳，妻为阴。”阴只能对阳起配合作用，不能与阳分享成功，阳居主导地位，阴居辅助地位，这是永恒不变的“天意”，因而君为臣纲、父为子纲、夫为妻纲也是永恒不变的“天意”，即“王道之三纲，可求于天”。

作为封建时代社会道德伦理的“三纲”，以父子夫妻的家庭关系为依据，以封建宗法制为基础，以君亲、忠孝为纽带，以移孝作忠为目的，实现家庭政治化和国家家族化，其中心要求是把孝和忠绝对化，其实质是强化家庭的宗法统治和封建君权。“三纲”出自《韩非子》，“三纲五常”连用则在东汉《白虎通》中出现。董仲舒是“三纲五常”理论化的始作俑者。他以“三纲五常”等道德规范作为建立法度、化民成俗的根本，为封建专制统治提供了理论根据，为以儒为宗的文化模式提供了蓝本。

唐代的儒学，大体可分为两大流派，一是新儒学，一是经学。最有影响力的是新儒学。唐代新儒学的特征：一是哲学思想品格继承和创新了先秦原始儒学的人性思想和政治思想；二是政治实践品格，积极参与社会，勇于提出批评。其最杰出的代表人物是韩愈。

韩愈（768—824 年），字退之，河南河阳（今河南省孟州市）人，汉族，自称“郡望昌黎”，世称“韩昌黎”“昌黎先生”。唐代杰出的文学家、思想家、哲学家。

贞元八年（792 年），韩愈登进士第，两任节度推官，累官监察御史。贞元十九年（803 年），因论事而被贬阳山。后历都官员外郎、史馆修撰、中书舍人等职。元和十二年（817 年），出任裴度的行军司马，参与讨平“淮西之乱”。元和十四年（819 年），又因谏迎佛骨一事被贬至潮州。晚年官至吏部侍郎，人称“韩吏部”。长庆四年（824 年），韩愈病逝，年五十七，追赠礼部尚书，谥号文，故称“韩文公”。

韩愈是唐代古文运动的倡导者，被后人尊为“唐宋八大家”之首，与柳宗元并称“韩柳”，有“文章巨公”和“百代文宗”之名。后人将其与柳宗元、欧阳修和苏轼合称“千古文章四大家”。在旧《广东通志》中被称为“广东古八贤”之一。他提出的“文道合一”“气盛言宜”“务去陈言”“文从字顺”等散文的写作理论，对后人很有指导意义。著有《韩昌黎集》四十卷，《外集》十卷等。

韩愈尊儒，是古今认同的不争事实。但这种认同往往是抽象的。之所以如此，根本原因是韩愈在自述时的尊儒和在排佛、老中的尊儒，给人都是粗略的印象。南宋朱熹在《读唐志》中评说韩愈“所原之道，则亦徒能言其大体”，就有一定的代表性。

作为儒家最忠实的继承者，韩愈的儒学理论，最经典的是其《原道》所论述的“尧以是传之舜，舜以是传之禹，禹以是传之汤，汤以是传之文、武、周公，文、武、周公传之孔子，孔子传之孟轲。轲之死，不得其传焉”。这个体系是韩愈在理论上所作的总结，具有很浓的历史政治色彩。孔子兴儒，他对尧、舜及周公等人的崇拜实际上构成了儒学理论的源泉和谱系。在韩愈之后，晚唐的皮日休、北宋的欧阳修在言及儒学的道统时，都一致认为韩愈是继西汉扬雄之后大唐时期尊儒的第一人。只是他没有形成自己独到的儒学理论，没有对儒学之道作更深入系统的论说而已。

第四节　宋明理学：儒家文化新形态

一、宋明理学的起源

宋明理学亦称“道学”，指宋明（包括元及清）时代，占主导地位的儒家哲学思想体系。宋、明儒家的哲学思想。汉儒治经重名物训诂，至宋儒则以阐释义理、兼谈性命为主，因有此称。北宋初胡瑗、孙复、石介，称为“理学三先生”。然理学实际创始人为周敦颐、邵雍、张载、二程兄弟，至南宋朱熹而集大成。建立了一个比较完整的客观唯心主义体系。提出“理”先于天地而存在，是形而上者。其为学主张“即物而穷理”。与朱熹对立的为陆九渊的主观唯心主义，提出“宇宙便是吾心”的命题。明代，王守仁进一步发展陆九渊的学说，认为“心外无物”“心外无理”，断言心之“灵明”为宇宙万物的根源。为学主“明体心”“致良知”。此外，北宋张载提出的气一元论，与二程截然不同。明代王廷相以及清初的王夫之、颜元等，对程朱、陆王皆持反对态度。至戴震著《孟子字义疏证》，得出“理存于欲”，指出“后儒以理杀人”，则更给予了理学以有力的批判。

宋明理学，理学一名始称于南宋，朱子曾说“理学最难”，陆九渊也说“惟本朝理学，远过汉唐”。明代，理学成为专指宋以来形成的学术体系的概念。

理学有广义狭义之分。广义理学就是指宋明以来形成的占主导地位的儒家哲学思想体系，包括：在宋代占统治地位的以洛学为主干的道学，至南宋朱熹达顶峰的以“理”为最高范畴的思想体系，后来习惯用“理学”指称其思想体系；在宋代产生而在明代中后期占主导地位的以“心”为最高范畴的思想体系，以陆九渊、王守仁为代表的“心学”。

狭义理学则专指程朱学派。代表人物为北宋的周敦颐、张载、程颢、程颐、邵雍，即“北宋五子”；南宋的朱熹、陆九渊；明代的王阳明。就主导思潮而言，理学代表人物可概括为“程朱陆王”。

主要派别：按现代学术界的通常做法，可以把宋明理学体系区分为四派：气学（张载为代表）、数学（邵雍为代表）、理学（程朱为代表）、心学（陆王为代表）。

宋明理学所讨论的问题随不同时期、不同流派而有所不同。理学与唐以前儒学尊“五经”的一个重要不同之处在于将“四书”尊为主要经典。价值体系和功夫体系都在四书。理学的主要根据和讨论的问题都与《论语》《孟子》《大学》《中庸》紧密相关。理学讨论的主要问题大体是：理气、心性、格物、致知、主敬、主静、涵养、知行、已发未发、道心人心、天理人欲、天命之性、气质之性等。

宋元明时期，是中国文化和哲学发展的又一个高峰。

宋明理学是儒学的一种历史表态，是继魏晋把儒学玄学改造之后，对儒学的佛（佛教）老（道教）化改造；宋明理学是对隋唐以来逐渐走向没落的儒学的一种强有力的复兴。这个复兴儒学的运动，由隋唐之际的王通发其先声，由唐代中期以后的韩愈、李翱、柳宗元诸人继其后续，而至两宋时期蔚为大观，形成一场声势浩大、波澜壮阔而又影响久远的儒学运动。在时间上，这场儒学运动持续到明清之际，影响直至当代；在空间上，这场儒学运动不限于儒学的故乡，还牵涉到受儒学影响的东亚诸国，以至于在这些国家，所谓的儒学主要就是理学（或称性理学）；宋明理学是当时中国有抱负有思想的学术群体对现实社会问题以及外来佛教和本土道教文化挑战的一种积极回应，他们在消化吸收佛道二教思想的基础上，对佛道二教展开了一种与孟子“辟杨墨”相类似的所谓“辟佛老”的文化攻势，力求解决汉末以来中国社会极为严重的信仰危机和道德危机。

宋明理学反映了中国古代社会后期有思想有见识的中国人在思考和解决现实社会问题与文化问题中所生出来的哲学智慧，它深深影响了中国古代社会后半期的社会发展和文明走势，现代的中国人仍然不得不面对由它所造成的社会及文化后果。然而也正是这个智慧成果，其在成功地回应佛老而使儒学重新走上正统地位的同时，也改换了先秦儒学的积极精神，把民族精神在一定程度上引向萎靡和颓废，因而就其后果而言，其智慧的思辨也具有消极的一面。

我们研究理学哲学智慧，不仅在于了解它对回应与解决当时社会与文化问题作了怎样的解答，更重要的还在于通过对其得失的分析来帮助我们思索一些诸如“什么是中华民族的精神”“如何正确回应外来文化”“如何正确面对和处理社会成员中普遍存在的信仰危机和道德危机”等对当代仍至为重要的哲学问题。而给这种思考以启发和借鉴，正是理学智慧的意义所在。

理学的开山祖师、濂溪学派的奠基者周敦颐（1017—1073 年），又名周元皓，原名周敦实，字茂叔，谥号元公，北宋道州营道楼田堡（今湖南省道县）人，世称濂溪先生。

周敦颐是北宋五子之一，是宋朝儒家理学思想的开山鼻祖，文学家、哲学家，著有《周元公集》《爱莲说》《太极图说》《通书》（后人整编进《周元公集》）。他所提出的无极、太极、阴阳、五行、动静、主静、至诚、无欲、顺化等理学基本概念，为后世的理学家反复讨论和发挥，构成理学范畴体系中的重要内容。

《太极图说》描绘了一个庞大而精密的宇宙生成模式。大千世界，芸芸众生根源于无形无象、寂寞不动的“无极”。它在天地产生前就已存在，且包含着丰富的内蕴。无极产生出宇宙的原始实体——“太极”，并处于不停顿地动静交替的状态，动时生阳，静时生阴。无极与太极的这种关系，反映了周敦颐对宇宙本源问题的探索具有一定的理论深度，无极虽名之为无，但无中包含着有，因而不是虚空；太极根源于无极，虽然不像无极那样飘忽渺茫，但也并非可形可状的具体之物。把宇宙统一的原始实体看作实有而非具体的东西，说明他在宇宙起源的问题上吸取了佛教"非有非无"的观点，将有和无统一起来了。总之，周敦颐学说中的"太极"，已具备了宋明理学的最高范畴——"理"的基本特征。

《通书》全书共40章，它与其他易学著作不同，不是对《周易》逐词逐句的解说，而是旨在用《周易》若干经文进行阐发性议论，借以表达自己的思想。《通书》用大量篇幅，从哲学的高度论述了礼乐的产生及社会作用。

周敦颐的《爱莲说》不仅是一篇文字优美的古文范文，也是一篇蕴藏着深刻思想内容的佳作。《爱莲说》作于"濂溪书堂"。濂溪发源于庐山莲花峰，水中长着许多莲花。他触景生情，赞美莲花的清香、洁净、亭立和修整，称颂莲花"出淤泥而不染，濯清涟而不妖"的高雅淡泊气质，但这并不只是从审美的角度赏花，而是展露他思想深层的佛学因缘。莲花是佛教之花，他用莲花比喻人性的至善、清净和不染，作为理想的圣人之性的象征，而淤泥则好比污染人性的欲望。在他看来，追求人性的至善至美，必须去污存净，去欲存诚，使人性达到莲花般的洁净无瑕。

《太极图说》的许多思想源于道家，《爱莲说》则渗透了佛教思想，二者与《通书》的合璧，构成了周敦颐理学思想的整体，其学说可以说是佛、道二教革新理论与传统儒学的有机结合。濂学对以后700余年的中国思想史产生了深刻影响，而《太极图说》《通书》成为理学家的必读书籍，甚至被比作《论语》《孟子》；其著作中所使用的范畴，如无极、太极、阴阳、五行、动静、性命、善恶、无思、无为、无欲等，构成了理学范畴体系的重要内容。

关中学派是理学开创阶段的重要派别之一。其创始人张载（1020—1077年），字子厚，生于仕宦家庭，因隐居陕西眉县横渠镇，人称横渠先生。他"终日危坐一室，左右简编，俯而读，仰而思，有得则识之，或中夜起坐，取烛以书"（吕大临《横渠先生行状》）。经过这样的苦心探索，张载逐渐创立了自己的思想体系。他一面潜心学问，著书立说，一面广招门徒，传授其学。关学学者的著作很多，遍涉哲学、政治、经济、军事、文学、考古等领域，今大多已佚失。张载的著作，仅存《正蒙》《易说》《经学理窟》《语录》和《文集》《片段》等。

关学作为理学思潮中涌现出的独立学派，主张学以致用，把学术思想与现实社会的政治、经济、军事等问题联系起来，力图为现实服务。张载热心于了解当时的社会矛盾，提出了许多主张。在政治上，他崇尚三代之治，主张恢复西周的分封制；在经济上，他针对北宋时期土地兼并剧烈的状况，提出"均平"的主张，而"均平"的办法就是井田制。他少年时学过兵法，从政后十分关心边境御敌之事。关学还特别重视恢复古代的礼仪制度，尤其注重恢复祭丧婚冠的仪式，对当时流行的不合古制的礼仪极力予以纠正。关学惯于从儒学经典中寻找现成答案，把古代儒学的政治、经济主张搬用于现实社会，所以他们并不能解决现实社会问题，也得不到统治者的重用，这正是关学很快衰亡的原因。

二、程朱理学对儒家思想的第二次改造

程颢（1032—1085 年），字伯淳，又称明道先生。世居中山，后从开封徙洛阳。北宋哲学家、教育家、诗人和北宋理学的奠基者。程颢是嘉祐年间进士，神宗朝任太子中允监察御史里行，反对王安石新政。学术上，程颢提出“天者理也”和“只心便是天，尽之便知性”的命题，认为“仁者浑然与物同体，义礼知信皆仁也”，识得此理，便须“以诚敬存之”（同上）。倡导“传心”说。承认“天地万物之理，无独必有对”。元祐元年（1086 年），宋哲宗即位，召其为宗正丞，未行而卒，享年 54 岁。程颢曾和其弟程颐学于周敦颐，同为北宋理学的奠基者，其学说在理学发展史上占有重要地位，后来为朱熹所继承和发展，世称程朱学派。其所亲撰有《定性书》《识仁篇》等，后人集其言论所编的著述书籍《遗书》《文集》等，皆收入《二程全书》。程颐（1033—1107 年），字正叔，汉族，洛阳伊川（今河南洛阳伊川县）人，又称伊川先生，出生于湖北黄陂，北宋理学家和教育家。为程颢之胞弟。历官汝州团练推官、西京国子监教授。元祐元年（1086 年）除秘书省校书郎，授崇政殿说书。与其胞兄程颢共创“洛学”，为理学奠定了基础。幼承家学熏陶，其政治思想颇受父亲的影响，推举其父反对王安石新法乃“独公一人”，又对其兄程颢于荆公（王安石）之说，“意多不合，事出必论列”，极加称许。与其兄程颢不但学术思想相同，而且教育思想基本一致，合称“二程”。程颢与程颐一起，创立了“天理”学说。程颢曾说过：“吾学虽有所受，‘天理’二字却是自家体贴出来。”

洛学提倡“存天理，去人欲”，认为三纲五常是大理，是至善的天地之性，与之对立的七情（喜、怒、哀、惧、爱、恶、欲）六欲在扫除之列。他们将封建纲常由道德论上升到本体论，形成“形而上学”的唯心主义，并以“下顺乎上，阴顺乎阳”作为封建专制主义新的理论根据。

洛学的代表作，有《河南程氏遗书》《河南程氏外书》《明道先生文集》《伊川先生文集》《经说》《二程粹言》等，后人把以上六书合刊为《二程全书》。其中，《文集》前四卷是程颢诗文集；《经说》中的《系辞》《书》《诗》《春秋》《论语》为程颐所作，《改正大学》为程颐、程颢合著；《伊川易传》是程颐对《易经》的注解（不包括《周易程氏传》），这部著作是洛学的代表作；《粹言》是其学生择录编定的。

二程的理学思想体系，是北宋时期理学初创阶段比较典型的形态，它勾勒出了程朱理学的基本轮廓，为朱熹思想的产生提供了理论基础。

南宋时期以朱熹为代表的福建学派（又称闽学、朱学或考亭学派），以伦理观为核心，融儒道释为一体，给传统儒学赋予了哲理性和思辨性，从形式到内容都比较精致，形成以“理”为本的天人合一宇宙观，实现了对儒家“有功于圣门，有补于后学”的第二次改造。

朱熹（1130—1200 年），字元晦，号晦庵，祖籍徽州婺源（今属江西），后迁居建阳考亭（今属福建）。他 19 岁登进士第，曾任“知南康军”（今江西星子县）。在南康时，他训诫士民修孝悌忠信之行，敦厚宗族，和睦乡邻，并办赈济，减赋税，筑江堤，办学校，还在庐山建白鹿洞书院讲习经书，宣传理学思想。此后，朱熹历任提举两浙东路常平茶盐公事、江西提刑、漳州知府、潭州荆湖南路安抚使，并在长沙岳麓书院讲学授徒。庆元四年（1198 年），宁宗下诏命“伪学之徒改视回听”，订立《伪学逆党籍》，致使朱门无人往

来，许多人甚至不敢以儒者自命。他处于空前孤立的境地，仍坚持讲学，死时还在修改《大学·诚意章》。朱熹死后九年，宋廷解理学之禁，为朱熹恢复名誉，其学说也受到重视。宋理宗宝庆三年（1227年）下诏：要学者习读朱熹著作，将他的著作作为科举教材，朱学遂成中国的正宗思想体系。

朱熹一生著作甚丰，并大多保存下来。主要有《四书集注》《大学章句》《中庸或问》《论语精义》《孟子要略》《太极图说解》《伊洛渊源录》《周易本义》《孝经刊误》《礼仪经传通解》《楚辞辨证》等，合称《朱子大全》。他的语录则被黎靖德编为《朱子语类》140卷。

在朱熹那里，"理"作为道德总原则的意义最为重要，他对天理至上性与绝对性的论证，正是为了给人间的道德秩序寻找形而上学的根源。"理"作为最高哲学范畴的地位，虽在二程的学说中已确立，但他们对理的内涵及功能所作的论述却显得单薄。在朱熹的学说中，理得到了充分的论证，它不仅是宇宙的本源、万物的主宰，也是社会道德规范的源泉，一切封建道德的原则、规定及仪节，都是理在人间社会的展现。"夫天下之事莫不有理，为君臣者有君臣之理，为父子者有父子之理，为夫妇、为兄弟、为朋友，以至于出入起居，应事接物之际，亦莫不各有理焉"。（《朱子大全》）不仅人类社会有道德原则，禽兽之际也受这些原则的制约。他把理作为存在于自然和社会之先的精神本体，万事万物由此派生；同样，作为道德规范与原则的理也先于各种社会道德关系而存在，"未有君臣，已先有君臣之理，未有父子，已先有父子之理"（《朱子大全》）。

在朱熹思想体系中，"理"与"道""理"与"太极"均属于相同意义的范畴。朱熹用太极论述理生万物的过程，太极即理的最初也是终极的状态。朱熹关于理生万物的学说，吸收并发展了周敦颐《太极图说》的理论，他说："太极只是一个理，迤逦分作两个气，里面动底是阳，静底是阴，又分作五行，又散为万物"。（《太极图说解》）他承认周敦颐提出的宇宙生化的基本秩序：太极（理）—气（阴阳）—五行（水火金木土）—万物，但却把论证重点放在"理"生"气"及二者的相互关系上。

朱熹关于"气"的理论也很有特色，他继承并改造了张载的气本论，将"气"的学说纳入天理论的体现中，认为："天地之间，有理有气。理也者，形而上之道也，生物之本也。气也者，形而下之器也，生物之具也。""气"属于形而下之物，但又不是具体的万物，是从"理"到万物的中间状态。在朱熹看来，"理"不再是"气"的属性，而是"气"的本原。他还提出"动静无端"的思想，认为太极"一动一静，循环无端"，动极复静，静极复动，动而生阳气，静而生阴气，但很难说太极最早的状态是动还是静。如果从动开始，那么动之先是静，静之先又是动，谁是开头？因此，动与静都不是太极的最初状态，太极既没有开始，也没有结束。这一思想否认了宇宙运动变化的最初推动力，也否定了宇宙有开端，并猜到了宇宙时空的无限性。

关于"性"，朱熹的说法沿用二程之说，把"性"（人性）看作天理在人心物体中的显现。"性"的内涵即"仁、义、礼、智"等道德品性，"性者人之所受乎天者，其体则不过仁、义、礼、智之理而已"。人的本质是至善的，但在现实世界中，性善的人并不很多，性纯至善者仅限于圣人，大多数人的人性中有恶的成分。那么，性中恶的成分从何而来？他总结了古往今来关于性之善恶的种种争论，认为只有张载关于"天地之性"与"气质之性”的学说才能说明这个问题。他在张载理论的基础上，对此作了进一步的阐述。

穷理灭欲的途径也是“格物致知”与“克己复礼”的过程，朱熹关于格物致知的理论比二程更加细密。他解释格物致知时说：“格，至也。物，犹事也。穷至事物之理，欲其极处无不到也。”（《大学章句》）格物即接近、接触和直接了解社会事务和自然万物，穷尽事物中的天理。他又说：“致，推极也。知，犹识也。推极吾之知识，欲其所知无不尽也。”致知即充分运用自我的认识能力，达到认知天理奥秘的最终目的。如果他说的格物致知具有哲学认识论的意义，那么克己复礼则完全是道德修养论。

朱熹用“理欲之辨”解说历史发展变化的过程及现象，提出了“王霸之辨”的历史观。“王”指“王道”政治，它是夏商周三代圣人之治的代称。在王道时期，天理流行于社会之中，人心至善至美，社会也充满光明，呈现昌盛的局面。“霸”指“霸道”政治，即三代以后以功利为目的的政治，这一时期从秦汉到唐宋，社会上人欲横流，人心不古，充满黑暗和混乱。朱熹的历史观可归纳为两点：第一，社会的盛衰取决于当权者——帝王心术的好坏。帝王心术纯正，充满仁义，没有私欲，则国泰民安，天下太平；反之，则社会混乱，人欲横流。显然，在朱熹眼里，历史发展的动力主要是个人，也就是政治决策者的素质，这些身居最高统治地位的人的思想言行促进或制约着社会的发展。第二，历史是逐渐退化的。王道政治随着时间的推移越来越衰落，而霸道政治则越来越兴盛。历史的演进一代不如一代，社会的变化使天理逐渐被人欲侵蚀，人们的道德品性也越来越低下。但他又用董仲舒的“三统”来解释：退化不是永恒不变的，而是循环往复的，到一定时期，三代那样的王道政治又会重新出现。

总之，朱熹对周敦颐、张载、程颢、程颐等的学说作了总结和改造，从他们的思想体系中吸吮了大量的思想养料，又用佛教和道教的思辨哲学充实自己的体系，成为宋明理学的集大成者。其理论和观点代表了理学的典型和成熟形态，在当时和后世都产生了巨大影响，成为知识界判断是非正误的标准；其著作《四书集注》成为封建社会知识启蒙和开科取士的必读书籍，具有同“五经”同等重要的地位；其社会地位也随着封建统治者的提倡而步步上升，达到了仅次于孔孟的高度。

三、陆王心学对程朱理学的发展

南宋陆九渊及其在明代的继承者王守仁提出“心外无物”（也无事、无理、无学），将程朱理学的心物（知行）观发展为体系完备的主观唯心主义——心学。

陆九渊（1139—1193年）号象山，字子静，书斋名“存”，汉族，江西抚州市金溪县陆坊青田村人。世人称存斋先生，因其曾在贵溪龙虎山建茅舍聚徒讲学。因其山形如象，自号象山翁，世称象山先生、陆象山。在“金溪三陆”中最负盛名，是著名的理学家和教育家，与当时著名的理学家朱熹齐名，史称“朱陆”。是宋明两代“心学”的开山鼻祖。明代王阳明发展其学说，成为中国哲学史上著名的“陆王学派”，对近代中国理学产生深远影响。被后人称为“陆子”。

陆九渊一生述而不作，著述很少，这也是心学不同于程朱理学的特点。他主张“六经注我，我注六经”，阐发学术思想不受经学形式的局限，不借助注解经书来阐发思想学说。《象山先生全集》包括了他的所有著述，也都是其书信、杂著、讲义、语录和诗作，没有一部注经的书。

作为心学体系创始人的陆九渊，没有停留在程朱理学上，而是经过自身的探索，提出了以“心”为本的思想。他解释“往古来今谓之宙，四方上下谓之宇”时，提出了“宇宙便是吾心，吾心便是宇宙”的命题。他一生致力于构造以“心”为本的思想体系，对孟子“万物皆备于我”的说法格外感兴趣，并通过解说孟子的有关言论来阐发“心”的学说。

陆九渊的心学是持主观唯心观点，这一观点他直接得益于孟子“万物皆备于我”，他认为“人心至灵，至理至明；人皆有心，心皆是理”，同时受发于二程理学中的“人性”层面，使他的理学本体论偏于主观，而道德实践思想更趋于逻辑上的统一。他所主导“心即是理”的观点认为人的心和理都是天赋的，是永恒不变的，仁义礼智等道德是人的天性所固有的，致学的目的就在于穷此理、尽此心。人难免受物欲的蒙蔽，受到蒙蔽后的心就不灵，理也就不明了，这样就必须通过师友讲学来恢复心的本然。在当时，陆九渊还与四兄陆九韶、五兄陆九龄以学名世，号称“三陆子之学”，甚有影响。理学家朱熹曾赞陆九龄“学而不偏，任重道远”。陆九龄死后朱熹为其撰写墓志铭，深惜痛泣。陆氏家风笃实严谨，他们对当时的士风颇为不满，所以力倡所学不是以科举为目的，而是适于日用，指导人生。陆氏兄弟在学习中自相师友、相互提携，都用对社会和家庭的责任感作为根底，在生活中相互影响，并注重对心与理的关系体悟。后有进士沈复昆作《谒三陆先生祠》以志“三陆子”：高山仰止礼先贤，三陆祠留绵台前。见道六经书注我，分内千圣有同然。存先立大弘邻绪，事尚躬行接孔传。问学无非全德性，笃阳当亦让青田。

陆九渊一生重讲不重著，有人曾劝他著书传世，他却说“六经注我，我注六经”，又说“学苟知本，六经皆我注脚”。当时他的学生很多，著名的有杨简、袁燮等，其中杨简进一步发挥了主观唯心主义的世界观，很有影响，众门生还将九渊遗文编次成《象山先生全集》，总有 36 卷。陆九渊死于 1193 年，据凤冈陆氏传人陆光彩《西江陆氏族谱》所记，陆九渊临去世时：“谓家人曰，吾将死矣。曰，骨肉将奈何。曰，亦自然。又告僚属曰，某将告终，当祷雪，明日，雪骤降，沐浴更衣端坐，家人进药不服，后二日，日中而卒。”陆九渊死后，荆门官员百姓痛哭不已，满街满巷充塞着吊唁人群，出殡时送葬者达数千人，他死后，被谥为“文安公”。陆九渊一生的辉煌在于他以“心即理”为核心，创立了“心学”，他的学说独树一帜，是当时唯一能与朱熹代表的正宗理学相抗衡的学派。

朱陆之争的结果是“仁者见仁，智者见智”，但陆九渊处于主动进攻的一方，其辩诘是有力量的。这表明，心学正是在程朱理学的理论思维模式出现疏漏的条件下产生的，它一出现就对程朱理学有一种取而代之的潜在力量。朱陆的争端是理学内部两种不同思维方式的首次冲突，从而加速了理学体系的分化。从此，理学学者分为两大派别，各自按照自己的思维方式构建理论体系。心学与程朱理学的并存、交锋，一方面深化了各自的思辨程度，另一方面也使双方在对立中相互吸融、合流，促进了理论思维的发展。

王守仁（1472—1529 年），幼名云，字伯安，别号阳明，汉族，浙江绍兴府余姚县（今属宁波余姚）人，是我国明代著名的哲学家、思想家、政治家和军事家。

王守仁在 20 岁时步入仕途，历任刑部主事、贵州龙场驿丞、庐陵知县、右佥都御史、南赣巡抚、两广总督等职，晚年官至南京兵部尚书、都察院左都御史。54 岁时，王守仁辞官回乡讲学，创建书院，宣讲“王学”。嘉靖七年（1529 年），病逝于江西南安府，谥号文成，后又追封为新建侯。

王守仁（心学集大成者）与孔子（儒学创始人）、孟子（儒学集大成者）、朱熹（理学集大成者）并称为孔、孟、朱、王。他的学说思想王学（阳明学），是明代影响最大的哲学思想，传至中国、日本、朝鲜半岛以及东南亚。

著有《王阳明全集》《传习录》《大学问》流传。

王守仁的一生经历了明代成化、弘治、正德、嘉靖四个时期。统治阶级内部的“宗室称兵”以及宦官专权的严重问题，再加上西北“边患”日益加深，使明朝统治出现了严重的危机。王守仁本人也卷入了斗争的旋涡，他企图为明朝寻找一种药方，用他的话说，是要使天下事势“起死回生”。王学的产生，就是为了从理论上回答这样的社会问题。

一种学说的产生，除了社会原因之外，还必须有前人所提供的思想资料，王守仁的心学也是如此。明代中期以前的学术思想，由于统治者提倡，朱学占统治地位。代表朱学的《四书大全》《五经大全》《性理大全》三部大书，共 260 卷，由明成祖作序颁行于天下。王守仁在这样的思想学术环境中成长，早年主要学习朱学。他读得多了，便开始怀疑。因朱学不论在理与气、理与心，还是在知与行方面，都存在逻辑上的矛盾或缺漏。就拿“格物致知”的命题来说，朱熹虽在《大学章句》中补加了“格物致知”传，但何谓“今日格一物，明日格一物”，仍是含混不清的。朱熹教人“半日读书，半日静坐”，难道这就是格物吗？由此引起王守仁思想的转变，使之提出了“致良知”“知行合一”等新概念。把握住“致良知”与“知行合一”，就抓住了王学的关键。

“致良知”的命题，是对朱熹“致知”命题的修正。王守仁通过对孟子“良知”说及陆九渊“心即理”说的吸收和改造，显示了两个特点：第一，作为“天理”的“良知”就在人的心中，不需要向外探求；第二，“良知”人人皆有，圣愚皆同。如他所说：“良知之在人心，不但圣贤，虽常人亦无不如此。”王守仁既然强调人的活动是有意识有目的的活动，那么，这种活动如何将人的主体与被认识的客体联系起来？对这个非常有意义的哲学问题，朱熹着力探讨过，提出了“格物致知”说。王守仁不同意此说，认为不能“外心以求理”，必须“求理于吾心”，甚至认为“心外无物”“心外无事”“心外无理”“心外无学”，并把这种统一称为“知行合一”。既然知与行是合一的，作为认识主体的人和被认识的客体自然也是合一的了。王守仁“知行合一”的命题，仍是从“心”与“理”的关系出发的。在这个问题上，他继承了陆九渊“心即理”之说，用主体吞并了客体，或者说用主体取消了客体。

王守仁的学说具有明显的二重性：一方面，他要竭力维护封建主义的天理，抨击违反天理的行为和思想（即“破山中贼”和“破心中贼”）。另一方面，他又反对“此亦一述朱，彼亦一述朱”的思想僵化，认为“破心中贼”比“破山中贼”更为重要，大力倡导“致良知”说。王守仁学说的这种二重性，正好适合当时社会的两种需要。一方面，封建社会的最高统治阶层要用“天理”作为维护封建社会的思想工具，因而他们赞赏王守仁学说，称之为“有用道学”；另一方面，封建士大夫不满于朱学的思想禁锢和学术上的呆滞局面，加上明中期以后封建社会的衰落和资本主义萌芽的兴起，个体意识开始抬头，需要寻找新的理论根据，因而王学的出现受到欢迎。

第五节　儒家文化的理想人格

一、儒家文化的基本特征

儒家学说经历代学者加工改造，并与其他学说相斥相吸，丰富了自己的内容，经过社会的选择，完善了自己的形象。最后，其终于凝聚为民族精神的主体内容，成为中国传统文化的主干之一，对我们民族的思想人格、思维方式、价值倾向以及社会心理等产生了深远的影响。

中国传统儒家文化属于以“求善”为目标的伦理型文化，其政治原则是从道德原则中推导出来的。伦理学说与政治学说融为一体，它又可归属于以“求治”为目标的政治型文化。其核心是古代哲学，它的产生和发展、思维内容和方式，无不与趋善求治的总目标相联系。换言之，中国文化属于“政治-伦理型”，古代哲学受制于政治制度和伦理观念等的基本特征。古代哲学的特点可作以下概括：关心现实政治，重视人际关系；具有博大体系，流于经学态度；高扬主体意识，着眼伦理本位；偏重直觉方法，富于辩证思维。

将天人相应的世界观、君民相维的政治观、上下相依的伦理观融为一体，以伦理道德为核心、以儒家思想为中心，是整个中国文化系统的共同特征。中国文化具有早熟性、独立性和内向封闭性，强调群体观念、向心观念和中庸观念。其基本精神是以人伦关系为出发点，以入世进取心理为基础，以礼教名分道统为中心，以人文主义为内核，极少宗教色彩。其主导思想是民族精神，代表了民族文化的本质特征。这种精神可以概括为：一是担负历史责任、注重整体利益；二是崇尚气节、正道直行；三是求是务实、自强不息；四是讲求道义、关心他人；五是贵和持中、宽忍平和；六是豁达乐观、以道制欲。中国儒家文化长期以来所形成的思想观念，作为一种强大的习惯势力，曾对社会发展起过积极作用。但也存在许多糟粕，如官本位、轻科技等，给历史的中国和现实的中国都带来了负面影响。儒家学说与其他学说相斥、相吸，既有联系又有区别；儒道两家的外在特征，分属阳刚和阴柔；人生态度则分属进取与退守、入世和出世，前者倾心于庙堂参政，后者钟情于山林隐居，知识分子大多热衷参政，失意时才肯退居山林，他们在台上是儒家，在台下是道家。儒家重群体，肯定现实，以立德、立功、立言为“三不朽”事业；道家重个体，抨击君主、鄙弃物欲、诋毁文明。儒家思想是封建社会的正统，释、道只起辅助作用，必然向儒学靠拢。道教思想也对宋明理学的建立做出了贡献，周敦颐的《太极图说》就受其影响。

二、儒家的思想人格

儒家的理想人格的核心和基本特征是一种道德型理想人格，仁与礼是基根，是根深蒂固的主题。“仁”是人格主体的自觉，“礼”是外在的社会制约；理想的道德人格，就是仁与礼的统一。按儒家的理解，理想的人格包含多重内涵。早在先秦，儒家已提出了成己之说，所谓成己，也就是成就理想的人格。孔子以仁道立说，仁道的基本要求就是爱人，这一要求决定了理想人格以仁爱的精神作为其精髓。儒家思想的内涵丰富复杂，在广泛汲取古代典籍精华的基础上逐步发展出的。

儒家追求的“天下大同”是理想的世界。“大同”出自《礼记·礼运》篇。儒家的理想人格是圣贤，能圣必然贤，贤则可通圣。其理论和思想，即讲大一统，讲君臣父子。儒家学派的创始人孔子第一次打破了以前的统治阶级垄断教育的局面，变“学在官府”为“私人讲学”，使传统文化教育播及整个民族。这样儒家思想就有了坚实的民族心理基础，为全社会所接受并逐步儒化全社会。“三纲八目”是儒家实现内圣外王的修道功夫。“三纲”即“明道德”“亲民”“止于至善”，明德是根本，亲民是手段，知止是界线；“八目”即“格物、致知、正心、诚意、修身、齐家、治国、平天下”，这是一种由近及远、由己及人、由小到大、由个体到群体的修养方法，构成一套完整的封建政治哲学体系。儒家提倡“温、良、恭、俭、让”与“和为贵”，修养途径是穷独达兼、正己正人，既要积极进取，又要洁身自好。它要求人们做到：

一是遵循伦理本位。在封建社会，父慈、子孝、妇从的家庭伦理观念，是君仁、臣忠、民顺的社会伦理观念的缩影。君为臣纲、父为子纲、夫为妻纲，以及仁、义、礼、智、信，这种由国到家再到身的训导，其层次由高到低，由宏观到微观，强调治国必先修身，着眼点在于教化百姓，从整体效应看待个体修养。而修身、齐家、治国、平天下，这种由身到家再到国的训导，其层次由低到高、由微观到宏观，强调修身才能治国，着眼点在于加强个人修养，从个体修养求得整体效应。

二是怀抱经世之志。以重政务为特征的经世思想，经过历史积淀，转化为一种普遍的社会心理。知识分子怀抱经世之志，以天下、国家为己任，有深沉的爱国激情和浓厚的社会忧患意识。他们“先天下之忧而忧，后天下之乐而乐”，注重立德、立功和立言，客观上促进了历史的发展。

三是注重道德修养。孔子在《为政》里说：“吾十有五而志于学，三十而立、四十而不惑、五十而知天命、六十而耳顺、七十而从心所欲不逾矩”。“从心所欲不逾矩”是孔子一生孜孜以求的理想境界。儒家提倡的“学”基本上是道德的自我修养。

三、儒家文化的历史地位和作用

儒家以伦理道德为核心，在封建社会中以道德教育代替宗教信仰，从而避免了整个社会陷入宗教迷狂。儒家提倡用世进取、兼济天下，讲求修齐治平，即使是在佛教、道教极盛的南北朝和隋唐，依然起着支撑整个社会的主导作用，其表现出的无神论倾向，对社会的稳定和发展起着积极的影响。儒学具有重视气节、操守的传统，在特定的历史条件下，成为鼓舞人们自觉维护正义、忠于民族国家的精神力量。

但是，自汉代儒家成为正统以后，便以维护既存秩序为己任，以约束个体思想为着眼点，其思维模式两千多年没有根本变化，必然阻碍社会历史的发展。近代以来，传统文化受到严重挑战。多种思潮相互激荡，在传统思想与现代文明、本土文化与西方文化的关系上，许多人作出了截然不同的价值判断。“五四”时期有一些知识分子采取反传统的态度，为后人留下了极其深刻的历史教训：一是功利主义，排斥一切与富国强兵无直接关系的人文精神及价值；二是全盘西化，简单否定传统文化。

代表时代前进的潮流，并对儒家文化进行扬弃的力量主要来自两个方面：一是以孙中山为代表的资产阶级民主派，他们从西方学来了自由、平等、博爱的思想；二是以毛泽东为代表的共产党人，他们接受了马克思主义。他们都在继承的基础上对儒家传统文化进行了批判。毛泽东思想在某种意义上说，是马列主义与中国传统文化冲突和融合的产物，而且给传统文化注入了生机和活力，使其获得了空前的发展。目前我国开展的社会主义精神文明建设，正是对传统文化吸收其精华，剔除其糟粕，进行改造更新，建立适应社会主义需要的新文化。社会主义新文化将吸收容纳几千年来传统文化的精华，并以之作为自己的起点，成为中华民族特色之所在。

儒家传统文化与现代化既有相冲突的一面，又有相契合的一面。对它的历史地位的承认，必将使它起到现实作用，这就是：中华民族自强不息、求真务实的精神，在建设现代化的今天，将鼓舞人们不畏艰难曲折，朝着理想境界迈进；中华民族贵和持中、正道直行的精神，对于社会秩序的和谐安定有着积极的意义；传统文化中民为邦本的思想，会启发领导干部全心全意为人民服务；传统文化中平均平等的思想，将强调维护劳动人民的物质利益。总之，科学地扬弃儒家文化，有助于振奋民族精神，有助于弘扬爱国主义，有助于繁荣社会主义文化，有助于实现祖国统一。

第三章

道 家 文 化

引言：道家与道教

道教和道家是人们经常视之为相同概念的两个名词，常被不加区别地使用。道家与道教，从外表看来，好像不可分离，而在实质上，却还是有所差异的。

道教是根植于我国本土的宗教，以“道”为最高信仰。中国古代道教，是在我国古代的鬼神崇拜观念上，以黄、老道家思想为理论根据，承袭战国以来的神仙方术衍化而成，其主要宗旨是追求长生不死、得道成仙、济世救人。

首先，形成时间不同。道家是由老子、庄子开创的哲学思想流派，在春秋末年已经创立，而道教则形成于东汉末年，源于张陵所创的五斗米教。这就是说，在道教形成之前，道家已出现相当长的时间，人才辈出，流派纷呈，并形成了先秦和汉初道家发展的两个高峰。

其次，性质和流变传承不同。从严格意义上来说，道家仅仅是一种思想文化流派，狭义的“道家”指的就是先秦时代以老子、庄子为主要代表人物的哲学思想流派。而道教是一个宗教团体，作为一种宗教，道教有其神仙崇拜与信仰，有教徒与组织，还有一系列的宗教仪式与活动，其主要派别的传承是大致清楚的。

再次，各自的代表人物不同。即使同一个人物在道家与道教之中也具备了不同的个性特征。道家的代表人物，在先秦有老子、庄子、列子等，汉代有曹参、窦太后、刘安等。道教的代表人物有张角、张陵、葛洪、王重阳等，这两类人物相互之间是不能替代的。以老子为例，道家中的老子是一个现实的思想家，道家的创始人，道教中的老子则成为太上老君，是一个宗教教主，两者的性质显然是不一样的。

最后，二者的思想不同。道家思想是一种哲学学派，道教是一种宗教信仰。道家思想的核心是“道”，认为“道”是宇宙的本源，也是统治宇宙中一切运动的法则，倡导自然的世界观和方法论。道教则以“道”作为其追求目标，以长生不老之道为最高信仰，它主张清静无为，长生不老，得道成仙。道教用神仙不死之道教化信仰者，确认通过养生修炼和道德品行的修养而长生成仙，最终解脱死亡，求得永恒。

当然，二者之间也存在着一定的联系。道教的理论和实践从根本上说，都是以古代道家效法自然的哲学为根据的。道教理论的热点，始终没有离开过古代道家学说，“道”作为道教理论的最根本的范畴，自道教理论建立以来一直被遵从，被奉为一切的本原和最高存在。道教奉老子为“太上老君”“太清道德天尊”，奉庄子为“南华真人”。古代道家的思想本就玄之又玄，因而给了道教的创立者加以发挥的空间和可能。此外，老庄哲学具有超然性质，追求永恒至境，这也吻合道教追求长生，提倡守神保精、养气全真的宗旨。总之，道家和道教，并不是直接的理论继承和发展关系，而是道教利用和发挥了道家的思想，道家为道教的发展提供了文化背景。

第一节　道家的文化精神

司马迁《史记·太史公自序》中说，道家的学术是“因阴阳之大顺，采儒墨之善，撮名法之要，与时迁移，应物变化，立俗施事，无所不宜，指约而易操，事少而功多”。

司马迁认为，道家思想在先秦各派学说中，是唯一吸收了其他学派长处的优秀成果。道家从关注民生、关注社会的立场出发，宣扬“无为”，实际上是“无不为”，其主张是容易施行的。道家认为，事物没有既成不变之势，也没有永远不变之形，是对立统一的矛盾体。这就是说，道家思想是依据阴阳家关于四时运行顺序之说，吸收了儒、墨两家的长处，又提取了名家之精要，随同时势的发展而发展，顺应事物的变化而变化，树立良好的风俗和应用于人事，都无不适宜，意旨简明扼要而容易掌握，办事少而收到的功效多。

可以说，以老子、庄子为代表的道家思想和以孔子为代表的儒家思想为基础而形成的中国主流哲学思想文化，构成了中国哲学历史文化的根基。老庄思想，不仅对中国古代的哲学、政治、军事、宗教、医学、养生、气功和武术等，产生了广泛而深刻的影响，道家思想作为中华文明的基因已经渗透到中华民族的血脉之中，渗透到中国人的生存方式、生活方式和思维方式之中，至今影响着中国人的人生观、价值观和生死观等各种思想文化观念。

一、老子

老子姓李，名耳，字聃，楚苦县（今属河南鹿邑）人，道家学派创始人。做过周朝“守藏室之史”（管理藏书的史官），深谙周朝的图书典籍，学问渊博，传说孔子曾向他问礼。因见周王室衰微，弃官乘青牛西去，至函谷关遇见关令尹喜。尹喜请求他著书，“于是老子乃著书上下篇，言道德之意五千余言而去”（《史记·老子韩非列传》），最终成了隐士，莫知所终。

老子的主要思想保留在《老子》一书中。《老子》又名《道德经》，分为上下两篇，共81章，前37章为上篇“道”经，第38章以后为下篇“德”经，道是德的“体”，德是道的“用”。其内容博大精深，涉及文学、兵学、美学、医学、社会学、伦理学、天文学、养生学，是中国哲学本体论的第一部名著，包含着十分丰富深刻的哲学思想。

“道生万物”的本体说和“道法自然”的认识论是老子哲学思想的核心。老子说：“有物混成，先天地生。寂兮寥兮，独立而不改，周行而不殆，可以为天地母。吾不知其名，强字之曰道，强为之名曰大”（《道德经·第二十五章》），“道生一，一生二，二生三，三生万物”（《道德经·第四十二章》），“人法地，地法天，天法道，道法自然”（《道德经·第二十五章》）。道是万物之始，万物之母，是先于天地而存在的世界万物形成、变化、运动的总规律。它既是万物之所出，又是万物之所归。老子把宇宙看成是一个自然产生、自然演变的过程，天地万物是依照自然规律发展变化的，而“道”是世界的本原。

朴素辩证法思想是老子哲学的精髓。老子说，“有无相生，难易相成，长短相形，高下相倾，音声相和，前后相随”（《道德经·第二章》），他还说，“祸兮福所倚，福兮祸所伏”（《道德经·第五十八章）》。所以，他认为天地万物都是相反相成的，矛盾双方相互依存，互为条件。老子认为对立面的双方可以互相转化，事物总要走向它的反面，为了防止走向反面，他主张要把自己放在弱者地位，认为“柔弱胜刚强”。

无为无不为是老子的政治思想主张。在政治思想上，老子主张“无为”，认为只有无为才能无不为。自然、无为是道的本性，也是天、地、人的本性。自然不是人的主宰者，人也不是自然的掠夺者；人对自然不能任意改变，人对人也不应强制专政，而应“处无为之事，行不言之教”（《道德经·第二章》）；人法地，地法天，天法自然，天、地、人都应自觉恪守自然之道。“侯王若能守之，万物将自化”，“不欲以静，天下将自正”（《道德经·第三十七章》）。在老子看来，道是自然的，自然故应无为，人应效法道，让万事万物自己发展变化，无为就成了无不为。无为的“道”是宇宙的本原和根本法则，所以人应该清静无为、朴素自然，保持无知无欲的状态。因此，老子主张“绝圣弃智”“绝仁去义”“绝巧去利”，要求回到“小国寡民”的时代，“邻国相望，鸡犬之声相闻，民至老死不相往来。”（《道德经·第八十章》）

老子思想中的民本思想。老子说，“天之道，损有余而补不足。人之道则不然，损不足以奉有余”（《道德经·第七十七章》）；“民之饥，以其上食税之多”（《道德经·第七十五章》）；“民之轻死，以其上求生之厚”（《道德经·第七十五章》）；“民不畏死，奈何以死惧之”（《道德经·第七十四章》）。老子认为：人民为什么陷入饥饿？主要是统治者的税赋太多太重。说民众难于治理，到处闹事，主要是由于统治者强作妄为，太想建立自己的“丰功伟绩”，导致劳民伤财，政治腐败；或过分贪求享受，企望“厚生”“贵生”，长生不老，从而极大地损害了人民的权益，两极分化严重，民众没法生存。最后，导致老百姓敢于铤而走险，起来造反，不怕犯死。所以，他主张关注民生，必须减轻税负，使人民群众吃饱饭，不至于陷入饥饿，千万不可逼得老百姓无处安居、无法生存，提出了“损有余而补不足”的平均思想。

二、庄子

庄子（公元前360？—公元前280？年），名周，宋国蒙（今安徽蒙城，一说在今河南商丘）人，著名的思想家、哲学家、文学家，道家学派的代表人物，老子哲学思想的继承者和发展者。后世将他与老子并称为“老庄”。与孟子同时代，家境贫穷，曾居住陋巷，以织屦为生，任过漆园吏，是道家学派的主要代表。现存《庄子》33篇，其中内篇7篇，乃庄周自作，外篇15篇及杂篇11篇，或以为庄周后学所作。

司马迁曾说，庄子“学无所不窥，然其要本归于老子之言。”（《史记·老子韩非列传》）庄子全面继承了老子的宇宙观，并且在本体论和道与物的关系方面有进一步的发展。

在哲学方面，庄子和老子一样把“道”作为世界本原，是宇宙的本体，是产生万物的根源，道是超时间、空间的绝对，“先天地生而不为久，长于上古而不为老。”（《庄子·大宗师》）道无所不在，无所不能，可以主宰一切。他认为道的本质是物质的，是混浊状态的“气”，而这“气”没有固定的形态，称为“无”。道可生万物，又无所不在，而万物最终化为乌有，所以万物齐一，生死齐一。

庄子在老子的基础上进一步向本体论的方向迈进，明确地指出："天地者，形之大者也；阴阳者，气之大者也，道者为之公。"（《庄子·则阳》）天大地大，没有道大，阴阳之气中也同样贯通着道。道不是外在的，而是内在于宇宙万物，"覆载万物"，"万物皆往资焉而不匮"。

同时，庄子还在道之下创造性地提出了"理"的范畴。理不但是宇宙万物固有的自然的天理，而且是具体事物本身特有的物性。而人就可以通过实践和悟性，"判天地之美，析万物之性"。庖丁解牛之所以能达到出神入化的境地，就在于他完全掌握了牛的内在结构，这就为人体悟规律、运用规律提供了范例。

在政治思想上，庄子对现实十分悲观，消极厌世，对人生采取虚无的态度，提倡顺应自然，无为而治。他也主张"绝圣弃智"，认为"圣人不死，大盗不止""绝圣弃智，大盗乃止。"（《庄子·胠箧》）如果君主不求至道而是喜好智巧，必然会天下大乱，所以只有放弃所有的道德、智慧、计谋，顺应事物本来的自然规律，任其自由发展，才能天下太平。他还一针见血地指出了社会的弊端，提出了"彼窃钩者诛，窃国者为诸侯"（《庄子·胠箧》）的名言。

在伦理思想方面，庄子提出"素朴""无为"等命题。庄子所说的"素朴"，就是无知无欲的自然状态，与此相对立的则是社会的法度、礼义、规范。他主张人们应复归到纯真无为的自然性中来，保持内心的宁静安泰，就可以得到精神上的逍遥自由。庄子主张处世应该"中道""无为"，以此来保身、全生、养亲、尽年。庄子"无为"的思想贯彻于整个人生哲学中，认为人生在世"身若槁木""心若死灰"，所以无所谓喜、怒、哀、乐。要求人们做到"不乐寿，不哀夭，不荣通，不丑穷"（《庄子·天地》），"敬之而不喜，侮之而不怒者，唯同乎天和者为然"（《庄子·庚桑楚》）。总之，要求人们要像婴儿那样无知，忘掉各种欲望，茫茫然彷徨于尘世之外，逍遥在无所事事之中。

在理想社会的构想上，庄子和老子犯了类似的错误，他没有看到社会向前发展的必然趋势，而是希望回归到上古的至德之世，让人们再去过古朴原始的生活，与禽兽同居，这是不可能的。

第二节　道家思想的演变

广义的道家是指中国古代社会思想文化体系中以"道"为核心观念，强调天道自然无为、人道顺其自然的一个流派，凡是崇尚此说的人都可以称为道家。狭义的道家则是指先秦时代以老子、庄子为主要代表人物的哲学思想流派。这一思想流派以老子关于"道"的学说作为理论基础，以"道"说明宇宙万物的本质、本原、构成和变化，主张道法自然，提倡清静无为、以柔克刚，其政治理想是"小国寡民""无为而治"。

理论著作在《老子》之后，除《庄子》外，还有《列子》《老莱子》等数种，计约千篇。其中最负盛名的是稷下黄老学派。

黄老学派产生于战国中期，是在发挥老子思想的基础上，从老子学说中分化出来并吸收了法家、名家的主张而形成的一个学派。"黄"指黄帝，"老"指老子。齐宣王时（公元前 319—公元前 301 年)，黄老学派已盛行于世，即稷下学宫黄老学派，其代表人物是宋钘、尹文等。他们用黄帝书的思想对老子的思想进行解释与发挥，“本于黄老而主刑名”，既讲道德，又主刑名；既尚无为，又崇法治；既认为“法令滋彰，盗贼多有”，又强调“道生法”，要求统治者一切均以法律为准绳，而不要受到其他任何干扰，成为儒道渗透、道法结合的一个新的道家学派。

汉初统治者吸取秦亡教训，崇尚黄老清静无为学说，实施与民休息的宽松政策，黄老之学蔚然大兴，盛极一时，成为汉初政治、经济、文化政策的哲学依据和指导思想，使汉初社会政治出现了“文景之治”。汉武帝推行“罢黜百家，独尊儒术”后，黄老学派开始衰微，东汉时黄老之学与谶纬迷信相结合，演变为自然长生之道，对原始道教的形成产生了一定影响。

《淮南子》杂采儒家、法家、墨家、阴阳家、五行家的学说，但其基本倾向是道家，是黄老之学的集大成之作，代表了汉代道学的最高成就。

《淮南子》对老庄的“道”范畴作了明确而深刻的阐发，把“道”规定为其理论体系的最高范畴，具有时空的无限性，对“道”在宇宙中的演化显现进行了论证，把“道”说成既是被体验的客体，又是进行体验的主体，既是人的意识活动，又是活动所指的对象。《淮南子》还对老庄的养生理论进行了发展，把养生与养神统一起来。它把人看成形、神、气的统一体。“形”是形体五脏；“气”是不可视、不可听、可内储也可外放的能感觉到的存在，类似于现代科学所证明的气功师的气；“神”是物质的“精”和意识的“神”的统一，可以充，可以耗，可以聚，可以散。养生首先是要保养精神，控制意念，使不外驰。其中最根本的是养神。“治身，太上养神，其次养形；治国，太上养化，其次正法。神清志平，百节皆宁，养生之本也。肥肌肤，充肠腹，供嗜欲，养生之末也。”(《淮南子·泰族训》) 最高层次的养生是真人境界，书中有非常详尽的说明，那时人能齐生死，等荣辱，一穷达，超然物外，形同槁木，心若死灰，精神与外物相融，有一种把握宇宙整体的感受。

魏晋玄学是三国曹魏正始年间由何晏、王弼开创并盛极一时的哲学思潮，名称来自《老子》的“玄”，尊孔丘为圣人，对纲常名教态度不一，但就其实质而言，是以道家为本、杂糅儒家思想的哲学流派，其经典理论支柱是三玄，即《周易》《老子》和《庄子》。

前期玄学家并不否定名教，但对儒家名教授自天意的观念大打折扣。他们以自然为本，以名教为末，让万物自生自然的自然统领制约人为的名教，显然是以道统儒。中期的阮籍、嵇康是玄学中的激进派，他们所说的自然主要是指人性的自由发展，借自然来否定名教，着重发挥庄子哲学中批判现实的精神，对帝王“宰割天下以其私”的行为表示愤慨，以为“君立而虐兴，臣设而贼生，坐制礼法，束缚下民”(阮籍：《大人先生传》) 是封建社会的本质，所以主张“越名教而任自然”，“审贵贱而通物情。”(嵇康：《释私论》) 后期向秀、郭象注《庄子》，把玄学推向一个新阶段。他们力主独化论，以为宇宙万物都是自生而独化的，既不靠造物主，也不靠虚无，更不互相依赖，秋毫不独小其小而大山不独大其大。因此，万物只要性足自得，就没有什么差别了。由此推之，君臣上下，手足内外，乃是天理，人人都应安于命乐于性，任之而不互羡，以便在俗世之中求得逍遥。这种观点显然是为了维护封建纲常，有明显的儒家色彩。

道家思想在东汉时形成宗教，到魏晋南北朝时盛行起来。东晋道家著名学者葛洪的《抱朴子》在道家体系中具有重要的地位，而葛洪本人也被认为是道家的重要人物，对道家学派的发展具有重要作用。魏晋以后，道家思想虽然没有以学术流派的形式出现，但却以隐性的方式影响着中国传统文化思想。如在魏晋南北朝时期，玄学与佛学合流，改变了印度佛教教义在中国的传播，催生了富有中国特色的中国佛教。

唐以后道学思想没有新的建树，道教的势力却得到了充分的发展。

道教是中国本土最重要的宗教，道家的学说为道教提供了理论武器，道教又以特有的宗教形式，演绎、实践、发展着道家的思想和精神，应该说道教是道家学说的一种存在形态，但它又不是道家本身。道教内部的派系复杂纷纭，教义、教规也有区别，同道家的距离也有远有近。要之，养性者最近，炼气者次之，服丹者又次，符箓者稍远。道教是以道家学说为基本理论，吸收民间信仰和各类方术，以成道升仙为目的的宗教。早期道教的代表人物是张陵、张角、张鲁等人。张陵于汉顺帝汉安元年（142 年）在鹤鸣山声称受太上老君之命被封天师，首创了天师道。陵死，其子衡继之，衡死，张修继之，呼应黄巾起义，被刘焉收编，最后被张陵之孙张鲁杀死并夺了权，又与四川鬼道联合，立五斗米道，张角在汉灵帝建宁年间（168—171 年）创建太平道，以黄老之学为号召，以治病为手段，为后来黄巾起义进行思想和组织准备。

魏晋时，道教在北方继续发展，并流传到江南，形成许多教派分支，主要代表人物是葛洪、葛玄等。

南北朝是道教发展的成熟时期，北魏的寇谦之和南朝的陆修静、陶弘景改革道教，参照佛教的戒律、科仪和形式，形成足以同佛教抗衡的宫观式道教，寇谦之的新天师道，以“佐国扶命”为己任，是典型的上层士族教派。陆修静的灵宝派在整理道书、建立道经体系、制定科戒和斋醮仪式方面有重要贡献。陶弘景的上清派在养生、炼丹、医药和建立道教神仙体系方面成就突出，对后世科技和医学有重要贡献。

唐宋时，由于统治阶级的大力扶持，道教得到更大的发展，建立宫观二千余处，在炼养服食和符咒科教方面得到长足发展，特别是内丹理论极其丰富。主要的代表人物有孙思邈、成玄英、王玄览、马承祯、吴筠、钟离权、陈抟、张君房、张伯端等。

金元时，由于民族矛盾的加剧，道教也相当活跃。萧抱珍的太一教，刘德仁的大道教，王重阳、马钰、刘处玄、丘处机的全真教，周真公的净明道都是影响较大的教派。特别是全真教势力最大，强调三教合一，性命双修，注重内丹修炼，逐渐成为官方宗教。

明清时道教停止发展，教义也没有什么拓展，教团的腐化也日益严重，失去了民众的信任，逐渐显示出衰微的趋势。

第三节　道家的人生智慧

道家是以“道”为最高哲学范畴和终极关怀的一个文化流派，它以“道”来统摄自然、社会和人生三大层面，追求三者的自然平衡。道家有自己独具特色的人生哲学模式和理想人格，以回归自然、超然物外为追求，以无为、不争进行自我标榜，与时迁移，应物变化，可以说，道家文化全面而深入地渗透到我国人民的思维方式、民族心理、风俗民情、文学艺术及社会生活的诸多方面，是中国传统文化的重要组成部分，在中国传统文化中的地位和影响是不容忽视的，对人类社会的生存和发展，提供了许多智能和方法。

一、有无相生，祸福相倚——事物的对立统一及相互转化

“有无相生，难易相成，长短相形，高下相倾，音声相和，前后相随”（《道德经·第二章》），老子比较系统地揭示了事物的存在是相互依存的，而不是孤立的，是对立统一的矛盾统一体。他认识到，矛盾的一方必须以另一方的存在和发展为条件。自然界、社会和人类思维中的任何事物和现象，都是作为这样的矛盾统一体而存在的。他说，有和无互相生成转化，难和易相互对立而生成，长和短相互比较而显现，高和下相互依托而存在，音和声相互应和对立而产生和谐，前和后相互接随而有序。老子的这一思想，实际上是“你中有我，我中有你”，互相包含，互相渗透的对立统一的辩证法思想。

老子说：“物壮则老，是谓不道，不道早已。”（《道德经·第三十章，第五十五章》）“草木之生也柔脆，其死也枯槁。……兵强则灭，木强则折。”（《道德经·第七十六章》）这就是说，事物过于强大就会走向衰败、死亡。老子认为，灾祸里面倚伴着幸福；幸福里面伏藏着灾祸。这种转化没有一定的规律而言。正常的可能变成怪异，良好的也可能变成恶习。（《道德经·第五十八章》“祸兮福所倚；福兮祸所伏。孰知其极？其无正邪，正复为奇，善复为妖。”）这就是说，矛盾的转化是事物向自己的对立面转化，而不是向任何别的东西转化。唯物辩证法告诉我们，所谓向自己的对立面转化，就是本来和自己互相依存着的对立面，即和自己内在地联系着的对立面，事物内部矛盾的对立面既互相依存，又互相斗争排斥，互相否定，这充分而深刻地表现了事物对立面的内在同一性，反映了事物的本质。因而，可以说，老子的这一朴素辩证法思想已经触摸到唯物辩证法的核心和本质问题。至此，这就不难理解，为什么老子的哲学思想在两千多年之后仍有强大生命力的关键所在。

由于老子揭示了宇宙万物不是一成不变的，而且都向自身对立面转化的这一对立统一规律。日中则昃，月盈则缺，盈虚消长，是天地运行的自然规律。因此，老子提倡事物要经常处在柔弱的地位，像水一样总是处在下势的位置，这样可以取得事业的成功。因为，上与下、强与弱，是会随着时间推移而不断变化的。

二、知足不辱，知止不殆——如何对待金钱、名利

一个人活在世上，如何对待功名利禄？或者说如何认识和对待权欲？物欲？名誉地位？仁者见仁，智者见智。我们看看老子给的答案。

“名与身，孰亲？身与货，孰多？得与亡，孰病？甚爱，必大费；多藏，必厚亡。故知足，不辱；知止，不殆；可以长久。”（《道德经·第四十四章》）老子在这里提出，名誉与生命，哪一个重要？生命与财富，哪一个珍贵？得到与失去，哪一个更有害？过分的吝啬必定会付出更大的耗费；聚财过多而不施以济众，必会引起众怨，最终会招致更惨重的后患和损失。所以，知道满足就不会受到屈辱，知道适可而止，就不会遭到危险，这样，就可以长久平安。

老子认为，人是自然界的产物，所以，要顺其自然地“甘其食，美其服，安其居，乐

其俗”（《道德经·第八十章》），他不主张去欲、无欲、绝欲。但是，对于自然之外的人为欲望，即人们常说的身外之物，如声色犬马、财物名利之欲，就必须减少到最低程度，根绝了私欲就可以达到安静（“不欲以静”《道德经·第三十七章》）的地步。

因而，老子高度概括了人与财物名利的辩证关系：“祸莫大于不知足，咎莫大于欲得。故知足之足，常足矣。”（《道德经·第四十六章》）这就是说，罪恶没有比贪得无厌更大，祸患没有比不知道满足更大，灾殃没有比掠夺侵略更惨。所以，知道满足的富足平衡心理，是永远的富足。

在物欲横流，灯红酒绿的大千世界，如果不能保持一种平凡朴实的心态，其思想和精神世界就必然会偏离正轨。庄子说得好：“其嗜欲深者，其天机浅也。”寥寥数语，道出了欲望与一个人的精神世界，乃至与其人生观的关系。

“五色令人目盲，五音令人耳聋，五味令人口爽，驰骋畋猎令人心发狂，难得之货令人行妨。”（《道德经·第十二章》）老子认为，缤纷的物欲世界使人目盲，靡靡的音乐使人思想麻木，鲜美的滋味使人每天想念，纵马打猎行乐使人心性浮躁发狂，稀有难得的货物使人行为不轨。

庄子也认为，那些贪财、追名、迷权者，整日战栗不安，悲苦不堪，还无休止的追求，这算是被大自然所刑戮的人。“以富为是者，不能让禄；以显为是者，不能让名；亲权者，不能与人柄。操之则栗，舍之则悲，而一无所鉴，以窥其所不休者，是天之戮民也。”（《庄子·天运》）这是说，把贪图钱财看作是正确的人，不会让人利禄；把追求显赫看作是正确的人，不会让人名声；迷恋权势的人，不会授人一点小权力。掌握了利禄、名声和权势，以唯恐丧失而整日战栗不安，而放弃它们又悲苦不堪，舍不得，心中一点鉴别力也没有，还在无休止的追逐。最终，利禄、名声和权势将会变成工具而杀戮了自己。

三、上善若水，守柔、处下——做一个有德行的人

“天下莫柔弱于水，而攻坚强者莫之能胜，以其无以易之。弱之胜强，柔之胜刚，天下莫不知。”（《道德经·第七十八章》）柔弱胜刚强，是老子哲学思想中充满相反相成、对立转化的辩证法光辉的命题，带有普遍真理性的意义。老子以水为例，说明天下没有东西比水更柔弱，可是攻克坚强的东西没有能胜过它，因为没有东西可代替它。微弱的胜过强大的，柔弱的胜过坚硬的，天下谁都知道。可谓水滴石穿，柔软的水能把坚硬的石头穿透。

老子认为，柔弱胜刚强是为人处世，立于不败之地的一条重要原则。如何实现柔弱胜刚强呢？为此，老子提倡应该向水的品质学习，即守柔。《道德经·第八章》：“上善若水，水善利万物而不争，处众人之所恶，故几于道。居善地，心善渊，与善仁，言善信，政善治，事善能，动善时。夫唯不争，故无尤”。

最高的德行好像水一样，水最能便利万物而又不和它们相争，它总是甘心处于众人所不喜欢的地方（处于下方地势），所以接近道。德行最高的人（上善之人）处世总是像水那样安于卑下，心胸像水那样沉静深邃，待人像水那样爱亲，言谈像水那样守信真诚，为政像水那样有条理，处事像水那样灵活圆通，行动像水那样相机而动。正因为（圣人）不与人相争，所以没有过失。

《道德经·第六十六章》："江海之所以能为百谷王者，以其善下之，故能为百谷王。是以圣人欲上民，必以言下之；欲先民，必以身后之。是以圣人处上而民不重，处前而民不害也。是以天下乐推而不厌。以其不争，故天下莫能与争。"老子认为，江海之所以能成为一切小溪、河流的总汇处，是因为它处在一切小溪、河流的下游。因此，要想成为民众衷心拥护的领导，就必须出言对民众表示谦下；要想成为民众衷心拥护的领导，必须把自身的利益置于民众之后（先公后私）。因此，最好的领导是处在民众上面，而民众不感到有负担；处在民众前面，而民众不认为是妨碍。所以，天下的百姓都乐于推戴他而不厌恶他。这样的领导人，不就是因为他没有和人相争吗？所以，天下也没有人会和他相争。

什么是不争之德呢？老子认为："善为士者不武，善战者不怒，善胜敌者不与，善用人者为之下，是谓不争之德，是谓用人之力，是谓配天古之极。"（《道德经·第六十八章》）这就是说，善于当将帅的不会逞勇武，善于打仗的不会轻易被敌人激怒，善于胜敌的不跟敌人硬拼，善于用人的对人非常谦下。这就叫做不与人相争的美德，这就叫做善于用人的本领，这就叫做配合了天道，符合了自然的最高法则。

老子说："自见者不明，自是者不彰，自伐者无功，自矜者不长。其在道也，日余食赘形，物或恶之，故有道者不居。"（《道德经·第二十四章》）要学习水的守柔、处下品质，以达到柔弱胜刚强的目的，必须根除自以为是、自恃夸耀的毛病，保持谦虚谨慎，戒骄戒躁。这就是说：固执己见的人，不能明察事物的真谛；自以为是的人，总是明辨不了是非；自我夸耀的人，不能建立起功勋；自命不凡的人，不能担任领导，或者当了也不会长久。从道的角度来看，可以说，上面这些毛病，就是剩饭残羹、赘疣畸形，连鬼神都讨厌它，所以有"道"的人决不会这样做。

老子说："勇于敢则杀，勇于不敢则活。此两者，或利或害。天之所恶，孰知其故？天之道，不争而善胜，不言而善应，不召而自来。坦然而善谋。"（《道德经·第七十三章》）他认为，要学习水的守柔、处下的品质，还需戒掉逞强、逞能、逞勇的性格缺陷。为什么呢？因为，勇敢用于逞强就要被消灭，勇敢不用于逞强（用于柔弱）就能生存。这两种勇敢，有的受益，有的遭害。天所恶的，谁知道它是什么缘故？自然的规律是，不用争斗就会胜，不用说话而善于应对，不用召唤自动到来，而要达到这个目标，不但要胸怀坦白，而且要善于谋略。

四、千里之行，始于足下——从小事做起，坚持不懈

老子在《道德经》中提出了做一个品德高尚之人的要求。同时，他教导人们如果要成就一番事业，必须从小事做起，并且要目标始终如一，坚持不懈，这样，就没有办不成的事。"慎终如始，则无败事。"（《道德经·第六十四章》）老子这一思想具有重要的认识论价值和社会学意义，它对于提高人的精神修养，成就事业，有着重要的历史借鉴价值。

老子说："合抱之木，生于毫末；九层之台，起于累土；千里之行，起于足下。"（《道德经·第六十四章》）老子说，合抱的大树从细小的萌芽生出，九层的高台从一小筐土垒起，千里的远行从迈步开始。在这里，老子形象地说明了大小这对矛盾的量变质变关系，即一切大的东西无不从细小的东西发展而来。

在认识论上，无疑充满对立统一，相反相成的唯物辩证法思维，它隐含着由量变到质

变飞跃的法则。“其安易持，其未兆易谋，其脆易泮，其微易散。”（《道德经·第六十四章》）因此，老子提倡人们在处理问题时要防患于未然，治之于未乱。稳定的事物容易保持，未露出苗头的问题容易设法解决，脆弱的东西容易击破，细微的事物容易消散。

老子认为，关键要认识事物由小到大、从简到巨的发展规律。而且，要始终如一，慎终如始，这样就没有办不成的事。“民之从事，常于几成而败之。慎终如始，则无败事。”（《道德经·第六十四章》）有些事情之所以往往快要到成功的时候反而失败了，就是没有谨慎始终如一，刚开始时都很认真，到后来就马虎大意。

根据一切大的东西无不从细小的东西发展而来的规律，老子认为，干大事要从细微的小事做起，行千里要踏踏实实迈好每一步。“大小，多少。抱怨以德。图难于其易，为大于其细。天下难事必作于易，天下大事必作于细。”（《道德经·第六十三章》）因为，天下的困难必定酝酿于简易，天下的大事必定发生于细微。

从上可知，老子关于学习践行的观点，是非常重视实践经验的，它反映了人类学习知识的一般性基本规律，既是他们自己学习经验的总结概括，也为后来者成就事业所证明，已成为中华文化传统的重要历史遗产之一。

涓涓不息，将成江河。目标始终如一，长期地专注于一个方向或一个课题的研究，日积月累，必然产生由量变到质变的飞跃，成功的到来就在眼前！这就是老子“合抱之木，生于毫末；九层之台，起于累土；千里之行，始于足下”这一名言，对我们的有益启发。

五、致虚、守静，复归于朴——生命高于一切

老子和庄子都认为，人是自然演化的产物，是宇宙中最为重要的有生之精灵。“道大，天大，地大，人亦大。域中有四大，而人居其一焉。”（《道德经·第二十五章》）从而，就把人在宇宙中的地位提升到前所未有的高度。

重视养生，健康长寿，是道家思想家们十分强调的一个重要内容。老子认为，人是自然界演化的产物，那么，养生，无疑应该因顺自然。“天地长久。天地所以能长且久者，以其不自生，故能长生。”（《道德经·第七章》）天地是长久存在的。天地为什么能够长久存在呢？这是因为它们不是为自己追求长生，所以能够长久生存。这里，老子向我们表达了养生保健的一个基本原则——即以其不自生，故能长生。换一句话说，就是不刻意追求长生，才能长生；为长生而长生，反而短命，不能长生。如果违反这个原则，整天山珍海味而厚养，或药物补品样样齐全而进食，势必伤身而早夭，难于长寿。

“出生入死。生之徒十有三，死之徒十有三，人之生，动之于死地，亦十有三。夫何故？以其生生之厚。”（《道德经·第五十章》）老子观察到一个重要现象，即在整个社会人群中，长寿的人占十分之三，夭折早亡的人占十分之三，另外十分之三早逝的人是因为“厚养”所致。贫困交加，衣食无着，疾病繁生，何谈养生长寿？山珍海味，淫乐酒醉，纵欲无度，则反祸身，必定短命。老子揭示了人的生老病死的生命辩证法，具有重要的哲学意义。

道家重视养身，更重视养神。老子和庄子都认为，养神既是养身的一个重要内容，更是修道养生的一种精神境界、道德修养，养神是修道养生，健康长寿的根本。

老子认为，养神的最佳状态，或者说最高目标，即致虚极，守静笃。致虚极，就是使

人的头脑里最大限度地屏除外界刺激的一切反应，排除一切杂念，使之处于完全的空虚无物、无意识状态。守静笃，就是使人的心目内视，不使有一丝一毫之累，涵养于非有非无之中，外无所见，内无所思，凝神内守，是谓守静。守静笃，意思是说，大脑心灵进入物我两忘的清静境界。在老子的哲学体系中，“虚”，是指“道”的本体；“静”，是指“道”的运用。由体显用，由用返体，虚极静笃，可以谛观宇宙万物变化的规律。所以，老子的致虚、守静的养生理念，充满了辩证法的哲学光辉。

“夫物芸芸，各复归其根。归根曰静，静曰覆命。覆命曰常，知常曰明。……天乃道，道乃久，殁身不殆。”《道德经·第十六章》老子进一步阐述了致虚、守静对养生的重要意义。他认为，追求并保持心灵的清静，就是恢复到生命的本原，复归生命的本原就叫符合“道”（即自然法则），符合自然法则，就终身没有什么危险祸害，因而能长寿。

庄子则把养生上升到精神层面来认识。他认为，养生和道德修养的最高境界就是：恬淡、虚无——做一个与天地往来的精神自由者。

“常德不离，复归于婴儿。……复归于朴。”（《道德经·第二十八章》）老子和庄子不但提出了致虚、守静与恬淡、虚无的养生修道总的思想原则，还提出了一些具体的养生修道的方法和措施，其目的就是要使人不为种种功名利禄的欲望所困扰，保持永恒的德性，实现生命的自我完善与精神的绝对自由，恢复到像婴儿时期一样自然本初的质朴。

怎样才能做到复归于朴呢？老子提出：弃贪欲，持宁静。“以无名之朴，夫将不欲，不欲以静。”（《道德经·第三十七章》）老子认为，用无名之朴的“道”，就可以镇住或根除私欲的发生，根除了私欲，心灵必然就能保持平和宁静，一生也就不会有什么危险、祸害。孟子说：不动心，可养浩然之气。所以，弃贪欲，是保持心灵宁静的根本，只要不受外物的诱惑，就能保持心灵的宁静。

贪欲使人失去理智，只有守住生活的简单，才能保持心灵的宁静，才能回归到婴儿时代的质朴。

老子和庄子的养生修道思想告诉人们，对待不可避免的死亡要坦然笑对；死亡，对于一切生物体都是不可抗拒的自然规律。人要努力放在生前的有所作为上，多行善事，不求回报，树立正确的人生观、价值观，使人活得更有意义。

第四章

墨家、法家、兵家思想

第一节　兼爱、非攻：墨家学派

一、墨家学派形成的背景

墨家是我国古代重要的思想流派，与孔子所代表的儒家、老子所代表的道家共同构成了中华民族三大哲学体系，法家代表韩非子称其和儒家为“世之显学”，而儒家代表孟子也曾说“天下之言，不归杨（杨朱，道家代表人物）则归墨（墨子）”等语，证明了墨家思想曾经在中国的辉煌。

墨家学派产生于战国时期，是当时社会下层人民的思想代表。其创始人墨子便是手工业者出身。墨子早年曾受过儒学教育，后来则“背周道而用夏政”，创立了自己的思想体系。墨家思想主张主要有：“尚贤”“尚同”“兼爱”“节用”“节葬”“非攻”“非乐”“非命”“天志”“明鬼”和墨家所言“兼爱”，但与儒家又有所不同。墨家所讲“兼爱”，即不分亲疏远近，一视同仁地博爱，不像儒家的兼爱是由亲而疏，推近及远。从“兼爱”“非攻”出发，墨家认为战争对人民的危害最大。因而主张“非攻”，反对不义的战争和兼并。墨家的“尚贤”也以“兼爱”为标准，只要他能兼爱，则无论什么出身的人都可以做官。这是旗帜鲜明地反对奴隶贵族的世袭制，而具有阶级平等的意识。墨家的“尚同”，主要讲统一思想、统一政令，使天下百姓能与天子的是非相同。墨家主张节约财富，节制人的欲望，因而反对儒家所主张的“久丧”“厚葬”之礼数，反对无益于民众的金钱和时间的浪费，提倡“节葬”“节用”“非乐”。墨家所言的“非命”，实际也是主张人们依靠自己的努力来改变生活处境，而不屈服于命运。

墨家是一个纪律严密的学术团体，其首领称“巨子”，其成员到各国为官必须推行墨家主张，所得俸禄亦须向团体奉献。墨家学派有前、后期之分：前期思想主要涉及社会政治、伦理及认识论问题，关注现世战乱；后期墨家在逻辑学方面有重要贡献，开始向科学研究领域靠拢。但是战国以后，墨家已经衰微。墨子死后，墨家分为相里氏之墨、相夫氏之墨、邓陵氏之墨三个学派。《庄子·天下》所说的相里勤的弟子、邓陵子的弟子苦获、已齿，即这三派中的两派。他们都传习《墨子》，但有所不同，互相都攻击对方是“别墨”。在今存的《墨子》中，每篇都有上、中、下三篇，大约就是墨家分裂为三派的证据。据郭沫若研究，墨者集团到秦惠王时，有集中于秦的趋势。因此，从第四代“巨子”时起，墨学的中心已经转移到了秦国。此后还有记载，东方的墨者谢子，不远千里入秦而见秦惠王。这时墨学还是兴盛的。但是到汉代，墨家已经消亡。为什么墨家消亡如此之快呢？关于这个问题，答案分歧很大，还需要进一步研究。从墨家内部来分析其原因，在方法论上是可取的。墨家与儒、法、道等家不同之处在于，它是由墨者组成的带有宗教色彩的集团，有严格的纪律，能赴汤蹈火，视死如归。这些，作为一般人是难以办到的。禽滑厘是春秋时期人，传说是墨子的首席弟子，他的字为慎子。禽滑厘曾是儒门弟子，学于子夏，自转投墨子后，便一直潜心墨学。到了西汉时，由于汉武帝的独尊儒术政策、社会心态的变化以及墨家本身并非人人可达的艰苦训练、严厉规则及高尚思想，墨家在西汉之后基本消失。但是根据考古发现，最后一代在晚清出现，因抗夷而全部灭亡。

墨子是墨家学派的代表人物，创立了墨家学说。墨子在战国时期创立了以几何学、物理学、光学为突出成就的一整套科学理论。在当时的百家争鸣，有“非儒即墨”之称。其弟子根据墨子生平事迹的史料，收集其语录，完成了《墨子》一书传世。

墨家思想是中国古代较为完整的辩证唯物主义及辩证唯物论。特别是创始人墨子能够真正摆脱各种社会势力的纠缠和引诱，从力学、光学、几何学、逻辑学等广泛的知识领域去把握生命的本来含义，认知世界的真相，从而形成寻求真知、注重实践、自励自强的可贵品格。在今天亦具有现实意义。当然墨家学派宣扬“尊天”“明鬼”，肯定“天志”“鬼神”的存在，反映了墨家思想的局限性。

二、墨家代表人物：墨子

墨子（公元前468—公元前390年），春秋末战国初期宋国（今河南商丘）人，一说鲁国（今山东滕州）人。战国时期著名的思想家、教育家、科学家、军事家，墨家学派的创始人。墨子创立了墨家学说，并著有《墨子》一书传世，主要内容有兼爱、非攻、尚贤、尚同、节用、节葬、非乐、天志、明鬼、非命等项，以兼爱为核心，以节用、尚贤为支点。

第一，墨子的思想。墨子曾经从师于儒者，学习孔子之术，称道尧舜大禹，学习《诗》《书》《春秋》等儒家典籍。但后来逐渐对儒家烦琐礼乐感到厌烦，最终舍掉了儒学，形成自己的墨家学派。墨家是一个宣扬仁政的学派。在代表新型地主阶级利益的法家崛起以前，墨家是先秦和儒家相对立的最大的一个学派，并列“显学”。《韩非子·显学》记载：“世之显学，儒墨也。儒之所至，孔丘也；墨之所至，墨翟也。”在《墨子·鲁问》中，墨翟提出了墨家的十大主张。他认为，要根据不同国家的不同情况，有针对性地选择十大主张中最适合的方案。如“国家昏乱”，就选用“尚贤”“尚同”；国家贫弱，就选用“节用”“节葬”；等等。为宣传自己的主张，墨子广收门徒，一般的亲信弟子达到数百人之多，形成了声势浩大的墨家学派。墨子的行迹很广，东到齐、鲁，北到郑、卫，南到楚、越。

第二，宇宙论。墨子认为，宇宙是一个连续的整体，个体或局部都是由这个统一的整体分出来的，都是这个统一整体的组成部分。换句话说，也就是整体包含着个体，整体又是由个体所构成，整体与个体之间有着必然的有机联系。从这一连续的宇宙观出发，墨子进而建立了关于时空的理论。他把时间定名为“久”，把空间定名为“宇”，并给出了

“久”和“宇”的定义，即“久”为包括古今旦暮的一切时间，“宇”为包括东西中南北的一切空间，时间和空间都是连续不间断的。在给出了时空的定义之后，墨子又进一步论述了时空有限还是无限的问题。他认为，时空既是有穷的，又是无穷的。对于整体来说，时空是无穷的，而对于部分来说，时空则是有穷的。他还指出，连续的时空是由时空元所组成。他把时空元定义为“始”和“端”，“始”是时间中不可再分割的最小单位，“端”是空间中不可再分割的最小单位。这样就形成了时空是连续无穷的，这连续无穷的时空又是由最小的单元所构成，在无穷中包含着有穷，在连续中包含着不连续的时空理论。

在时空理论的基础上，墨子建立了自己的运动论。他把时间、空间和物体运动统一起来，联系在一起。他认为，在连续的统一的宇宙中，物体的运动表现为在时间中的先后差异和在空间中的位置迁移。没有时间先后和位置远近的变化，也就无所谓运动，离开时空的单纯运动是不存在的。

对于物质的本原和属性问题，墨子也有精辟的阐述。在先秦诸子中，老子最早提出了物质的本原是“有生于无”（《老子》第一章），“天下万物生于有，有生于无”（《老子》第四十章）。墨子则首先起来反对老子的这一思想，提出了万物始于“有”的主张。他指出，“无”有两种，一种是过去有过而现在没有了，如某种灭绝的飞禽，这不能因其已不存在而否定其曾为“有”；一种是过去就从来没有过的事物，如天塌陷的事，这是本来就不存在的“无”。本来就不存在的“无”不会生“有”，本来存在后来不存在的更不是“有”生于“无”。由此可见，“有”是客观存在的。接着，墨子阐发了关于物质属性的问题。他认为，如果没有石头，就不会知道石头的坚硬和颜色，没有日和火，就不会知道热。也就是说，属性不会离开物质客体而存在，属性是物质客体的客观反映。人之所以能够感知物质的属性，是由于有物质客体的客观存在。

第三，数学方面贡献。墨子是中国历史上第一个从理性高度对待数学问题的科学家，他给出了一系列数学概念的命题和定义，这些命题和定义都具有高度的抽象性和严密性。墨子所给出的数学概念主要有：关于“倍”的定义。墨子说：“倍，为二也。”（《墨经上》）亦即原数加一次，或原数乘以二称为“倍”。如二尺为一尺的“倍”。关于“平”的定义。墨子说：“平，同高也。”（《墨经上》）也就是同样的高度称为“平”。这与欧几里得几何学定理“平行线间的公垂线相等”意思相同。关于“同长”的定义。墨子说：“同长，以正相尽也。”（《墨经上》）也就是说两个物体的长度相互比较，正好一一对应，完全相等，称为“同长”。关于“中”的定义。墨子说：“中，同长也。”（《墨经上》）这里的“中”指物体的对称中心，也就是物体的中心为与物体表面距离都相等的点。关于“圜”的定义。墨子说：“圜，一中同长也。”（《墨经上》）这里的“圜”即为圆，墨子指出圆可用圆规画出，也可用圆规进行检验。圆规在墨子之前早已得到广泛地应用，但给予圆以精确的定义，则是墨子的贡献。墨子关于圆的定义与欧几里得几何学中圆的定义完全一致。关于正方形的定义。墨子说，四个角都为直角，四条边长度相等的四边形即为正方形，正方形可用直角曲尺“矩”来画图和检验。这与欧几里得几何学中的正方形定义也是一致的。关于直线的定义。墨子说，三点共线即为直线。三点共线为直线的定义，在后世测量物体高度和距离方面得到广泛的应用。晋代数学家刘徽在测量学专著《海岛算经》中，就是应用三点共线来测高和测远的。汉以后弩机上的瞄准器“望山”也是据此发明的。

此外，墨子还对十进位值制进行了论述。中国早在商代就已经比较普遍地应用了十进制记数法，墨子则是对位值制概念进行总结和阐述的第一个科学家。他明确指出，在不同位数上的数码，其数值不同。例如，在相同的数位上，一小于五，而在不同的数位上，一可多于五。这是因为在同一数位上（个位、十位、百位、千位……），五包含了一，而当一处于较高的数位上时，则反过来一包含了五。十进制的发明，是中国对于世界文明的一个重大贡献。正如李约瑟在《中国科学技术史》数学卷中所说："商代的数字系统是比古巴比伦和古埃及同一时代的系统更为先进、更为科学的"，"如果没有这种十进位制，就几乎不可能出现我们现在这个统一化的世界了"。

第四，物理学贡献。墨子关于物理学的研究涉及力学、光学、声学等分支，给出了不少物理学概念的定义，并有不少重大的发现，总结出了一些重要的物理学定理。首先，墨子给出了力的定义，说："力，刑（形）之所以奋也"（《墨经上》）。也就是说，力是使物体运动的原因，即使物体运动的作用叫做力。对此，他举例予以说明，说好比把重物由下向上举，就是由于有力的作用方能做到。同时，墨子指出物体在受力之时，也产生了反作用力。例如，两质量相当的物体碰撞后，两物体就会朝相反的方向运动。如果两物体的质量相差甚大，碰撞后质量大的物体虽不会动，但反作用力还是存在。

接着，墨子又给出了"动"与"止"的定义。他认为"动"是由于力推送的缘故，"止"则是物体经一定时间后运动状态的结束。墨子虽没有明确指出运动状态的结束是存在着阻力的缘故，但他已意识到在外力消失后，物体的运动状态是不可能永远存在下去的。

关于杠杆定理，墨子也作出了精辟的表述。他指出，称重物时秤杆之所以会平衡，原因是"本"短，"标"长。用现代的科学语言来说，"本"即为重臂，"标"即为力臂，写成力学公式就是力×力臂（"标"）＝重×重臂（"本"）。此外，墨子还对杠杆、斜面、重心、滚动摩擦等力学问题进行了一系列的研究，这里就不一一赘述。在光学史上，墨子是第一个进行光学实验，并对几何光学进行系统研究的科学家。如果说墨子奠定了几何光学的基础，也不为过分，至少在中国是这样的。

墨子还探讨了光与影的关系，他细致地观察了运动物体影像的变化规律，提出了"景不徙"的命题。也就是说，运动着的物体从表观看它的影也是随着物体在运动着，其实这是一种错觉。因为当运动的物体位置移动后，它前一瞬间所形成的影像已经消失，其位移后所形成的影像已是新形成的，而不是原有的影像运动到新的位置。如果原有的影像不消失，那它就会永远存在于原有的位置，这是不可能的。因此，所看到的影像运动，只是新旧影像随着物体运动而连续不间断地生灭交替所形成的，并不是影像自身在运动。墨子的这一命题，后来为名家所继承，并由此提出了"飞鸟之影未尝动"的命题。随之，墨子又探讨了物体的本影和副影的问题。他指出，光源如果不是点光源，由于从各点发射的光线产生重复照射，物体就会产生本影和副影；如果光源是点光源，则只有本影出现。

接着，墨子又进行了小孔成像的实验。他明确指出，光是直线传播的，物体通过小孔所形成的像是倒像。这是因为光线经过物体再穿过小孔时，由于光的直线传播，物体上方成像于下，物体下部成像于上，故所成的像为倒像。他还探讨了影像的大小与物体的斜正、光源的远近之间的关系，指出物斜或光源远则影长细，物正或光源近则影短粗，如果是反射光，则影形成于物与光源之间。

特别可贵的是，墨子对平面镜、凹面镜、凸面镜等进行了相当系统的研究，得出了几何光学的一系列基本原理。他指出，平面镜所形成的是大小相同、远近对称的像，但却左右倒换。如果是两个或多个平面镜相向而照射，则会出现重复反射，形成无数的像。凹面镜的成像是在“中”之内形成正像，距“中”远所成像大，距“中”近所成的像小，在“中”处则像与物一样大；在“中”之外，则形成的是倒像，近“中”像大，远“中”像小。凸面镜则只形成正像，近镜像大，远镜像小。这里的“中”为球面镜之球心，墨子虽尚未能区分球心与焦点的差别，把球心与焦点混淆在一起，但其结论与近现代球面镜成像原理还是基本相符的。墨子还对声音的传播进行过研究，发现井和罂有放大声音的作用，并加以巧妙地利用。他曾教导学生说，在守城时，为了预防敌人挖地道攻城，每隔三十尺挖一井，置大罂于井中，罂口绷上薄牛皮，让听力好的人伏在罂上进行侦听，以监知敌方是否在挖地道，地道挖于何方，而做好御敌的准备（原文是：令陶者为罂，容四十斗以上，……置井中，使聪耳者伏罂而听之，审知穴之所在，凿内迎之）。尽管当时墨子还不可能明白声音共振的机理，但这个防敌方法却蕴含有丰富的科学内涵。

第五，机械制造方面贡献。墨子是一个精通机械制造的大家，在止楚攻宋时与公输般进行的攻防演练中，已充分地体现了他在这方面的才能和造诣。他曾花费了3年的时间，精心研制出一种能够飞行的木鸟（风筝），成为我国古代风筝的创始人。他又是一个制造车辆的能手，可以在不到一日的时间内造出载重30石的车子。他所造的车子运行迅速又省力，且经久耐用，为当时的人们所赞赏。值得指出的是，墨子几乎谙熟了当时各种兵器、机械和工程建筑的制造技术，并有不少创造。在《墨子》一书中的“备城门”“备水”“备穴”“备蛾”“迎敌祠”“杂守”等篇中，他详细地介绍和阐述了城门的悬门结构，城门和城内外各种防御设施的构造，弩、桔槔和各种攻守器械的制造工艺，以及水道和地道的构筑技术。他所论及的这些器械和设施，对后世的军事活动有着很大的影响。

第六，哲学贡献。墨子的哲学建树，以认识论和逻辑学最为突出，其贡献是先秦其他诸子所无法比拟的。墨子认为，人的知识来源可分为三个方面，即闻知、说知和亲知。他把闻知又分为传闻和亲闻二种，但不管是传闻或亲闻，在墨子看来都不应当是简单地接受，而必须消化并融会贯通，使之成为自己的知识。因此，他强调要“循所闻而得其义”，即在听闻、承受之后，加以思索、考察，以别人的知识作为基础，进而继承和发扬。

墨子所说的“说知”，包含有推论、考察的意思，指由推论而得到的知识。他特别强调“闻所不知若已知，则两知之”，即由已知的知识去推知未知的知识。如已知火是热的，推知所有的火都是热的；圆可用圆规画出，推知所有的圆都可用圆规度量。由此可见，墨子的闻知和说知不是消极简单地承受，而是蕴涵着积极的进取精神。

除闻知和说知外，墨子非常重视亲知，这也是墨子与先秦其他诸子的一个重大不同之处。墨子所说的亲知，乃是自身亲历所得到的知识。他把亲知的过程分为“虑”“接”“明”三个步骤。“虑”是人的认识能力求知的状态，即生心动念之始，以心趣境，有所求索。但仅仅思虑却未必能得到知识，譬如张眼睨视外物，未必能认识到外物的真相。因而要“接”知，让眼、耳、鼻、舌、身等感觉器官去与外物相接触，以感知外物的外部性质和形状。而“接”知得到的仍然是很不完全的知识，它所得到的只能是事物的表观知识，且有些事物，如时间是感官所不能感受到的。因此，人由感官得到的知识还是初步的，不完全的，还必须把得到的知识加以综合、整理、分析和推论，方能达到“明”知的境界。总之，墨子把知识来源的三个方面有机地联系在一起，在认识论领域中独树一帜。

墨子又是中国逻辑学的奠基者。他称逻辑学为“辩”学，把其视之为“别同异，明是非”的思维法则。他认为，人们运用思维，认识现实，作出的判断无非是“同”或“异”，“是”或“非”。为此，首先就必须建立判别同异、是非的法则，以之作为衡量、判断的标准，合者为“是”，不合者为“非”。这种判断是“不可两不可”的，人们运用思维以认识事物，对同一事物作出的判断，或为“是”，或为“非”，二者必居其一，没有第三种可能存在，不可能二者都为“是”，或二者都为“非”，也不可能既“是”又“非”，或既“非”又“是”。用现代的逻辑学名词来说，这就是排中律和毋矛盾律。

由这一思维法则出发，墨子进而建立了一系列的思维方法。他把思维的基核方法概括为“摹略万物之然，论求群言之比。以名举实，以辞抒意，以说出故。以类取，以类予”（“小取”）。也就是说，思维的目的是要探求客观事物间的必然联系，以及探求反映这种必然联系的形式，并用“名”（概念）、“辞”（判断）、“说”（推理）表达出来。“以类取，以类予”，相当于现代逻辑学的类比，是一种重要的推理方法。此外，墨子还总结出了假言、直言、选言、演绎、归纳等多种推理方法，从而使墨子的辩学形成一个有条不紊、系统分明的体系，在古代哲学中别树一帜，与古代希腊的逻辑学、古代印度的因明学并立。

第七，军事方面。在墨家整个思想体系中，军事思想占有重要位置。其军事思想是处于弱者地位的自卫学说，其主要内容有二：一是非攻，反对攻伐掠夺的不义之战；二是救守，支持防守诛讨的正义之战。中国古代战争最著名的守城战术典籍是墨家的《墨子》。《墨子》十五卷，其中第十四、十五卷全篇介绍了守城的装备、战术、要点，共二十篇，存十一篇，为《备城门》《备高临》《备梯》《备水》《备突》《备穴》《备蛾传》（即蚁伏，指步兵强行登城），《迎敌祠》《旗帜》《号令》《集守》《墨子》中的守城战术极其丰富，仅存的十一篇几乎涵盖了所有的冷兵器时代的攻城术。

第八，《墨子》。《墨子》一书，既非一人所作，又非一时所成。一般认为《墨子》是由墨子自著及其门徒记述墨子言论的书篇而写定的一家之言。《墨子》分两大部分：一部分是记载墨子言行，阐述墨子思想，主要反映了前期墨家的思想；另一部分《经上》《经下》《经说上》《经说下》《大取》《小取》等6篇，一般称作墨辩或墨经，着重阐述墨家的认识论和逻辑思想，还包含许多自然科学的内容，反映了后期墨家的思想。在逻辑史上被称为后期墨家逻辑或墨辩逻辑（古代世界三大逻辑体系之一，另两个为古希腊的逻辑体系和佛教中的因明学）；其中还包含许多自然科学的内容，特别是天文学、几何光学和静力学。《墨子》内容广博，包括了政治、军事、哲学、伦理、逻辑、科技等方面，是研究墨子及其后学的重要史料。西晋鲁胜、乐壹都为《墨子》一书作过注释，可惜已经散失。如今的通行本有孙诒让的《墨子间诂》，以及《诸子集成》所收录的版本。

三、墨家学派的现代意义

我们纵观墨子思想，会发现其思想对于今天我们构建和谐社会有着积极作用，可归纳为以下几点：

（一）兼爱交利：构建包容和谐的社会关系

“兼爱”作为墨子思想的核心，它蕴含着两个层面的含义。一是人与人之间的“兼相爱”，就是要人们待人如己、爱人如己、相亲相爱。另一层面则要求人与人间要“交相利”，也就是施予爱的同时施予利。以此达到墨子所希望的和谐的社会关系。当然，这只是墨子对美好未来的憧憬。而现如今，我们构建社会主义和谐社会不正需要这种“兼相爱”的互爱精神、“交相利”的互惠主张吗?

人与人的和谐、人与社会的和谐、人与自然的和谐就是我们构建和谐社会的主要目标。其中人与人的和谐是实现和谐社会的基石，人与社会的和谐是实现和谐社会的骨架，人与自然的和谐是实现和谐社会的最终目标。马克思主义认为人既是自然的存在物，更是社会的存在物。人的社会属性的诸多方面，相互影响相互联系构成了有机的社会整体。任何社会经济的发展都离不开人的活动。“人的发展是社会的手段，又是社会的目的；人的发展是社会的结果，又是社会发展的原因。”所以，要实现人与人的和谐、人与社会的和谐、人与自然的和谐必须坚持以人为本，树立全面、协调、可持续发展的发展观，促进经济社会和人的全面发展，这样才能处理好人与人、人与社会和人与自然的关系，以最终实现社会主义和谐社会。

（二）尚贤大同：构建和谐的政治关系

墨家思想的主要政治主张最为集中地体现在“尚贤、尚同”两方面。“尚贤”就是主张贤人政治，“尚同”就是主张同一施政。虽然过去了两千余年，但是墨子提及的政治主张依然有着其强劲的生命力。在构建社会主义和谐社会的今天，它仍有着重要的借鉴意义。

构建社会主义和谐社会，是我党从中国特色社会主义事业的总体布局和全面建成小康社会的全局出发提出的战略性发展任务，它的构建成功与否关键在党的领导。所以“必须充分的发挥党的领导核心作用，为构建社会主义和谐社会提供坚强的政治保障”。具体地说就要求我们党要提高构建社会主义和谐社会的能力。一要坚定不移地贯彻党中央的关于构建社会主义和谐社会的指导思想、目标任务、工作原则和重大部署。二要不断地增强党的凝聚力、改善党的执政方式、提高党的执政水平。这就要求我们党要在实现共产主义理想上有信心、建设社会主义理论上有创新、构建和谐社会理念上有决心，全面地提升自己在构建社会主义和谐社会方面的能力水平。

（三）节用节葬思想：构建可持续发展的经济社会

“节用”是墨家思想中关于经济生活方面的阐述。其含义就是一切的消费活动都应以节约为原则、以利民为目的。“节葬”所希望的是人们在生活理念上的转变。就是改变厚葬、厚礼的浪费观念，树立节用、节俭的勤俭观念。“节用、节葬”的经济思想出发点就是“让利于民、还利于民”。

不难看出，墨子的“节用、节葬”的经济思想和构建社会主义和谐社会中着力解决好人民群众最关心、最直接、最现实的利益问题有着异曲同工之妙，他们最终的落脚点都是“惠民”。这就给我们构建社会主义的和谐经济关系带来很多启发。首先坚持“一个中心、两个基本点”的不动摇，要在发展中求质量，在富裕中求普惠。即：让全中国的老百姓都能得到社会主义改革开放四十多年的累累硕果。二则要在经济建设中调整和优化产业结构，协调城乡区域发展，全面地调整经济结构以适应构建社会主义和谐社会的发展要求。三则要在我国经济增长方式的转变上做文章，由粗放型经济增长方式向节约型经济增长方式转变、由老工业化道路向新型工业化道路转变、由传统经济模式向循环经济模式转变。最后，要为构建社会主义和谐社会建立公平有效的社会分配制度，完善积极灵活的就业服务体系，建设安全实效的社会保障体系。

在构建社会主义和谐社会的经济关系中，“以人为本”是我们的最根本的发展要求。经济的和谐快速发展为社会主义和谐社会建设提供强大的物质基础，和谐社会发展的目的是“保障人民群众安居乐业，继续做好就业和社会保障工作，逐步理顺收入分配关系，化解社会矛盾，维护社会秩序，保持社会稳定，促进社会和谐”。

在从墨家思想对构建和谐社会的社会发展、政治建设、经济调整、外交策略等方面的积极意义中，我们更加深刻地领悟了墨家思想的重要文化价值。这也昭示着墨家思想其强劲的生命力。现代社会的发展是复杂的、多样的，因此现代社会的精神需求、文化心理需求也是多方面的、多角度的、多层次的。所以，在我们建设社会主义和谐社会过程中，要对墨家思想及其儒、释、道等中国优秀传统文化进行取舍，“取其精髓，去其糟粕”。要对其中的内容赋予新的现代含义，这样才能更好地继承和发扬传统文化，才能更好地为构建社会主义和谐社会服务。

第二节　法、术、势：法家学派

一、法家学派思想

法家是先秦诸子中对法律最为重视的一派。他们以主张“以法治国”的“法治”而闻名，而且提出了一整套的理论和方法。这为后来建立的中央集权的秦朝制定各项政策提供了有效的理论依据，后来的汉朝继承了秦朝的集权体制以及法律体制，这就是我国古代封建社会的政治与法制主体。法家在法理学方面做出了突出贡献，对于法律的起源、本质、作用以及法律同社会经济、时代要求、国家政权、伦理道德、风俗习惯、自然环境以及人口、人性的关系等基本的问题都做了探讨，而且卓有成效。法家起源于春秋时的管仲、子产，发展于战国时的李悝、商鞅、慎到和申不害等人。商鞅重法，申不害重术，慎到重势。到了战国末期，韩非加以综合，集法家学说之大成。法家主要代表人物有商鞅、申不害、韩非子、李斯等。

法家思想内容丰富，结构较为完整，包括伦理思想，社会发展思想，政治思想以及法治思想等诸多方面，其思想主要表现在以下方面。

1. 人性观

法家伦理思想指的是建立在人性观基础上的诚信观和义利观。法家伦理思想中最具主题色彩的就是相关人性论的主张。在法家看来，好利恶害，趋利避害是古往今来人人固有的本性。这种本性是不可改变的。从传承思想文化的角度看，法家的人性论观念是对荀子人性恶思想的承续。荀子的性本恶思想主要表现为人的感官欲望的无法满足状态，他在《荀子·性恶》中说：“目好色，耳好听，口好味，心好利，骨体肤理好愉佚，是皆生于人之情性者也。”他认为，正是在人的本能的基础上，产生了人的财产占有欲和好利之心。《荀子·荣辱》中写道：“人之情，食欲有刍豢，衣欲有文秀，行欲有舆马，又欲夫余财蓄积之富也。然而穷年累世不知足，是人之情也。”同时还认为，人的共同心理是好荣而恶辱，从尧舜到庶民百姓没有什么差别，而人世间最值得荣耀的就是掌握政治权力。《荀子·王霸》里谈道：“夫贵为天子，富有天下，名为圣王，兼制人，人莫得而制也，是人情之所同欲也。”荀子认为人的这种本性是不尽合理的，这就应该借助于开展深入的社会实践来矫正，即“化性起伪”。法家先驱及代表人物或先于荀子谈到了或在荀子之后拓展了这一人性论思想。《管子·禁藏》说：“夫凡人之性，见利莫能勿就，见害莫能勿避。其商人通贾，倍道兼行，夜以继日，千里而不远者，利在前也。渔人之入海，海深万仞，就彼逆流，乘危百里，宿夜不出者，利在水也。故利之所在，虽千仞之山，无所不上；深渊之下，无所不入焉。”商鞅认为，人的本性是好利的，人性好利的主要表现为人的生存欲望和生存需要。《商君书·算池》里指出：“民之性，饥而求食，劳而求佚，苦而索乐，辱则求荣，此民之情也。”由于人有这种生存需要，因此，每一个人在利弊之间都要趋利避害。《商君书·算池》：“民之生：度而取长称而取重，权而索利。”商鞅认为，人的本性与生俱来，人的一生就是追逐名利的一生，人的所有行为都受制于好利的本性。这种人本性论应用在政治上就是追求爵位，经济上就是追求田宅。《商君书·错法》中指出了统治者恰恰可以利用此人性论实现自己的统治，“人生有好恶，故民可治也；人情者有好恶，故赏罚可用”。韩非的人性论，部分的受了荀子的性恶论的影响，同时，也继承了商鞅的人性好利的观点。韩非认为，人的好利主要根源于人们的生存需要，他以为以肠胃为根本，不食则不能活。每个人都有欲利之心，人的任何行为都受好利的本性支配，即使是父子、君臣之间，也是计利而行的。韩非举出了社会上的溺婴习俗说明这一已经演化为自私自利的思想。《韩非子·六反》：“父母之于子也，产男则相贺，产女则杀之，此俱出父母之怀衽，然男子受贺，女子杀之者，虑其后便，计之长利也。”韩非认为，儒家所说的君臣之间以忠信仁义相待，是不可靠的。《韩非子·难一》：“臣尽死力以与君市，君垂爵禄以与臣市。君臣之际，非父子之亲也，计数之所出也。”总之，法家人性论是那个时代的反映，是私有制和商品经济发展的产物，是商品等价交换在人们利益上的反映，也为法家法治思想提供了理论基础，在一定意义上讲具有历史进步性。

2. 诚信观

诚信是中国传统道德规范中的重要内容，带有普遍的成人立身标准，自古至今中国的先哲们都有所指。法家思想精英也不例外。“诚”，真心实意，开诚布公。“信”的基本含义为诚实、不疑、不欺。法家先驱管仲认为讲诚信是天下行为准则的关键。如何讲诚信，他从两个方面做了阐释。首先他重诚信，把诚信纳入德行的范畴。“先王贵诚信，诚信者，天下之结也。贤大夫不恃宗室，士不恃外权。坦坦之利不以攻，坦坦之备不为用。故存国家、定社稷，在卒谋之间耳。信之者，仁也。不可欺者，智也。既智且仁，是谓成人。”(《管子·枢言》)“其王信明圣，其臣乃正。何以知其王之信明信圣也？曰：慎使能而善听信之。使能之谓明，听信之谓圣，信明圣者，皆受天赏。使不能为惛，惛而忘也者，皆受天祸。”(《管子·四时》)第二，管仲把诚信的道德观念拓展到刑罚和军事领域中。他分别在《管子·权修》《管子·版法解》和《管子·九废》中指出：“赏罚信于其所见，虽其所不见，岂敢为之乎？”“刑赏信必，则善劝而奸之”“今恃不信之人，而求以智；而不守之民，而欲以固；将不战之卒，而幸以胜；此兵之三暗也。”

吴起和商鞅等改革派，把诚信置入改革措施中，在倡导践行变法的过程中非常注重诚信的作用。从一定意义上讲，他们是靠诚信为变法打基础，懂得用诚信赢得民心，从诚信入手树立改革者的形象。吴起靠诚实守信受到老百姓的拥护，维护了自己的道德形象。《吕氏春秋・慎小》记载：“吴起治西河，欲谕其信于民，夜日置表与南门之外，令于邑中曰：‘明日有人偾南门之外表者，仕长大夫。’明日日晏矣，莫有偾表者。民相谓曰：‘此必不信。’有一人曰：‘试往偾表，不得赏而已，何伤？’往偾表，来谒吴起。吴起自见而出，仕之长大夫。夜日又复立表，又令如邑中如前。邑人守门争表，表加植不得所赏，自是之后，民信吴起之赏罚。”司马迁的《史记・商君列传》有描述：“孝公……以卫鞅为左庶长，卒定变法之令……令既具，未市，恐民之不信，已乃立三丈之木于国都市南门，募民有能徙置北门者予十金。民怪之，莫敢徙。复曰：‘能徙者予五十金。’有一人徙之，辄予五十金，以明不欺。卒下令。”

作为法家集大成者，韩非吸取了商鞅等前期法家的诚信观念，崇尚信，宣扬信。首先，他为功利而信。《韩非子・难一》有记载：“晋文公将与楚人战，召舅犯问之曰：‘吾将与楚人战，彼众我寡，为之奈何？’舅犯曰：‘臣闻之：繁礼君子，不厌忠信；战阵之间，不厌诈伪。君其诈之而已矣。’文公辞舅犯，因召雍季而问之曰：‘我将与楚人战，彼众我寡，为之奈何？’雍季对曰：‘焚林而田，偷取多兽，后不必无兽；以诈谕民，偷取一时，后必无复。’文公曰：‘善！’辞雍季。以舅犯之谋与楚人战以败之。归而行爵，先雍季而后舅犯。群臣曰：‘城濮之事，舅犯谋也。夫用其言而后其身，可乎？’文公曰：‘此非君所知也。夫舅犯言，一时之权也；雍季言，万世之利也。’仲尼闻之，曰：‘文公之霸也，宜哉！既知一时之权，又知万世之利也。’”第二，韩非不吝美言，颂扬诚信美德。《韩非子・外储说左上》中高调赞美了晋文公以诚信将卫国的事情。“晋文公攻原，裹十日粮，遂与大夫期十日，至原十日而原攻不下，击金而退，罢兵而去，士有从原中出者曰：‘原三日即下矣。’群臣左右谏曰：‘原之食竭力尽矣，君故待之。’公曰：吾与士期十日，不去，是亡吾信也。得原失信，吾不为也。’遂罢兵而去。原人闻曰：‘有君如彼其信也，可无归乎？’乃降公。孔子闻而记之曰：‘攻原得卫者信也。’”

3. 义利观

法家先驱人物管仲在《管子・牧民》中提出：“仓廪实，则知礼节；衣食足，则知荣辱。”即从物质生活中寻求道德的根源，肯定了“利”对“义”的决定性意义。不仅如此，法家还认为道德观念会随着社会物质生活的变化而变化。韩非在《五蠹》篇中论述道：“古者，丈夫不耕，草木之实足食也；妇人不织，禽兽之皮足衣也。不事力而养足，人民少而财有余，故民不争。是以厚赏不行，重罚不用，而民自治。今人有五子不为多，子又有五子，大父未死而有二十五孙。是以人民众而货财寡，事力劳而供养薄，故民争，虽倍赏累罚而不免于乱。”法家坚持人们的道德水平与社会的物质基础有着直接且紧密的联系，当社会的物质财富足以满足人们的物质需求时，人们就会行仁义、讲道德。而春秋战国时期，中国社会正处于“民众而物寡”“争于气力”的时期，仁义道德退而居之。商鞅提出“利出于地”“名出于战”。韩非也明确提出“务力而不务德”，国家将面临贫穷落后甚至是亡国的危机。法家认为儒家所谓的“爱人之心”实际上是“伤民”，而儒家繁杂的仁义礼节不但于民无益且有害，是暴政的发端。而法家坚持，利乃是人们的行为的唯一动因，这既是社会事实，也是社会应该倡导的原则。这与法家好利、自为的人性论思想一致，并由其沿袭而来。商鞅提在《商君书·开塞》中指出：“吾所谓利者，义之本也。”总之，在法家看来，人性好利，人与人之间也是纯粹的赤裸裸的利益关系，“利”则是人的一切行为和交往的唯一动力。在这种义利观的支配下，法家思想家们也触及到了公和私的话题，法家肯定“利”，但有“公、私”之分，他们主张去私行公。法家所言的“公”是以君主的利益为大；“私”当然是指受君主统治的群众。商鞅在《商君书·修权》断言：“故公私之交，存亡之本也。”因为“公私之分明，则小人不疾贤，而不肖者不妒功”。他的意思是必须“任贤举能”，而不是“任人唯亲”，这样才能达到公正、公平，才不会引起争议，危害君王的统治地位。慎到的《慎子·威德》中所言：“凡立公，所以弃私也。”韩非《韩非子·饰邪》里也指出：“私义行则乱，公义行则治。”意在为了维护“人主之公利”，必须去私利、私欲。

4. 教育观

在文化教育领域里，法家也提出了许多有别于其他学派的教育理论和政策。其中杰出的思想代表人物是商鞅和韩非。

文化教育的改革是商鞅变法的内容之一。商鞅的文化教育思想与当时的儒家思想是对立的。他指责“儒学”为“虱子”，认为“礼乐”“诗书”“仁义”“修善”“孝悌”等都是祸国殃民的东西，如果用这些复古主义的教条来治理国家，就会“敌至必削，不至必贫”(《商君书·农战》)。敌人一来，国土就必被侵削；敌人不来，国家也必定贫穷。他同时痛斥那些“不作而食，不战而荣，无爵而尊”(《商君书·画策》)的奴隶主贵族和儒生都是蠹民，必除之而后快。而当他们利用“诗”“书”作为“以古非今”的舆论工具，企图进行反对活动的时候，商鞅则坚决主张采取“燔诗书而明法令”的手段，对他们进行打击和镇压。商鞅站在新兴地主阶级的立场上，特别重视为新兴地主阶级培养革新变法的人才。他提出：“禁游宦之民而显耕战之士”。所谓“游宦之民”，主要是指那些满脑子腐朽、保守思想意识的儒生及一些游食者。他们摇唇鼓舌，游手好闲，不事生产，商鞅认为必须加以禁止和打击。商鞅要培养和提拔的“耕战之士”，就是那些在进行封建兼并战争和发展封建经济中对新兴地主阶级做出了实际贡献的人。商鞅认为对待这样的革新分子则必须按“任其力不任其德”，“官爵必以其力”的原则大胆地培养、提拔和任用。

在教育内容方面，商鞅反对儒家以“礼、乐、诗、书”教育学生，反对向学生灌输“仁”“义”“礼”“智”等道德准则。他认为“儒学”不过是一些“高言伪议”，不切实际的“浮学”。为了培养“耕战之士”和厉行“法治”的人才，商鞅主张学习法令和对耕战有用的实际知识。他提出“壹教”的教育纲领。“壹教”的实质就是执行新兴地主阶级的统一教育，它的主要内容是用新兴地主阶级的法令、政策统一人们的思想。商鞅认为：“壹教则下听上。”(《商君书·赏刑》)他强调：“法令者民之命也，为治之本也。”(《商君书·字分》)明确指出“法”是地主阶级的生命，治理国家的根本，因此对民众必须加强“法治”的教育。“言不中法者，不听也；行不中法者，不高也；事不中法者，不为也。”(《商君书·君臣》)即凡不符合法令的言论，不听；不符合法令的行为，不赞扬；不符合法令的事情，不做。一切的言论、行动必须根据新兴地主阶级的“法”为标准。为了使“法治”教育能够贯彻执行，商鞅实行“置主法之吏，以为天下师”（《商君书·定分》），把教育的权力掌握在新兴地主阶级官吏的手中。如果遇到“主法令之吏”有迁徙、死亡的情况，得立即选派接替者“学读法令”，可见商鞅对树立法家对教育的领导是十分重视的。商鞅为了加强和巩固地主阶级专政，强调“法治”教育是可以理解的，但是他漠视了学校在教育中的特殊作用，取消了专业的教师和文化知识的传授，这是违背文化教育发展的客观规律的。他对旧文化又采取一概削除的简单粗暴的政策，这也是一个极大的错误。商鞅为了使秦国富强，他把农战作为治国之要。他奖励农战，主张加强农战教育。他说：“吾教令，民之欲利者，非耕不得；避害者，非战不免。”（《商君书·慎法》）

在教育途径方面，商鞅重视通过农战的实际斗争，锻炼和增长人们的才干。并认为人们的智谋是在长期的作战中成长起来的。这些均具有朴素唯物主义的思想。但是由于时代和阶级的局限，他所实施的“法”教和奖励“农战”的政策，却包含着对劳动人民的压迫和剥削的一面。

韩非总结了战国前期和中期阶级斗争的历史经验和教训，“儒以文乱法，侠以武犯禁，而人主兼礼之”（《韩非子·五蠹》），是造成祸乱的重要原因。并认为当时的“私学”和统治者是“二心”的。这种“私学”是新兴地主阶级实行“法治”的绊脚石。因此他断然主张采取“禁其行”“破其群”“散其党”的措施，即禁止办私学的人的行动自由，禁止言论和结社的自由。

韩非猛烈地批判和攻击法家以外的其他学派，特别是反对当时影响最大的儒家学派。他指斥儒家的那一套“礼、乐、诗、书”的教条和“仁、义、孝、悌”的道德准则都是“愚诬之学”“贫国之教”“亡国之言”，是致使国贫兵弱，乃至亡国的根源。在韩非看来，其他学派的理论都是互相矛盾的，只能造成人们的思想混乱，是非不分，统治者如果兼听他们的意见，就必然引起乱子。因此，韩非主张禁止这一切互相矛盾、只能惑乱人心的学说，而定法家于一尊。要防止老百姓受到法家以外的其他学派思想的影响，要对他们的思想实行严格的统治。

在当时的历史条件下，韩非的法家思想是代表新兴地主阶级中的激进派利益的，它是一种进步的思潮，对建立地主阶级的统一政权方面起了重大作用。但是韩非的法家思想也反映了地主阶级反动性的一面，即对劳动人民实行思想统治的愚民政策。韩非的这种文化专制主义的思想，对文化教育的发展，对学术流派的繁荣也是极为不利的。

5. 法治思想

法家重视法律，而反对儒家的“礼”。他们认为，当时的新兴地主阶级反对贵族垄断经济和政治利益的世袭特权，要求土地私有和按功劳与才干授予官职，这是很公平的，正确的主张。而维护贵族特权的礼制则是落后的、不公平的。

法律的作用第一个作用就是“定分止争”，也就是明确物的所有权。其中法家之一慎到就做了很浅显的比喻：“一兔走，百人追之。积兔于市，过而不顾。非不欲兔，分定不可争也。”意思是说，一个兔子跑，很多的人去追，但对于集市上的那么多的兔子，却看也不看。这不是不想要兔子，而是所有权已经确定，不能再争夺了，否则就是违背法律，要受到制裁。第二个作用是“兴功惧暴”，即鼓励人们立战功，而使那些不法之徒感到恐惧。兴功的最终目的还是为了富国强兵，取得兼并战争的胜利。法要“布之于众”，既然法律是君主治理国家的依据，是人民应当遵守的行为规范，那么法律就应当以成文的形式出现，并做到公布于众，并争取做到“家喻户晓”。韩非强调：“法者，编著之图籍，设之于官府，而布之于百姓者也。”法之所以公布，其目的有二：一是“使万民知所避就”，能以法律自戒，二是为了监督官吏公开断案，防止罪犯法外求情。

法家坚决反对在“法令”之外讲仁爱、道德，韩非子明确指出：“明其法禁，察其谋计。法明，则内无变乱之患；计得，则外无死虏之祸。故存国者，非仁义也。”他认为，“任法而治”要排除一切人为的因素，以免“人存政举，人亡政息”。正所谓“废常上贤则乱，舍法任智则危。故曰：上法而不上贤”。法家认为，法一旦颁布生效，就必须“官不私亲，法不遗爱”，君臣要“任法去私”。强调“法”作为规范社会的统一标准，乃“尺寸也，绳墨也，规矩也，衡石也，斗斛也，角量也，谓之法”。形象说明了“法”的客观性和稳定性，在运用过程中不因人的主观因素不同而发生变化，对任何人都应当做到一视同仁。所谓“君臣上下贵贱皆从法”“法不阿贵，绳不挠曲”“刑过不避大臣，赏善不遗匹夫”，皆体现了法家公平执法的决心。

春秋战国时期，法家思想作为一种主要派系，他们提出了至今仍然影响深远的以法治国的主张和观念，这就足以见得他们对法制的高度重视，以及把法律视为一种有利于社会统治的强制性工具，这些体现法制建设的思想，一直被沿用至今，成为中央集权者稳定社会动荡的主要统治手段。当代中国法律的诞生就是受到法家思想的影响，法家思想对于一个国家的政治、文化、道德方面的约束还是很强的，对现代法制的影响也很深远。

6. 历史观

法家反对保守的复古思想，主张锐意改革。他们认为历史是向前发展的，一切的法律和制度都要随历史的发展而发展，既不能复古倒退，也不能因循守旧。商鞅明确地提出了“不法古，不循今”的主张。韩非则更进一步发展了商鞅的主张，提出“时移而治不易者乱”，他把守旧的儒家讽刺为守株待兔的愚蠢之人。

7. 治国方略

商鞅、慎到、申不害三人分别提倡重法、重势、重术，各有特点。到了法家思想的集大成者韩非时，韩非提出了将三者紧密结合的思想。法是指健全法制，势指的是君主的权势，要独掌军政大权，术指的是驾驭群臣、掌握政权、推行法令的策略和手段。主要是察觉、防止犯上作乱，维护君主地位。

二、法家学派的发展历史

法家思想同中国封建土地关系的产生与发展相联系，是地主阶级取代奴隶主贵族统治的理论表现。在奴隶社会中，“礼”是奴隶主贵族统治的政治体系和道德规范。春秋以来，周礼逐步失去了原有的威力，旧有的典章制度随之衰落。为适应封建土地关系发展的需要，奴隶主贵族中出现了一批改革家，如齐国的管仲、晋国的郭偃、郑国的子产等人。他们颁布法令与刑书，改革田赋制度，促进封建化过程，成为战国时期法家学派的思想先驱。管仲和子产既强调法制，又重视道德教化。在哲学上，他们表述了一些唯物主义的观点，管仲及其后继者提出“天不变其常，地不易其则”的观点，子产则提出“天道远，人道迩，非所及也”的命题，承认自然界有其客观的规律，反对天人感应的迷信观念。

战国初期，封建制在各诸侯国相继建立，应经济、政治、思想领域全面变革奴隶制的需要，产生了新兴地主阶级的法家学派。这一学派的思想家在理论上各有特色，在方策上亦各有别，但都主张以“法”治国。讲学于稷下学宫的齐国法家，继承发展了管仲的思想，汲取了黄老之学，主张法礼并重，先德后刑，因道生法，形成了一套较为温和的法治理论。《管子》中的法家著作和帛书《经法》《十六经》《称》《道原》等是他们的代表作。而秦晋两国的法家则主张严刑峻法，反对礼义说教，专重于法、术、势，奖励耕战，富国强兵，力并天下。他们是法家中激烈而彻底的一派，政绩显著。历史上通常把秦晋法家视为先秦法家学派的主要代表。

秦晋法家的创始人之一李悝，任魏文侯相，提倡“尽地力之教”，主张大力发展农业生产，调整租谷，创“平籴”法，兼顾农人与市民的利益。他还收集当时诸国刑律，编成《法经》6篇，即《盗法》《贼法》《囚法》《捕法》《杂法》《具法》。《法经》为中国古代第一部较为完整的法典。与李悝同时期的吴起先在魏国进行兵制改革，后又在楚国进行政治改革，“明法审会，损不急之官”，“使封君之子孙三世而收爵禄”，打破旧贵族的世卿世禄制，强迫旧贵族徙边垦荒，奖励“战斗之士”。后来，商鞅在秦实行两次变法，主要内容是：开阡陌封疆，废除井田制度；承认土地私有，奖励农战，凡勤于耕织而多缴粟帛者可改变原来身份；有军功者可授以爵位；实行郡县制；主张用严刑重罚以杜绝犯罪。但是他排斥道德教化，轻视知识文化的作用。他用发展观点看待历史，提出“反古者不可非，而循礼者不足多”“治世不一道，便国不法古”。

商鞅重“法”，申不害则重“术”。“术者，因任而授官，循名而责实，操杀生之柄，课群臣之能者也，此人主之所执也。”(《韩非子·定法》)为了防备大臣操纵权力、玩弄法柄，申不害建议最高统治者必须用术，君主应以“独视”“独听”“独断”的手段来实行统治。他认为，“独视者谓明，独听者谓聪。能独断者，故可以为天下主”，君主“方寸之机正而天下治，故一言正而天下定，一言倚而天下靡”。君主个人的言论和主张可以决定国家的兴亡，表明了专制独裁主义的思想。

慎到是法家中强调“势”治的一派，主张君主可以“握法处势”，“无为而治天下”。他从“弃知去己”的观点出发，提出“大君任法而弗躬，则事断于法矣”。他以法为最高准则，提倡“官不私亲，法不遗爱，上下无事，唯法所在”(《君臣》)，强调“法”必须和“势”相结合，把君主的权势看作行法的力量，所谓“贤智未足以服众，而势位足以缶贤者”，但他又认为国家的存亡并非全由君主一人的力量所决定。“亡国之君非一人之罪也，治国之君非一人之力也。”他承认“法”也不是一成不变的，提出“守法而不变则衰”。

韩非子之前，法家分三派。一派以慎到为代表，主张在政治与治国方术之中，强调“势”，即权力与威势最为重要；一派以申不害为代表，强调“术”，政治权术；一派以商鞅为代表，强调“法”，法律与规章制度。韩非子认为“不可一无，皆帝王之具也”。明君如天，执法公正，这是“法”；君王驾驭人时，神出鬼没，令人无法捉摸，这是“术”；君王拥有威严，令出如山，这是“势”。

战国末期的韩非集秦晋法家思想之大成，将“法”“术”“势”三者糅合为一，又吸收道家思想，将法治理论系统化。他主张加强君主集权，剪除私门势力，“以法为教”，厉行赏罚，奖励耕战。在历史观方面，他提出“不期修古，不法常可”“事异则备变”的观点，把历史的发展分为上古之世、中古之世、近古之世和当今之世。在哲学上，用唯物主义观点改造老子关于“道”的学说，指出“道者，万物之所然也，万理之所稽也。理者，成物之文也”。认为道是万物发展的总规律，理是个别事物的特殊规律。强调人必须遵循客观的规律进行活动。在认识论方面，他提出“参验”的方法，以“功用”的实际效果检验人的言行，认为“无参验而必之者，愚也；弗能必而据之者，诬也”。这种把“参验”作为判别知识真伪的思想，对中国古代唯物主义认识论的发展具有重要意义。

秦汉时期法家学派的法治理论对春秋战国之际进行封建化的改革以至秦始皇统一六国，建立中央集权专制的封建国家起了重大的作用，并成为秦王朝的统治思想。到了西汉以后，独立的法家学派逐渐消失，其法治思想被吸收到儒学的体系中，德刑并用，成为维护地主阶级专政的有力工具。但是，先秦法家对以后的一些唯物主义者和进步思想家仍产生了一定的影响。

东汉末年，法家学说的文化地位在一定意义上又得以重新上升。史载曹操“揽申、商之法术”，受先秦法家思想影响很大，不官不功之臣，不赏不战之士。南北朝时期统一北方的北魏道武帝拓跋珪在政治上推崇法家。博士公孙表献上《韩非子》一书，劝他用法制管理臣下。他对韩非的集权思想非常赞赏。

近代新法家。十九世纪末二十世纪初，奄奄一息的清朝在西方文明的入侵面前只有招架之功，毫无还手之力。中日甲午战争中，中方的失败和日俄战争日方的胜利大大加强了国人全盘西化的决心。西方政治经济理念几乎被生吞活剥的引入。这时的清朝学者，如章太炎、刘师培、梁启超、麦孟华等发现，相对于西方的法治，中国也有过主张法治的思想，那就是法家。

在晚清的特定时势与学术背景之下，出现了章太炎、梁启超、沈家本等“新法家”，他们反对传统上对法家的不合理批评与抨击，大力为法家平反正名，称赞法家的历史功绩，用“法治”或“法治主义”来认知和解读法家思想，并在此基础上开出“新法治主义”。这一开新，具有重要的思想、学术意义。

三、法家思想的现实意义

法家是诸子百家中对中国后世影响较深远的一家，其理论的形成和实践经历了漫长的过程，主要有三个阶段。一是战国初期诸侯变法时期，代表人物有商鞅（法）、慎到（术）、申不害（势），二是战国末期集法家之大成的韩非子，三是汉武帝推行的“外儒内法”。

在先秦时期，法家主要推崇依法治国的理念，但是其实法家就其思想而言是完整的管理学思想。韩非子应当算是古往今来顶级的管理大师，只是在那个年代人民还没有普遍接受，要树立管理思想就必须依附于强大的法律体系，因此法家先贤竭力鼓吹依法治国。法家现实意义主要在于以下方面。

第一，依法治国。法家认为，像尧舜一样的圣君和像桀纣一样的暴君可能几百年才出一个，我们不可能等到几百年一遇的圣君出现时再去治理国家，大部分的领导者其资质比较一般，可能比布衣百姓略高一点点，对于这些占大多数的管理者，就应当用统一的法律和制度去进行管理，通过激赏让他们为国家贡献力量，通过惩罚让他们不敢枉法。在今天的企业管理里，越是大型企业，越是注重制度和规范的管理，应该说就是这个道理。

第二，不可因私废公。在《六微》《七术》中，韩非子明确提出个人情感和因素不应凌驾于法律之上，任用官员应当看其才能与品德，而不能将权力交给亲近而没有能力的人。

第三，法律面前人人平等。天子犯法与庶民同罪，只有做到法律面前人人平等，才能保持法律的威严；法律有了威严，领导者就能做到令行禁止。

第四，效率优先。《韩非子》一书中反复提到效率优先的概念。例如宓子贱治理单父：鲁国有一个叫单父的地方，有一个官员上任之后非常勤政，几乎天天都在田间市上察看民情，但是单父依然治理不好；而宓子贱上任后常常在竹林里弹琴奏乐，而单父却得以大治。因为宓子贱治理得法，因此非常有效率；而前任官员尽管非常辛苦，却不中要害，所以没有成效。

第三节　不以兵法为限：兵家学派

一、兵家学派的概况

兵家是中国先秦、汉初研究军事理论，从事军事活动的学派，是中国古代军事思想的精华。关于兵家的起源，有人认为兵家源于九天玄女，有人认为兵家鼻祖是吕尚，有人认为兵家源自道家，也有人认为兵家源自法家，不过最让当代人信服的说法就是兵家始于兵家至圣孙武。据《汉书·艺文志》记载，兵家又分为兵权谋家、兵形势家、兵阴阳家和兵技巧家四类。兵家的代表人物有春秋时孙武、司马穰苴，战国时孙膑、吴起、尉缭、赵奢、白起，汉初张良、韩信等。今有兵家著作《孙子兵法》《孙膑兵法》《吴子》《六韬》《尉缭子》《握奇经》等。兵家著作中含有丰富的朴素唯物论和辩证法思想。

二、兵家学派的兵法理论

兵家是中国古代对战略家与军事家的通称，又特指先秦对战略与战争研究的派别。兵家集大成者是孙武的《孙子兵法》。中国自古以来兵家一直是受到重视的。兵书在中国的发展源远流长，兵书产生于西周，成熟于春秋。如何从宏观上把握战争，是兵法的关键。战争是政治的继续，关系到一国或一民族的生死存亡或被人奴役的大事。兵法也可以将它看成既是一部如何统治国家，制定国家战略的指引；又是一部如何领兵打仗，制定战争战略与策略的书本。兵家是春秋战国“百家”中的一个重要学派，以研究作战、用兵为其主要宗旨。

《汉书·艺文志·兵书略》将兵家著作分为四类：兵权谋类侧重于军事思想、战略策略；兵形势类专论用兵之形势；兵阴阳类以阴阳五行论兵，且杂以鬼神助战之说；兵技巧类以兵器和技巧为主要内容。本书将军事学说概括为两类，一为军事力量的使用；二为军事力量的建设。兵技巧就是属于军事力量的建设方面的学说；而兵权谋、兵形势、兵阴阳就涉及于军事力量使用方面的学说。

1. 兵权谋

“以正守国，以奇用兵，先计而后战，兼形势，包阴阳，用技巧者也。”即我们平常熟知的战略战术，其含义最广，从多方面阐述战胜之法。代表作有《孙子兵法》《吴子》等。这些理论并不局限于用到兵器的真实战场，甚至包括军事情报战，间谍的培养和运用，争取战略空间合纵连横，纵横外交学说（《鬼谷子》《战国策》），甚至对敌国攻心筹谋的运用。

2. 兵形势

“雷动风举，后发而先至，离合背向，变化无常，以轻疾制敌者也。”主要指战术方面的运用，代表作有《尉缭子》。

3. 兵阴阳

“顺时而发，推行德，随斗击，因五胜，假鬼神而为助者也。”指的是左右战场的地理、天象等外在环境因素，用四个字概括就是“天时”“地利”。

4. 兵技巧

“习手足，便器械，积机关，以利攻守之胜者也。”指的是士兵单兵训练、武器装备等的创新发明和使用方法等。包括征兵对士兵的选拔，部队的日常管理方法、军纪、带兵心理学，甚至与战马的饲养、军事医疗、军粮开发后勤保障等一切军事基础学说。与兵权谋、兵阴阳、兵形势军事学说中相对抽象的部分相比，“兵技巧”是军事学说中最具体的部分，可谓习之就可马上用之。

兵家四派的学说，并不是单独孤立，而是相互紧密联系的。这些著作，是因为侧重的内容和各个篇幅比重不同，因其中比重较多的一部分，而被人定为兵权谋，或是兵技巧，或是兵形势，或是兵阴阳。兵家四派，可以是代表军事学的四个要素。夺取军事战争胜利，是需要这四个要素必须紧密联系，联合运用。

5. 战争的普遍规律

客观世界的各种事物，都有其自身发展变化的规律，那么人们进行各种活动时，也只有遵循事物的规律，才能获得成功；否则就会处处碰壁。先秦军事家们正是看到了这一点，故于兵书作品中以“道”来揭示战争实践的一般规律。先秦兵书在论述战争的普遍规律时，夹杂了《老子》中关于“道”的思想理念。“道”的涵义之一，即如同今日所说的自然规律，或者说是万物生长的总原理，是人类必须遵循的规律，因其不变性，故又称为“常”。先秦兵书所反映的战争原理均可由此寻找到思想渊源。《孙膑兵法》论“道”多达五十余处，《威王问》中，孙膑分别作答齐威王和田忌所提出的问题，最后有一段话：“孙子曰：‘明主、知道之将，不以众卒几功。’孙子出而弟子问曰：‘威王、田忌，臣主之问何如？’孙子曰：‘威王问九，田忌问七，几知兵矣，而未达于道也。……’”孙膑所言意在说明指导战争必须通晓用兵之道和掌握灵活机动的战略战术，作为一个统治者，不仅要知兵，还要“达于道”，即要掌握战争的一般规律。

三、兵家学派的代表人物：孙武

孙武是古代重要的军事家、思想家。孙武祖上有确切的世系从舜的后代虞阏父开始。

周武王伐纣时，虞阏父作为周国陶正之官，执掌陶器的制作，管理从事制陶的百工。由于其管理有方，器用齐备，周武王将长女大姬嫁给阏父之子满，把他封到今河南淮阳县一带，建立陈国，周王并对满赐以妫姓。满称为胡公，当了陈国的第一代君主。从胡公满开始，经过十代十二个国君的世袭传授，到桓公时，陈国发生了内乱。陈厉公之子完，因内乱不得立，而奔往齐国，他就是孙武的直系祖先。陈完在齐国积极活动，至四世孙田桓子（田无宇）已官为“上大夫”。田桓子（田无宇），生五子：田武子（田开）、田僖子（田乞）、陈昭子（田昭）、田书、子亶。其中田书于昭公十九年（公元前521年）因伐莒有功，齐景公封乐安，赐姓孙氏，孙书（田书）便是孙武的祖父，孙书生凭，凭生孙武。

公元前512年，孙武经伍子胥推荐，晋见吴王阖闾，献兵书，任将军，辅佐吴王经国治军，西破强楚，北威齐晋，显名诸侯。其军事思想集中反映在所著《孙子》十三篇中。

1. 战争观

孙武十分重视战争问题的研究，指出：“兵者，国之大事，死生之地，存亡之道，不可不察也。”（《孙子兵法·始计篇》）认为“亡国不可以复存，死者不可以复生”，因而主张对待战争必须“慎之”“警之”，提倡“安国全军之道”（《孙子兵法·火攻篇》）。“慎”是不要轻易发动战争，告诫“主不可以怒而兴师，将不可以愠而致战”；“警”，则是要加强战备，增强实力，要求“无恃其不来，恃吾有以待也；无恃其不攻，恃吾有所不可攻也”（《孙子兵法·九变篇》）。

2. 战争主客观因素

为了探求预知胜负的途径，孙武正确地阐述了战争胜利所必须具备的主客观因素及相互的辩证关系。他将客观因素概括为道、天、地、将、法“五事”，居“五事”之首的“道”既指修明政治（“修道而保法”），也包括争取民心（“上下同欲”）和振奋士气（“并气积力”）。他高度重视政治在战争中的重要作用，触及到了政治与军事的主从关系。吴楚之战时，孙武以“民劳，未可，且待之”（《史记·吴太伯世家》）劝阻吴王暂缓攻楚，更进一步表明他意识到爱惜民力、争取民心的重要意义。他也十分看重军事力量在战争中的重要作用，强调“霸王之兵，伐大国，则其众不得聚；威加于敌，则其交不得合。是故不争天下之交，不养天下之权，信己之私，威加于敌，故其城可拔，其国可隳”（《孙子兵法·九地篇》）。他论述军事实力，注意到了经济因素，提出“地生度，度生量，量生数，数生称”（《孙子兵法·军形篇》），从土地、物产、兵源推算出军事力量的强弱。据银雀山汉墓竹简《吴问》载，他预测晋国六卿政治命运，也是通过对六卿实行的亩制大小、税率轻重、养兵多少作出判断的。他用“形”表示客观存在的军事实力，“胜者之战民也，若决积水于千仞之溪者，形也”，形象地说明了其内涵和作用。他还充分肯定了主观能力的发挥在战争中的作用，指出：“计利以听，乃为之势，以佐其外；势者，因利而制权也。”（《孙子兵法·始计篇》）即通过主观努力，能动地创造和运用有利的态势。

3. 战略思想

孙武认为，“百战百胜，非善之善者也；不战而屈人之兵，善之善者也”（《孙子兵法·谋攻篇》），从而提出了不以直接交战的方式达成政治目的的“全胜”战略。他称不战而胜为“全”，战而胜之为“破”。主张对于国、军、旅、卒、伍，“全”为上，“破”次之。为达全胜目的，在战略谋划上要胜敌一筹，“庙算胜者，得算多也”（《孙子兵法·始计篇》）；在力量对比上要处于优势，“胜兵若以镒称铢”；在战争准备上要周到细致，“先为不可胜，以待敌之可胜”，“胜兵先胜而后求战”（《孙子兵法·军形篇》）；在实行方式上则是“上兵伐谋，其次伐交，其次伐兵，其下攻城；攻城之法，为不得已”（《孙子兵法·谋攻篇》）。总之，要求达到“屈人之兵，而非战也；拔人之城，而非攻也；毁人之国，而非久也。必以全争于天下，故兵不顿，而利可全”（《孙子兵法·谋攻篇》）。

4. 作战指导思想

在作战指导上，孙武主张积极进攻。在实施战略进攻时，要秘密决策，“厉于廊庙之上，以诛其事”；隐蔽准备，“形人而我无形”（《孙子兵法·虚实篇》）；突然袭击，“敌人开阖，必亟入之”（《孙子兵法·九地篇》），“乘人之不及，由不虞之道，攻其所不戒也”（同前）；打敌要害，“先其所爱，微与之期”（同前）；大胆深入，“凡为客之道，深入则专”（同前）；速战速决，“兵贵胜，不贵久”（《孙子兵法·作战篇》）。在进攻作战中，孙武主张速战速决，反对旷日持久，是基于对当时国家经济承受能力和后勤供应的分析作出的抉择。因为“相守数年”的战争，“内外骚动，怠于道路，不得操事者，七十万家”（《孙子兵法·用间篇》），“久暴师则国用不足”，一旦“诸侯乘其弊而起，虽有智者，不能善其后矣”（《孙子兵法·作战篇》）。又因为在后方供应上，“食敌一钟，当吾二十钟”，因而要求“因粮于敌”（同前）。孙武强调进攻，但也不忽略防御，认为“不可胜者，守也”，要求“善守者，藏于九地之下”，以求“自保而全胜”（《孙子兵法·军形篇》）。如果兵处劣势，还应“逃之”“避之”，以保存军力。

5. 作战谋划

强调知彼知己，知天知地，“先为不可胜，以待敌之可胜”（《孙子兵法·军形篇》），要看到地有“六形”，法有“九变”，谍有“五间”，将有“五危”“六过”等。作战指挥，强调争取主动权，要明利害、识众寡、辨分合、察虚实、善专分。战术运用，要示形惑敌，奇正多变，因敌制胜。

6. 治军思想

孙武的治军指导思想是“令之以文，齐之以武”（《孙子兵法·行军篇》）。“文”指厚赏、爱卒，“武”指重罚、严刑，二者相辅相成，“爱而不能令，厚而不能使，乱而不能治，譬若骄子，不可用也”“卒未亲附而罚之，则不服，不服则难用也。卒已亲附而罚不行，则不可用也”（同前）。对士卒平时要严格训练，严明纪律，战时才能步调一致，服从命令。因此，他主张“令素行以教其民”。他还注重将帅的选拔和任用，认为将帅是“生民之司命”，提出了“智、信、仁、勇、严”五条德才标准。

孙武的军事思想是建立在朴素的唯物论和辩证法基础上的。他强调“知彼知己”，以庙算“七孰”进行对比分析，讲求“战道”，探索战争规律，要从弱强乱治的矛盾中看到向其对立面的转化，这些都是具有思辨特征的哲学思考。孙武通过战争事物中对立范畴（敌我、攻守、全破等）的认识，揭示出它们之间的生克消长关系，从而衍生出对各种作战方式的描述，推动了军事思想和军事学术的发展。孙武的军事思想揭示了军事领域中一些带普遍性的规律，对指导军事实践产生了重要作用。在现代战争中，他所揭示的某些规律仍有其生命力，其中很多原则还被移用到经营管理、体育竞赛等社会生活领域，受到世界上许多国家政治家、军事家、学者的重视，是世界公认居于鼻祖地位的优秀军事理论家。

孙武五十多岁的时候，至交好友伍子胥被杀，孙武不再为吴国的对外战争谋划出力，转而隐居乡间，修订其兵法著作。伍子胥被杀后不久，孙武可能也因忧国忧民和郁郁不得志而谢世了，他的卒年当在公元前 480 年（卫庄公元年）左右。从退隐到寿终，孙武一直没有离开吴国，死后则葬于吴都郊外。

第五章

源远流长的水文化

水是生命之源，是人类文明的摇篮。尼罗河孕育了古埃及文明，幼发拉底河、底格里斯河诞生了古巴比伦文明，恒河催生了古印度文明，黄河与长江哺育了华夏文明。文明是文化的最高形式或高等形式。水文化是中华文明的重要因子，是中华传统文化的重要内容。目前，关于“水文化”的定义就如其上位概念“文化”的定义一样，一直是水利专家、文化学者、社会学家、哲学家不断探究的一个课题。“文化”的定义，有关专家学者作过统计，或说一百六十多种，或说二百多种。“水文化”的定义有多少种，还没有一个权威统计数据，代表性的观点主要有十多种。依据“从宜”（科学性），“从简”（简明性），“从俗”（群众性）的命名原则，我们将其定义：水文化是全社会以水为载体共同创造与水有关的科学、艺术及制度、习俗等在内的物质产品和精神产品的总和。从文化形态上看，水文化表现为物质文化和精神文化两个方面。

物质文化是水文化建设的前提和载体，从形态上可以分为两类：其一是水利工程文化，它包括水域水体、水利工程布局、水工建筑物风格、水利工程绿化美化等；其二是制度文化，它包括水利行业的管理体制、组织机构、规章制度、行为规范等。

精神文化是全社会及水利行业长期创造形成的一种特定的精神环境和文化氛围，它是水文化的核心和灵魂，形态上也可分为两类：其一是观念型文化，包括思想观念、道德观念、价值观念和审美观念等；其二是科学科技型文化，它以水利科学技术文化为代表。

人类社会生活中任何一门科学知识的产生，都有其深厚的社会历史基础。水文化——尽管它还处在创立之中——也同样有着自己悠久的历史渊源和深刻的社会根源。由于自然界的水资源与人类生存和发展的密切相关性，开发和利用水资源的活动成为人类最早从事的一种活动。中国在人类历史上是一个以农业立国的文明古国，农业对水资源的严重依赖性更是直接导致了人类“治水平土”活动在华夏大地上的大规模发生。正如马克思所指出的“人创造环境，同样环境也创造人。”（《马克思恩格斯全集》）这种以改造大自然为主要内容的大规模生产实践无疑要强烈反馈到人类自身，投射到社会生活的经济、政治、文化诸领域，对人类本身发展、人的社会行为、人与人的社会关系、人类社会组织的构成等，产生巨大的影响作用，留下深刻的文化痕迹。因此，中国的水文化底蕴丰厚，源远流长。为便于学习，现以中国历史和中华文化发展史为大的背景，以中国水利发展史为线索，以重大的水利事件和重要人物为代表，从史前时期、春秋战国时期、秦汉至南北朝时期、隋唐至两宋时期、元明清时期、近代史时期和新中国时期探寻中华水文化发展的历史脉络。

第一节 史前时期的水文化

一、中华水文化的起源

范文澜先生在《中国通史》中说："中国文化的起源，就地下发掘说来，可以追溯几十万年，就书籍记载说来，一般从夏商说起。"中国水文化的历史特别悠久，自从地球上有了人类，有了人与水打交道的社会活动，水文化就已经出现。从我国的旧石器时代、新石器时代、渔猎时代到农耕时代，大体经历了数十万年：直到这一时期的末期才出现文字，所以我们很难明晰而详尽地描绘这一时期的水文化状况。对这一时期水文化只能遵循四条线索作大概了解：一是考古发现，二是有关的神话传说，三是最早的文字记载，四是历史文献中对当时社会水文化状况的追述。

水文化的历史渊源可以追溯到数十万年前的旧石器时代和稍后的新石器时代。在那个遥远的年代，我们的祖先处在以采集食物为主的渔猎时期，水是人类食物的直接来源之一。人类进入农耕时期以后，用水灌溉、用水煮食，都离不开水。我们的祖先为了生存，必须族聚于靠近水的地方。考古学证明，我们的先民确实生活在靠近水的地方。繁昌县人字洞古人类遗址，位于长江支流黄浒河北岸几公里的癞痢山南坡。地质年代为更新世早期（距今 250 万—200 万年）。经中科院专家发掘、研究后证实，该遗址是欧亚迄今发现最早的古人类文化遗址。距今约 100 万年的蓝田人，他们生活的蓝田一带，"灞河流程较长，水量较大，河床平缓，河滩宽阔"（黄尉文《蓝田人》），很便于蓝田人取水。距今约 70 万年的北京人聚居在周口店地区，而周口店"位于古老的河床之内"。"在北京人居住的山洞里，发现过水獭、河狸、水龟、水牛之类的水栖或者是在水边生活的动物。"（贾兰坡《北京人》）"仰韶文化的氏族村落，都分布在河流两岸的黄土地上……河流转弯或两河交叉的地方，更是当时人们所喜欢居住的地点。"（安志敏《仰韶文化》）。"和县猿人"遗址，位于滁河南岸约 5 公里汪家山北坡，洞穴古老，泉溪清澈，大旱不干涸，故名"龙潭洞"。经专家鉴定，龙潭洞古人类头盖骨化石为目前我国唯一保存完好的猿人头盖骨化石。据推断，属新生代第四纪中更新世地质时代，距今三四十万年，被命名为"和县猿人"。含山县凌家滩遗址位于裕溪河北岸，距今已经有约 6000 年历史，是长江下游巢湖流域发现面积最大、保存最完整的新石器时代聚落遗址。凌家滩遗址所表现出的文化证明它具有深厚的城市内涵，是迄今发现的中国最早的城市。潜山县薛家岗新石器文化遗址，至今已有五六千年历史，坐落在潜河边上，高出附近农田 3～7 米，为一椭圆形台地，因其延续时间长、分布范围广、文化层堆积厚、遗迹遗物丰富和文化内涵深邃，成为长江中下游地区远古文化——薛家岗文化的典型代表。双墩遗址位于安徽省蚌埠市淮上区淮河北岸，双墩遗址距今约 7000 年，是目前淮河中游地区已发现的年代最早的新石器时代文化遗存。双墩文化研究成果表明，早在 7000 多年前淮河中游地区已显露出早期文明的曙光，淮河流域与黄河、长江流域同样是中国古代文明的发祥地之一。黄河和长江两岸地区发现的古文化遗址最多。这些事实说明了先民对水的依赖，说明他们在水的哺育下创造着自己的文化。

水对人类具有兴利和危害的双重性，这就使人类在利用水的同时，必须设法躲避和治服洪水。迄今发掘的远古文化遗址，一般都位于高出河床的台地上，原因也是为了趋水利而避水害。水多为害，水少干旱。《淮南子》里的女娲“芦灰止淫水”的神话故事，反映了先民与洪水搏斗的情况；而《后羿射日》的神话故事，却充分表现了先民与干旱的抗争。尽管这些神话故事在古籍中的记载不尽相同，但它们都体现了远古时期的人们在对水的利用和治理过程中对文化的创造，这既是水文化，也是中华民族文化的重要组成部分。

二、大禹治水等神话传说的文化意义

神话传说产生于原始社会。当时由于生产水平的低下，人们精神生活简单，不能正确地认识自然力，但又渴望制服自然力，于是就如马克思所说：“用想象或借助于想象征服自然力，支配自然力，把自然力加以形象化。”（《马克思恩格斯选集》）原始神话是全世界各民族最早产生的一种文学形式，是人类童年精神生活的主要产品。

中华民族的祖先创造了许多优秀的原始神话，与水有关的神话最有代表性的就是大禹治水的传说故事，还有淮南王刘安编纂的《淮南子》中《女娲补天》《后羿射日》的神话故事等。这些故事从一定的意义上来说，为中华民族文化的形成奠定了基础。在世界上，许多国家都流传有关于远古大洪水的神话，说在远古时代有一次不可抗御的滔天洪水，几乎灭绝了种族，仰仗神的旨意，才得以避险。在西方，关于治水的神话传说与上帝密切相关，是上帝制造的诺亚方舟拯救了人类。而中国关于治水的神话传说，体现了两个主导思想：一个是天人合一，一个是人水相谐。传说中的治水英雄女娲、大禹，抗旱英雄后羿和立志填大海的精卫，都是我们民族部落的首领和代表人物，因他们治水有功，人们把他们神化了，认为是天神下凡。我们的祖先利用了这种人神合一的力量，战胜了种种困难，终于夺取了抗御洪水和干旱的胜利。这正是民族精神的伟大象征，永远激励着中国人民与水旱灾害和各种艰难险阻进行坚持不懈的斗争。

传说在大禹的时代，中国境内尚没有固定的河道，洪水横流，只有山地丘陵浮出在水面上。四岳（四个部落首领）推荐禹的父亲鲧治水，鲧采用“堙障”方法，修筑堤坝围堵洪水。当时生产力低下，人们“择丘陵而处”，在面对一般洪水时这种堤防围护是有效的，用来防御大洪水就容易被冲垮。鲧治水九年不成功，被放逐羽山（今山东郯城附近），死在那里。禹承父业，继续治水。禹到了淮河发源地桐柏山，把当时治水不力的鸿蒙氏囚禁起来，又捉到淮河里一个名叫巫支祁的怪物，命他帮助治水。河道疏通后，禹怕巫支祁跑了，用铁链把他锁在今江苏盱眙龟山脚下的一口水井里，以使淮河永远安流。

禹从桐柏山顺流到了今怀远县，见前面有座大山阻滞淮河之水不能下流，就从山中间凿开一条水道，将那座山一劈为二，成了今天的涂山和荆山。后代人民为了纪念禹的这一功劳，还专门在涂山上建了座禹王庙。禹在涂山治水期间，和涂山部落的一个姑娘相爱并结了婚。但迫于治水繁忙紧急，婚后四天，就又出发了。此后禹“三过家门而不入”。禹妻想念丈夫，常常站在山坡上，向东南方向眺望，期盼丈夫早日归来。相传《诗经·候人》这首诗，就是当时涂山氏女作的。禹在前人经验和教训的基础上，“因水以为师”，“左准绳，右规矩”，“行山表木，定高山大川”，“身执耒锸，以民为先”，加之得到皋陶和伯益等人的助力，经过十多年艰苦努力，治水成功。为了庆祝胜利，禹召集天下的诸侯会于涂山。大禹治水的传说，一方面说明了洪水的肆虐给人民造成了灾难；另一方面说明了治水需要一种前赴后继、尊重科学、战胜困难、不屈不挠的精神。大禹作为治水的领袖和英雄，他的事迹和精神，深深地影响着中华民族。

我国是一个农业国，有关治水的神话传说都深深地打上了农业经济的烙印，同时也反映了优良的传统和民族精神以及丰富多彩的社会生活。不少戏剧和传说中把管水的神称为龙王，龙成为皇权的最高象征，皇上称真龙天子。这些都反映了水在人们思想上和在社会生活中的重要地位。

禹以前的首领都是经过部落联盟会议推选确定的，禹因治水有大功德，所以当他死后，他的儿子启便直接继承禹为首领，建立了家天下的夏朝。从此氏族制度就渐渐解体，变成了有定型、有组织的王国，社会也随之由蒙昧步入文明。这就是《礼记·礼运篇》所描绘的由“大同”向“小康”的转变。

夏王朝自启传到16世，即夏代最末一个国王夏桀。由于其倒行逆施，加剧了阶级矛盾，结果商汤起兵，全歼夏军于鸣条，夏桀逃奔，死于南巢。南巢的地望，传统说法在今巢湖之滨。

第二节 商周井田制及春秋战国时期的水文化

一、商周井田制度

商族的始祖名契，契14世为汤。汤发动了一系列的战争，灭夏正式建立商朝都于亳。亳的地望，传统说法在今河南商丘附近，与安徽亳州接境，因此今亳州也有可能包括在商王朝的发祥地中。商汤13世传至河亶甲，史言河亶甲“自嚣迁于相”，后人考证相的地望时，其中有一种观点认为即《水经·睢水注》所说的汉沛郡相县，即今天的淮北市。由此看来，与河南毗邻的濉溪、亳州等地，当在商统治中心的范围之内。商王朝至帝乙、帝辛时，昏庸无道，酒池肉林，穷兵黩武，征战不断，最后国灭身亡。西周建国，东方大乱，战争结局，夷人大败。“俘淮九邑”“灭国五十”。大量以徐为首的淮夷沦为周人的奴隶。淮夷地处淮河中下游，江河湖海纵横，但经过治水平土，已适于农耕和畜牧渔猎。“憬彼淮夷，来献其琛，元龟象齿，大赂南金”，说明此地物产极为丰富，这就为社会文化的发展创造了条件。

商周实行井田制，有文献说夏朝曾实行过井田制。商、周两代的井田制因夏而来，到西周时已发展很成熟。所谓“井田”，就是具有一定规划、亩积和疆界的方块田。长、宽各百步的方田叫一“田”，一田的亩积为百亩，作为一“夫”，即一个劳动力耕种的土地。井田规划各地区不一致。有些地方采用十进制，有些地方则以九块方田叫一“井”。因为把九块方田摆在一起，恰好是一个“井”字形。一井的面积是方一“里”；一百井是方十里，叫一“成”，可容纳九百个劳动力；一万井是方百里，叫一“同”，可容纳九万个劳动力。

在井田的田与田、里与里、成与成、同与同之间，分别有大小不同的灌溉渠道，叫遂、沟、洫、浍；与渠道平行，还有纵横的通行道，叫径、畛、途、道。各种渠道的大小、深浅和通道的宽窄，都有一定的规格。由此可见，井田制不仅是一种土地所有制制度，还蕴含了丰富的水文化内容。

公元前 770 年，周幽王在申国和犬戎联军的攻打下，兵败被杀，其子周平王继位，迁都洛邑，史称东周。东周的前一段（公元前 770—公元前 476 年）史称春秋，后一段（公元前 475—公元前 221 年）史称战国。

二、水利工程的兴建

春秋战国时期是我国历史上大变革、大转折的时期。这一时期诸侯林立，争战频繁。为了争夺霸权，各诸侯国都纷纷进行改革，发展生产，增强军事实力。正是出于上述目的，兴修了一大批水利工程。最著名的是楚庄王时期（公元前 613—公元前 591 年），孙叔敖主持兴办的我国最早的大型引水灌溉工程——期思雩娄灌区和我国最早的蓄水灌溉工程——芍陂，为楚国的政治稳定和经济繁荣做出了巨大的贡献。吴王夫差于公元前 494 年开凿的邗沟成为京杭大运河的前身。李冰于公元前 256 年兴建的都江堰使四川成为天府之国。西门豹于魏文侯二十五年（公元前 422 年）兴办的著名的引漳十二渠，使邺的田地“成为膏腴”，粮食亩产量较修渠前提高了 8 倍以上。这些水利工程都反映了当时的生产力发展水平，也体现了我国古代人民的聪明才智，是当时水文化的重要载体。

三、诸子百家竞相论水

春秋战国时期，由于社会经济的急剧变化，水利事业在社会中的地位变得日益重要，使这一时期的政治家、思想家、哲学家、军事家纷纷把目光投向水上，从而为中华水文化的形成奠定了坚实的基础。

（一）管仲论水

管仲，颍上人，是世界上最早深刻而全面论水的大思想家。说“最早”依据有二：第一，古希腊的哲学家泰勒斯（公元前 624—公元前 547 年）说过“水是万物的质料因”，黑格尔称他是“大家一致公认的第一个自然哲学家”。恩格斯在《自然辩证法》中谈到最早的自然哲学家时也说：“在某种特有的东西中寻找这种统一，就如泰勒斯在水里寻找一样。”然而泰勒斯对水的论述在时间上比管仲晚近 100 年。第二，我国早期对水有较深刻论述的思想家，如老子和孔子都比管仲要晚 100 年左右。管仲的思想和主张集中体现在《管子》一书，书中对水多有论述。

1. 以水论治国

管仲认为水利是治国安邦的重大国策。《度地篇》中说：“善为国者，必先除其五害。”“五害之属，水为最大。”“除五害，以水为始。”《立政篇》在谈到君主必须重视解决的五件大事时说：“沟渎不遂于隘，障水不安其藏，国之贫也。……沟渎遂于隘，障水安其藏，国之富也。”如果沟渠不能畅通无阻，水库不能安全存水，国家就会贫穷，反之，国家就会富裕。他还以水喻民，制定治国之策。在《七法篇》中管仲认为，治国、治军必须要掌握好七条基本原则，其中用好“决塞”之术是重要的一条。“治人如治水潦……居身论道行理，则臣服教。”《水地篇》中说：“是以圣人之化世也，其解在水。故水一则人心正，水清则民心易，一则欲不污，民心易则行无邪。是以圣人之治于世也，不人告也，不户说也，其枢在水。”这些就是治国之枢在于水的道理。管仲还把订立盟约、妥善处理水事矛盾，作为保证社会安定的重要措施。他在《霸形篇》中详细地介绍了齐桓公和管仲处理水事矛盾的一些情况。楚国在攻打郑国、宋国时，在宋国境内睢水、丹水（汴水）上筑坝挡水，使地处上游的宋国被淹“四百里”。齐国为了保护宋、郑，兴兵南下，齐桓公约集诸侯与楚王在召陵订立盟约，其中规定“毋曲堤”，即不许筑堤阻水危害邻国。接着齐国又帮助宋国掘开了睢、汴的堤坝，“使水复东流，而楚不敢塞”。终于妥善处理了楚、宋两国的水事矛盾。公元前615年，齐桓公和管仲在宋国葵丘（今河南民权县境）召集最后一次盟会，订立盟约，又有“毋曲堤”“毋雍泉”“毋障谷”的内容。通过对已有水事纠纷的处理并以这些约定防止了一些新的水事纠纷的发生，使齐国的霸主地位一步步得到加强。

2. 以水论哲学

《水地篇》中说：“水者何也，万物之本原也，诸生之宗室也。”还说：“是以水者，万物之准也，诸生之淡也。”“是故具者何也？水是也，万物莫不以生，唯知其托者能为之天正。具者，水是也。”这些都说明水是世界的本原，是万物的始祖、根本和源头。管仲的这些论述在探索世界物质性方面向前迈进了一大步，已经把自然之水上升为哲学之水。管仲的这些论点铸就了水文化深厚的哲学基础。

3. 以水论人格

管仲认为，人的性格、习俗、伦理、品德等与水都有密切关系。在《水地篇》中，他说水是“美恶、贤不肖、愚俊之所产也”。还以齐国、越国、晋国、宋国等国为例，具体说明因水性不同而形成的人性格上的差异。又说：“水者，地之血气，如筋脉之通流者也。故曰：水具材也。何以知其然也？曰：夫水淖弱以清，而好洒人之恶，仁也。视之黑而白，精也。”他认为水的形态体现着人的不同性格。水柔弱而清澈，能洗涤人的秽恶，这是仁的表现；看水的颜色虽黑，但本质是白的，这是诚实的表现。管仲特别推崇水谦卑的品德。他说：“人皆赴高，己独赴下，卑也。卑也者，道之室，王者之器也，而水以为都居。”管仲把水的这种谦卑品格视为道之所在，是帝王的气度。这样把人的诸多宝贵的品德都从水中体现出来，以水论人，又以人说水，把人、水融为一体了。水的人格化魅力在这里也得到充分的昭示。

4. 水与城市

《乘马篇》中说：“凡立国都，非于大山之下，必于广川之上。高毋近旱而水用足，下毋近水而沟防省。因天材，就地利。故城郭不必中规矩，道路不必中准绳。”《度地篇》中又说：“故圣人之处国者，必于不倾之地，而择地形之肥饶者。乡山，左右经水若泽。内为落渠之写，因大川而注焉。乃以其天材、地之所生，利养其人，以育六畜。”管仲认为城市建设要重视水环境，要考虑到供水、排水、防灾，要与城市的经济发展相联系。选择都城或城市的位置，不要很高，以免造成取水困难；也不要太低，以减少防洪排涝的工程量。既要拥有足够的水资源，又要具备良好的防洪条件。城市建设布局要因地制宜，视地形和水利条件而定，不必拘泥于一定的建筑模式。

5. 论述水科学

管仲提出了一整套除水害、兴水利的科学办法。一是要有规划。在《度地篇》中，他把水分为“经水”“枝水”“谷水”“川水”“渊水”，同时指出：“此五水者，因其利而往之可也，因而扼之可也，而不久常有危殆矣。”也就是说，干流、支流、季节河、人工河和湖泽这五种水可以疏导宣泄而下，也可以拦截扼制从而提高水位。无论哪种情况都可能造成水害。针对这种情况，他提出了修筑堤防、宣泄洪水和建库修池开渠、发展灌溉的措施。这里实际上是提出了治水的一种规划思想，要求人们应根据水的特性和不同类型分别采取排水、蓄水和灌溉的办法来除害兴利。二是要加强管理。《度地篇》说：“请为置水官，令习水者为吏：大夫、大夫佐各一个，率部校长、官佐各财足……令之行水道、城郭、堤川、沟池、官府、寺舍州中，当缮治者，给卒财足。”《立政篇》中又说：“决水潦，通沟渎，修障防，安水藏，使时水虽过度，无害于五谷……司空之事也。”管仲认为，国家要有专门的机构和人员来管理水事，而且明确提出了水官的责任和任务。这充分反映了管仲的水政思想。三是组织民众修水利。《度地篇》说：“常以秋岁末之时，阅其民，案家人比地，定什伍口数……并行以定甲士，当被兵之数，上其都。”还说：“阅具备之水器，以冬无事之时。”管仲主张，水利工程的施工要由百姓来从事，要组织施工队伍。被征派治河的，可代替服兵役，并造册上报官府。冬天就要准备并检查治水的各种用具。四是对筑堤防洪和发展灌溉提出了明确要求。关于筑堤，《度地篇》中对筑堤的时间、形状、维护、管理和坚守都有详细的论述。对于灌溉，管仲认为，“夫水之性，以高就下”。引水灌溉是顺应水性。在《立政篇》中他还说到“通沟渎”“安水藏”。通过这些论述我们可以清楚地看出管仲的观点：要开沟修渠、修塘建库，以蓄水灌溉高处的农田，应该在上游修建堰坝等扼水建筑物，这样，水就可以“迂其道而远之，以势行之”，沿着渠道顺着地形向远处的农田流去。管仲还对渠道水流中的水跃和环流两种破坏性的水力现象作了比较科学的论述，初步认识到水跃现象是由于渠道纵横断面上的局部突然升降造成的，并指出，水跃能够破坏工程，甚至导致“水妄行”的事故发生。在2600多年前，管仲能够对渠道工程中有关水力学的问题作出如此明晰的说明，是非常难能可贵的。

（二）老子论水

老子，河南鹿邑人（亦说安徽涡阳人），道家思想的创始人，我国古代著名的思想家和哲学家。老子的重要著作《道德经》（又叫《老子》）一书中在阐发宇宙发生、发展、消亡的规律时，在解释治国、修身、平天下的法则时，无不用“水”作为他理论架构的核心，因此人们把老子称为水哲学家。老子水哲学的主要内容有以下几个方面。

1. 朴素唯物论思想

在《道德经》中多次以水论述道的本质。道是老子哲学的核心。什么是道呢？《道德经》第六十二章说：“道者，万物之奥。”道，是独立存在于天地之先的万物之源。怎么能认识道呢？《道德经》第八章中说：“水善利万物而不争，处众人之所恶，故几于道。”这样用水把“惟恍惟惚”、玄而又玄的道具体化、形象化了。其次，“道”由“水”生。《道德经》第四章中说：“道冲，而用之或不盈。渊兮，似万物之宗。”意思说，“道”是不可见的虚体，但它的作用却无穷尽，好似汪洋大海永远装不满。它又像深渊那样的沉邃，是万物的宗室。这里的汪洋大海和深渊，都是盛水之物。可见老子关于道这一哲学概念的提出是受到水的启示的。老子唯物主义的倾向是显而易见的。

2. 柔弱胜刚强的辩证法思想

《道德经》包含丰富的辩证法思想。第四十二章中说：“万物负阴而抱阳，冲气以为和。”即老子认为世界上一切事物本身包含着阴与阳的内在矛盾。以水为题论述辩证法的思想是老子水哲学的重要内容。老子关于以柔弱胜刚强的认识据说源于他老师常枞对他的教导。西汉刘向在《说苑·敬慎》中讲了这么一件事：老子在老师常枞临终前问老师还有什么事要交代，常枞张开他的嘴巴给老子看，说：“我的舌头还在吗?”老子说：“还在。”常枞又说：“我的牙齿还在吗?”老子说：“没有了。”常枞问：“你知道原因吗?”老子说：“舌头还存在，难道不是因为它柔软的缘故？牙齿没有了，难道不是因为它太刚强的缘故吗?”常枞说：“是的，天下的事理都在这里。你知道这些，我就没有其他的话再告诉你了。”老子在《道德经》中进一步借水阐明了这一思想，第七十八章中说：“天下莫柔弱于水，而攻坚强者莫之能胜，以其无以易之。弱之胜强，柔之胜刚，天下莫不知，莫能行。”世间没有比水更柔弱的，然而攻击坚强的东西，没有什么能胜过水的。老子把以柔胜刚的法则进一步引申到人生、引申到生物、引申到战争，说明坚强的东西可以失去生机，柔弱的东西往往代表新生事物而充满活力这一哲理。

3. “上善若水”的人生哲学

“上善若水”的人生哲学是老子水哲学中最精彩的部分。《道德经》第八章中所说的“上善若水。水善利万物而不争，处众人之所恶，故几于道”，是老子人生哲学的总纲。具体包含有三个方面的主要内容。

一是“善利”。老子认为“水”和“道”的基本特征是善利万物。在《道德经》第八章中他列举了水善利的七种表现：“居善地，心善渊，与善仁，言善信，政善信，事善能，动善时。”在这里，老子把水的品行人性化了，他认为最善的人应该具备七种美德。因为水有这七种美德，所以最接近他的“道”。

二是“不争”。“不争”是道的更高境界。《道德经》第二章中说：“圣人处无为之事，行不言之教。万物作而弗始，生而弗有，为而弗恃，功成而不居。”第八章中说：“夫唯不争，故无尤。”第八十一章中说：“天之道，利而不害，圣人之道，为而不争。”老子把“无为”和“不争”视为圣人的标准。

三是“处下”。“处下”是“不争”的重要表现形式。《道德经》第六十六章中说：“江海之所以能为百谷王者，以其善下之，故能为百谷王。是以圣人欲上民，必以言下之，欲先民，必以身后之。”就是说，要做一个高尚有德行的人，要想得到众人的爱戴和尊重，就应该在众人面前表现谦下，要把众人的利益放在前面，把自己的利益放在后面。在老子看来，“处下”能使人具有“上德”。“上善若水”使人有其美德；水善利万物，是其宏德；利而不争，为其谦德；处于守卑，为其厚德。水之极善也，做人，就应该学习和培养这种美德。

（三）孔子论水

孔子是春秋末期著名的思想家、政治家和教育家，儒家文化的开创者。孔子博大精深的思想宝库中蕴含有丰富的水文化内容。孔子通过对水的观察、体验和思考，认为水是阐述他的学术思想、表达他的政治主张和体现他哲学观点的最好载体。

1. 以水阐述“仁”的思想

孔子以“仁”为核心创立了他的儒家学说。《论语·子罕》说：“子罕言利，与命与仁。”孔子很少说到利，但是经常说到天命和仁德，他把仁德看得同天命一样重要。当颜渊问孔子什么是仁时，孔子说："爱人。"（《论语·颜渊》）这充分体现了中华文化中以人为本的思想精髓。"当仁不让于师"，"志士仁人，无求生以害仁，有杀身以成仁。"（《论语·卫灵公》）可见，"仁"在孔子学说中的重要地位。孔子以水说明什么是"仁"和怎样才能做到"仁"。刘向在《说苑·杂言》中说，一次子贡问孔子：君子为什么见到大水一定要去观赏呢？孔子回答说："夫水者君子比德焉：遍与而无私，似德；所及者生，似仁。"水好比有德行的君子。水普遍地给予，不存在私心，好像德；水所流到的地方，都会万物生长，好像仁。《论语·卫灵公》用水来显示"仁"的重要。孔子说："民之于仁也，甚于水火。"人是一刻也离不开水的，但在孔子看来，仁是比水对于老百姓更为重要的东西。孔子的名言："知（智）者乐水，仁者乐山。"（《论语·雍也》）"智"与"仁"在孔子的学说中关系是很紧密的。孔子说："仁者安仁，知（智）者利仁。"（《论语·里仁》）就是说有仁德的人会安于实行仁德，有智慧的人才能认识到仁的好处从而去实行仁。由此可见，孔子在这里谈"知（智）者乐水"也是在宣扬他的仁。

对"知（智）者乐水"有两种解释。一种是朱熹在《四书集注》中的说法："智者达于事理而周流无滞，有似于水，故乐水。"水有川流不息的特点，水的各种自然形态和功用常常给智者认识社会、人生乃至整个世界以启迪，所以智者乐水。还有一种是汉代刘向在《说苑·杂言》中引用孔子的一段话：夫智者何以乐水也？曰："泉源溃溃，不释昼夜，其似力者；循理而行，不遗小间，其似持平者；动而下之，其似有礼者。赴千仞之壑而不疑，其似勇者；障防而清，其似知命者。不清以入，鲜洁而出，其似善化者。众人取平品类以正，万物得之则生，失之则死，其似有德者。淑淑渊渊，深不可测，其似圣者。通润天地之间，国家以成。是知之所以乐水也。"就是说，智者乐水，是因为：水奔流澎湃，日夜不停，好像毅力坚强的人；按照一定的规律流淌，不遗漏一个小地方，好像是主持公平的人；它向着低下的地方流动，好像很知礼的人；流向千仞的深壑，毫不犹豫，像个勇士；遇到障碍能清醒地对待，好像是知道天命的人；不清洁的水流进去，干净的水流出来，好像是善于感化的人；一般人都拿它作为衡量万物的标准，万物得着它就能活下去，失去它就会死亡，好像一个有道德的人；它深不可测，像个通达事理的圣人；完全滋润天地万物，国家因此形成。所以聪明的人喜欢水。类似这样的话，在《荀子·宥坐》《韩诗外传》《孔子家语》中都有记载，从不同的角度、根据不同的形态把水比作人的道德、仁爱、礼仪、智慧、勇敢、坚定、灵魂、胸怀、有为、公正、有度、意志等，这些都是"仁"的表现。人的所有美德都可以从水中得到相应的启迪和表示。总之，智者乐水，是因为水具有君子一样的仁德。

孔子把大禹治水造福人类视为"仁"的样板。《论语》多处说到大禹治水的功绩。《泰伯篇》说："巍巍乎，舜、禹之有天下而不与焉。"又说："禹，吾无间然矣！……卑宫室而尽力乎沟洫。"《问宪篇》说："禹、稷躬稼而有天下。"这些都是高度的赞颂禹的仁德。

2. 以水阐述哲学思想

孔子哲学思想的核心是"中庸""忠恕"，具有"和谐"思想的宝贵内核。《学而篇》说："礼之用，和为贵。"《里仁篇》说："夫子之道，忠恕而已矣。"《雍也篇》说："中庸之为德也，其至矣乎。"《先进篇》说"过犹不及"。这些都说明孔子主张办事要把握事物的度，要在包容、和谐中达到统一。而孔子的这些哲学思想在一定程度上是受到了水的启示而产生的。他所说的“中庸”含有河水“中流”之意。他提出的“智者乐水”，实际上也是期望由胸怀仁德和“忠恕”的君子组成的和谐社会。

运动，是物质世界的基本属性。孔子在《论语·子罕》中说：“逝者如斯夫，不舍昼夜。”这是有一次孔子站在沂水岸边看到滚滚奔流的河水发出的感叹。李泽厚先生在他的《美的历程》一书中认为：这句话，表达了孔子没有去追求超越时间的永恒，而是把永恒和超越放在当下既得的时间中，置于当时的政教伦常和构建社会秩序的目标下。一切都在流变，“不变的一”即永恒的本体就是这个流变着的物质世界本身。在这种哲学背景下，孔子的运动观中倾注了浓厚的社会和人生情感，并在这种情感的支配下去瞭望、感悟和发现自然与人类社会的规律，形成了进化论的鲜明思想。

任何事物发展的道路都不可能是笔直的，总会遇到挫折甚至失败。在这种情况下，人们会想到用水来求得解脱。在孔子《论语·公冶长》中说：“道不行，乘桴浮于海。”就是说，他的主张行不通，是遇到了不好的时代，只好乘木筏到海上去漂流。这一方面反映了孔子在推行他的主张受阻时的沉重心情，另一方面也包含了他“长风破浪会有时，直挂云帆济沧海”的抱负。

（四）墨子论水

墨子是一位卓越的思想家和身体力行的实践家。墨子对水的论述主要有以下几方面。

一是崇尚“大禹之道”。墨子及墨家的言行体现了他们心目中的“禹之道”。《墨子》中多处赞美大禹治水为民造福的业绩和精神。《兼爱中》指出：“兼相爱，交相利，此圣王之法，天下之治道也。”还说“兼相爱，交相利……此言禹之事，吾今行兼矣”。书中大量征引大禹治水的事迹，说明“兼爱”的主张取法于大禹等圣王的政治实践。通过记述大禹“兼爱”的事迹，说明古代大禹等圣王是“兼爱”的倡导者。

二是借水推行“兼爱”之说。《墨子·兼爱下》中说：“我以为人之于就兼相爱交相利也，譬之犹火之就上、水之就下也，不可防止于天下。”认为只要执政者大力推行“兼爱”之道，就如同火向上蹿、水往低处流一样，形成一种不可遏止的态势。而要做到“兼爱”，执政者加强道德修养十分重要。《墨子·修身》中说：“原（源）浊者流不清，行不信者名必耗。”墨子以水的源头污浊、整条河流也必将浑浊的生动事例，形象地说明执政者如果不注重品德的修养，就会陷人污秽的深渊不能自拔，招致身败名裂的恶果。

“亲士”是“兼爱”的重要表现。墨子借水论述了如何亲士和用士的问题，《墨子·亲士》中指出：“是故江河不恶小谷之满已也，故能大……是故江河之水，非一源之水也……夫恶有同方不取，而同已者乎？盖非兼王之道也……是故溪陕（狭）者速涸，逝（流）浅者速竭。”认为执政者只有像江河纳百川那样，虚怀若谷，才能广泛延揽使用各方面的人才；只有像江河有无数源头那样，善于采纳不同的意见和兼收并蓄，才能兼听则明，使君臣上下同心同德，治理好国家。反之，如果器量狭小，就会像狭小的溪流一样容易干涸，就会成为孤家寡人，最终将落得个众叛亲离、土崩瓦解的下场。

“非攻”是“兼爱”的重要保证。墨子力主用防御反对侵略战争。滔滔的江河、滚滚的激流已成为诸侯以水代兵、进行兼并战争的工具。针对当时的水攻战例普遍出现的情况，墨子率众弟子在深入研究分析和实地考察测量的基础上，在《墨子·备水》中提出了一套比较系统的对付水攻的防御办法，认为这样可以达到“非攻”的目的。

（五）孟子论水

孟子是战国时期著名的思想家、政治家和教育家，是儒家学说的主要继承者，而且多有发展。孟子把“文化之水”推向了新的高度。

1. 孟子高度赞颂了治水对人类社会发展的巨大推动作用

《孟子·滕文公上》说：“当尧之时，天下犹未平，洪水横流，泛滥于天下。草木畅茂，禽兽繁殖，五谷不登，禽兽逼人，禽蹄鸟迹之道交于中国。尧独忧之，举舜而敷治焉。舜使益掌火，益烈山泽而焚之，禽兽逃匿。禹疏九河，瀹济漯而注诸海；决汝汉，排淮泗而注之江；然后中国可得而食也。”又说：“水逆行，泛滥于中国，蛇龙居之，民无所定。下者为巢，上者为营窟。书曰：‘洚水警余。’洚水者，洪水也。使禹治水，禹掘地而注之海，驱蛇龙而放之菹；水由地中行，江、淮、河、汉是也。险阻既远，鸟兽之害人者消，然后人得土而居之。”孟子的这些描述，正确地阐明了在中国古代社会由野蛮转向文明、由渔猎转向农耕的过程中水与人类生存的重要关系，说明治水活动对推进社会变迁和人类文明具有的重大推动作用。

2. 用水推行“性善”的主张

《孟子·告子上》说：“水信无分于东西，无分于上下乎？人性之善也，犹水之就下也。人无有不善，水无有不下。今夫水，搏而跃之，可使过颡；激而行之，可使在山。是岂水之性哉？其势则然也。人之可使不为善，其性亦犹是也。”在孟子看来，人性之向善，正如水之就下，是自然之势。人可以搏击或阻遏水流，使之跃起甚至倒流上山，但水的本性决不是上流。人性如水，向善如水往低处流，是自然而然的事。人做坏事，施恶行，与本性无关，犹水之过颡、在山，实乃“搏”“击”所致。孟子以水的自然之势，阐发他的性善说，充分肯定了人的道德意识的普遍性，具有积极的社会意义。

孟子还把他的“性善”说与孔子的仁、义、礼、智联系起来，并借水来说明其重大作用。在《孟子·公孙丑上》中，他说：“凡有四端于我者，知皆扩而充之矣，若火之始然，泉之始达。苟能充之，足以保四海；苟不充之，不足以事父母。”这里的四端是指：仁的开端为恻隐之心，义的开端为羞恶之心，礼的开端为辞让之心，智的开端为是非之心。孟子认为，每个人生下来就有这“四端”，否则就不是人。把这“四端”扩充开来，那就像火开始燃烧那样不可扑灭，就像泉水开始喷出那样无法遏止，这样就能定邦安国治天下，否则，就连自己的父母也不能奉养。

3. 用水来阐述“仁政”主张

《孟子·离娄上》中说：“民之归仁也，犹水之就下。”《孟子·梁惠王上》中说：“如有不嗜杀人者，则天下之民皆引领而望之矣。诚如是也，民归之，由水之就下，沛然谁能御之？”就是说，民心归顺仁政，就如同水顺流而下。他警告统治者，只有施“仁政”于民众，以人民的利益为利益，才能使百姓“犹水之就下”一样望仁德而归附；否则，必然会沦为桀与纣那样的独夫民贼。那时，老百姓就会不堪残暴，揭竿而起，推翻暴君的统治。《孟子·告子上》中说：“仁之胜不仁也，犹水胜火。今之为仁者，犹以一杯水救一车薪之火也；不熄，则谓之水不胜火，此又与于不仁之甚者也，亦终必亡而已矣。”这里，孟子以水必然胜火的事实，说明了“仁胜不仁”的必然无疑。同时，他也尖锐地指出，如果为了沽取仁德的好名声，半心半意甚至虚情假意地行仁，就会像杯水车薪那样无济于事，充其量不过是小恩小惠的短期行为，断不会收到“仁政”的应有效果。

4. 以水论“王道”

孟子认为，只有广施仁德于民众的政治才是真正的“王道”。在《孟子·离娄下》中，他多次举出大禹治水为民除害造福的业绩，盛赞其实行王道的功德。他说：“禹思天下有溺者，犹己溺之。”大禹想到遭水淹没的百姓，就像是自己也被淹没一般。为了救民于水患灾难之中，“八年于外，三过其门而不入”，“决九川致四海，浚畎浍致之川”（《史记·夏本纪》），经过十多年的艰苦努力，终于制服了洪水，使人民安居乐业。由此，孟子告诫统治者，只有像大禹治水那样，以天下为己任，急民众之所急，忧民众之所忧，为民造福，才是王者应有的风范。

5. 用水教导人们要按照事物的客观规律去修身养性

《孟子·离娄下》中说：“原泉混混，不舍昼夜，盈科而后进，放乎四海。有本者如是，是之取尔，苟为无本，七八月之间雨集，沟浍皆盈；其涸也，可立而待也。故声闻过情，君子耻之。”还说：“如智者若禹之行水也，则无恶于智矣。禹之行水也，行其所无事也。如智者亦行其所无事，则智亦大矣。”《孟子·尽心上》说：“观水有术，必观其澜……流水之为物也，不盈科不行；君子之志于道也，不成章不达。”水是有源的，所以才有动力，才能不舍昼夜，装满低洼地方后继续前进流入大海。君子修身应像水一样坚持不懈才能达到美好境界。智者办事，要像大禹治水那样按客观规律办事。要有海的胸怀和眼光，要有扎扎实实、循序渐进的风格，这才是优良的德行。

（六）庄子论水

庄子，蒙城人，是继老子之后道家最主要的代表，也是我国古代著名的哲学家。庄子的思想主要保存在《庄子》一书中。庄子喜欢从水中感悟和阐发其深邃的“道”理，以水为题材编织奇特的寓言故事来阐发深刻、抽象的哲学道理，宣扬他的逍遥之道、至大之道和虚静之道。

1. 以水论逍遥之“道”

《逍遥游》是庄子人生哲学的最高境界。庄子说：“北冥有鱼，其名为鲲。鲲之大，不知其几千里也。化而为鸟，其名为鹏，鹏之背，不知其几千里也。怒而飞，其翼若垂天之云。是鸟也，海运则将徙于南冥。南冥者，天池也。”在庄子的笔下，鲲是一条生活在北海、硕大无比的大鱼；鹏就是由鲲而变成的一只巨鸟。鲲鹏活动的世界是一个广阔无边的世界。有“水击三千里，抟扶摇而上九万里”的磅礴气势。《逍遥游》表达了一种大解放大自由的精神境界和独特的人生态度，即人的活动只有从以自我为中心的局限中超拔出来，摆脱功名利禄等俗物的束缚，才能达到超越现实的逍遥游境界。

2. 以水论至大之“道”

庄子之“道”的另一个重要特点是无限、至大。《庄子·天地》中说：“夫道，渊乎其居也。……覆载万物者也，洋洋乎大哉！”庄子以深广无际的大海（水）比况“道”，让人们感受到“道”的渊深和博大。《庄子·秋水》中说：“天下之水，莫大于海。万川归之，不知何时止而不盈；尾闾泄之，不知何时已而不虚；春秋不变，水旱不知。此其过江河之流，不可为量数。”大海超越了时空、因果、条件，表现为永恒、不变、无限、绝对，这正是庄子之“道”的真切内涵。

3. 以水论虚静之“道”

为了更好地体验“道”，庄子又信手拿水来作比喻，教我们用静观法认识“道”，揭示“道”的真谛。《庄子·天道》说：“水静则明烛须眉，平中准，大匠取法焉。水静犹明，而况精神！圣人之心静乎！天地之鉴也，万物之镜也。”水静则平，这是水性的特点。而水之平、静、明，都是静止而非流动造成的，这正与庄子所推崇的“虚静、恬淡、寂寞、无为”的人格修养相一致。圣人之心就像绝对静止的死水一般，不受任何外界因素的影响，其内心也没有任何波动。达到这种无忧无虑无为的心境，也就接近“道”了。同时庄子还认为心静可以察天地之精微，镜万物之玄妙；而水动则泥沙俱起，浑浊浮动，如人心之物欲充斥、杂念横生、心浮气躁，当然无法洞鉴宇宙之奥妙、人生之真谛。

（七）荀子论水

荀子是战国时期著名的思想家、政治家，是兼采众家之长的集大成者。为了阐发自己的思想观念，荀子常常把水信手拈来，或阐明哲学观点，或论述王业兴衰，或比德君子，或阐明人生的道理。自然之水经过荀子哲人目光的过滤，便显现出文化的精湛内涵。

1. 以水阐明辩证法的观点

《荀子·劝学》中说：“冰，水为之，而寒于水。”又说：“不积细流，无以成江海。”这两句名言，原本劝勉人们通过锲而不舍的努力学习，不断丰富和提高自己的知识及才能，但其深刻的哲学意义远远大于荀子阐发问题的初衷，揭示了事物从量变到质变这一规律。

荀子还用水向人们讲述了满招损、谦受益的辩证关系。《荀子·宥坐》篇中记叙了孔子师徒关于“宥坐之器”的对话，表达出他对于学习、修身等问题的认识：“孔子观于鲁桓公之庙，有欹器焉。孔子问于守庙者曰：‘此为何器?’守庙者曰：‘此盖为宥坐之器。’孔子曰：‘吾闻宥坐之器者，虚则欹，中则正，满则覆。’孔子顾谓弟子曰：‘注水焉。’弟子挹水而注之，中则正，满而覆，虚而欹。孔子喟然而叹曰：‘吁，恶有满而不覆者哉?’”水满则溢，月圆则缺，这是大自然中常见的现象，从这些自然现象中，先哲们悟出了深刻的人生道理：满招损，谦受益。

2. 以水阐明君臣、君民关系的思想

荀子认为君主是治理国家的根本和主导，而官吏处于从属地位。君主的德能与喜怒哀乐对臣下的思想和行动有至关重要的影响。荀子以水为喻说明这一道理。《荀子·君道》指出：“君子者，治之原也。官人守数，君子养原，原清则流清，原浊则流浊。故上好礼义，尚贤使能，无贪利之心，则下亦将綦辞让，致忠信，而谨于臣子矣。”上行下效，上有所好，下必甚焉，君主的品行对臣下有巨大的影响。

荀子用水来说明君民关系。他说：“君者，民之原也，原清则流清，原浊则流浊，故有社稷者不能爱民，不能利民，而求民之亲爱己，不可得也。”还说：“君者盘也，民者水也，盘圆而水圆。”荀子主张君王要如清水般廉洁，积极为人民谋求幸福。如果君王能爱护人民，努力为人民做好事，就会赢得人民的拥戴；如果骑在人民头上作威作福，人民就会与君主离心离德。特别值得一提的是，荀子提出了著名的“君舟民水”论。《荀子·王制》指出：“传曰：‘君者，舟也；庶人者，水也。水则载舟，水则覆舟。’”荀子明确地把君王与臣民的关系形象地比作舟与水的关系，强调了人民的力量和作用。他以此告诫当权者，君王之舟要靠臣民之水来承载，君主为民，实行王道和仁政，国泰民安，君王之舟就会稳如泰山；反之，君王施行暴政，搞得国困民穷、民不聊生，百姓就会揭竿而起，倾覆君王之舟。正是基于这种认识，荀子提出了重“王道”兼采“霸道”的政治策略，以及以“礼”为主、兼之以“法”的具体治国方针，形成了他的政治思想体系。

3. 以水比人性、比道德

“性恶说”是荀子的著名主张。荀子认为：“人之性恶，其善者伪也”（《荀子·性恶》）。尽管“性恶”是人之本能，但只要对人性进行必要的改造，就能够化恶为善，还可以成为像尧舜一样的圣人。关于改造人性的办法，荀子认为教化是最重要的途径。《荀子·解蔽》说：“人心譬如盘水，正错而勿动，则湛浊在下，而清明在上，则足以见鬒眉而察理矣。故导之以理，养之以情，物莫之倾，则足以定是非决嫌疑矣。”人心就像盆水一样，盆水放正，浊污自然沉淀在下，清澈之水就足以鉴人；如果把盆底的污浊搅动，上面的清水也会随之变得浑浊，也就不能进行鉴照了。人只要接受良好的教化导引，就会如盆水一样，自然能够明辨事理，晓得是非大义，而不会是非混淆、皂白不分了。

在《荀子·宥坐》篇中，荀子以孔子为代言人，把水的形态、性能、功用与人的性格、意志、品德、知识、能力等联系起来，通过水来“比德”，即从水的某些自然属性，联想到人的思想品德，从而给人以启迪和教诲。这种“以水比德”的象征手法，是荀子思想中的重要特征。

四、部分历史文献中的水文化

春秋战国及稍后的历史时期，除了上面介绍的一些著作之外，大量的历史文献中都有对水和治水的论述与记载。现在择其要者，作以介绍。

（一）《诗经》

《诗经》是我国第一部诗歌总集，共305篇，相传是孔子编定。内容为风、雅、颂，风为周代各国的民歌，雅是朝廷歌唱的诗，颂是宗庙祭祀的诗。大抵为周初到春秋中叶的作品，反映了这500多年社会生活的各个方面，其中与水有关的题材占有相当比重，蕴含有丰富的水文化内容。

第一，反映江河孕育中华文明。古代把黄河称“河”，长江称“江”，其余河流都叫“水”。《诗经》记述先民在江河两岸生息、劳动的诗歌有70首之多，涉及的江河有黄河、长江、淮水、汉水等20多条。《大雅·刘公》和《大雅·绵》中记述了周的先祖刘公和周文王祖父亶父选择依山傍水聚居地的过程，反映了水对中华民族形成和发展的重大作用。

第二，赞颂大禹治水的功绩。《小雅·信南山》中有“信彼南山，维禹甸之”的诗句，《大雅·文王有声》中有“丰水东流，维禹甸之”的诗句，《大雅·韩奕》中有“奕奕梁山，维禹甸之”的诗句，《鲁颂·閟宫》中有“奄有下土，瓒禹之绪”的诗句，《商颂·长发》中有“洪水芒芒，禹敷下土方”的诗句，《商颂·殷武》中有“天命多辟，设都于禹之绩”的诗句。这些诗歌，都高度赞颂大禹治水的功绩，把禹看作开天辟地的神祇，祭祖时必言禹功。

第三，描绘水滨泽畔的爱情乐园。《诗经》的开篇之作《周南·关雎》中，“关关雎鸠，在河之洲，窈窕淑女，君子好逑”，写出了男子追求女子的渴望。《秦风·蒹葭》中的

“所谓伊人，在水一方”一句说诗人思慕的美人“在水一方”，营造出了一种朦胧而美妙的意境。在全部《诗经》中至少有17处以上写水边的婚恋情歌，其中的《郑风》爱情诗占有很大部分。

（二）《周易》

《周易》本为卜筮而作，但含有宝贵的科学内容，所涉及的学科有哲学、预测学、管理学、医药学、控制论、系统论、计算机二进位制、物理学、天文学、历学、量子力学等，所以郭沫若先生称《周易》是“神秘的殿堂”“古代的科学宝库”。

《周易》包括“经”“传”两大部分。其中“经”是指六十四卦的卦形和卦爻辞。六十四卦是由八卦重叠而成的。“八卦”的卦名为：乾、坤、震、巽、坎、离、艮、兑。在这八卦中，坎卦代表“水”，兑卦代表“泽”，也就是说，八卦中有两卦与水有关。在《说卦传》第六章中说：“万物者莫说乎泽，润万物者莫润乎水。”即泽能欣悦万物，水能滋润万物。坎卦（☵）的卦形就可能是古人通过对河流的长期观察，从河流的一般形态中抽象得出的：两侧是静止的河岸，中间是流动的水。从八卦出发，通过互叠、自叠、倒置、变换等方法，演化成六十四卦。乾卦（代表天）、坤卦（代表地）分列六十四卦的第一、二位。从第三卦开始，屯、蒙、需、讼、师、比、坎、睽、解、困、涣、节、井、既济、未济等十五卦中每卦都含有坎卦——水。如何解释这一现象呢？南宋著名学者洪迈在《容斋随笔》中指出：“《易》乾、坤二卦之下，继之以屯、蒙、需、讼、师、比，六者皆有坎，圣人防患备险之意深矣！”就是说，水在六十四卦中的地位，是除天地之外最重要的自然要素。推演六十四卦的先哲，通过卦形的组合与排位，告诫人们，水火无情，防御洪水是件大事，必须“防患备险”——有备才能无患。

《周易》的六十四卦中与水有直接关系的有十五卦，均以象征水的“坎”卦与其他卦的不同组合，通过卦爻辞来阐释各种事物的道理。从这些与水有直接关系的十五卦中可以看出，《周易》的作者已把水与社会生活中的哲学、教育、军事、道德、诉讼等广泛地联系在一起，反映了《周易》中深邃的水文化思想。

《周易》还记载一些水旱灾的情况，其中《涣卦第五十九》就是关于一次大洪水的记载。据邓球柏先生所著的《白话易经》解释：发生了大洪水。王到宗庙去举行祭祀，占卜吉凶。占卜结果是：王外出视察洪水时，渡过大河、骑马都没有危险。洪水开始泛滥了：洪水冲垮了房屋的台阶，房屋被淹；洪水冲到了逃避人群乘坐的车子旁，有人想出了脱险的办法；洪水冲上了山丘、淹到了人的腰部，人们呼号求救；洪水淹到了王的住所，连宗庙里的祭品都冲走了。由于王及时视察、掌握了汛情，率领臣民加以防御，组织人们转移，结果没有淹死人，终于转危为安。这次大洪水泛滥，究竟发生于何代何年，已不得而知。但它真实、生动地记录了洪水泛滥成灾、人们有组织地抗御洪水以及转移避险的种种情景，从而为后世保存了古人抗洪救灾的珍贵史料。

（三）《山海经》

我国最古老的地理著作，相传为大禹和伯益合著，实为后人所纂，现存18卷。全书分为《五臧山经》《海外经》《海内经》《大荒经》四个部分。书中以山为纲，分东、西、南、北、中五个山系叙述。水利方面，每讲一水，均言其发源和流向，并注意河流的季节变化以及伏流、潜流等。对不少井泉、湖泊、盐池、沙洲等都作记载，成为早期珍贵的水利文献。书中还记载了“夸父追日”“鲧禹治水”等神话，对后世志怪、传奇、神话小说的创作有深远影响。

在《五臧山经》中共介绍了447座山，其中80%以上谈山必讲水，介绍了河流的发源地及其流向。结尾时用大禹的话总结全文：“禹曰：出水之山者八千里，受水者八千里。”说大禹治水时，其中为河流发源的山有8000里，河流经过的山地有8000里，颂扬了大禹治水的功绩。《海外经》中记述了大禹杀相柳和“夸父与日逐走”的故事，反映了远古时期人们对旱魔的憎恨。《海内经》中高度赞颂了大禹治水的功绩。书中说：“洪水滔天，鲧窃帝之息壤以堙洪水，不待帝命。帝令祝融杀鲧于羽效。鲧复生禹。帝乃命禹布土以定九州。”反映了鲧用“息壤”之土以“堵”的办法治水的失败和大禹以“疏导”的办法治水的成功。在《海内东经·岷三江》中还记载了26条河流的源头和流向。《大荒经》中更为详细地记载了“夸父逐日”和“黄帝女魃”的故事。这些故事告诉我们，洪涝和干旱的灾害常会互相转化，而加强农田水利工程建设是战胜干旱的一项重要措施。

（四）《尚书》

《尚书》是我国现存最早的一部重要的历史文献资料汇编。它记载了虞、夏、商、周的一些重要历史事实，保存了上古时期大量的政治、哲学、天文、地理、刑法等方面的资料。其中有不少水文化的内容。

《尧典》是《尚书》的头一篇，记载尧时的洪水情况和大禹治水的功绩：“汤汤洪水方割，荡荡怀山襄陵，浩浩滔天，下民其咨，有能俾乂。”洪水汤汤极大地危害着人们，咆哮的洪水包围了高山，淹没了丘陵。洪水弥漫天下。天下的民众都在叹息，有谁能使洪水得到治理吗？到了舜帝时，在一次联盟会议上，舜向百官询问谁能任百揆之职时说：“咨，四岳！有能奋庸熙帝之载，使宅百揆，亮采惠畴？”接着舜高度评价了大禹治水的功绩，他说：“禹，汝平水土，唯时懋哉！”禹啊，你平定水土有功，对于百揆的官职你更要努力啊！

《虞书》中记载了禹治水之功的情况。舜问禹有何治水的高见时，大禹说：“洪水滔天，浩浩怀山襄陵，下民昏垫。予乘四载，随山刊木，暨益奏庶鲜食。予决九川距四海，浚畎浍距川。暨稷播，奏庶艰食鲜食。懋迁有无，化居。烝民乃粒，万邦作乂。”洪水铺天盖地，浩浩荡荡，包围了山顶，淹没了丘陵，百姓被困陷在洪水之中。我乘坐四种运输工具，沿山砍伐树木作为标记，同伯益一起把鸟兽鱼肉作为食物送给民众。疏通了九州的河流，让它们一直流到大海；深挖田间水沟，让它们流到大河。同后稷一起播种粮食，把谷物、鸟兽鱼肉送给老百姓。让百姓相互贸易，流通有无，买卖积贮的货物。众民于是安定，各诸侯国开始得以治理。

《禹贡》是《尚书》中集中谈水的一篇，记述了大禹平治水土的功绩。文章的一开头就说：“禹敷土，随山刊木，奠高山大川。”即禹划分九州土地的边界，沿着山脉砍削树木作标志，用高山大河为界把全国划分为九州——冀、兖、青、徐、扬、荆、豫、梁、雍。在九州分篇记述之后，另附有“导山”和“导水”两段专论。“导水”部分记述了西方的弱水和黑水（今难以考证）；黄河、长江和汉水；济水和淮河；渭、洛等黄河支流。其顺序先西北后东南，先下游后上游，先干流后支流，对每条河的流向、流经地、接纳的支流和出海口都作了交代，开创了中国水文地理的先河。

通过大禹的“导山”“导水”最后使得“九州攸同，四隩既宅，九山刊旅，九川涤源，九泽既陂，四海会同。孔修，庶土交正，底慎财赋，咸则三壤成赋。……东渐于海，西被于流沙，朔南暨声教讫于四海。禹锡玄圭，告厥成功”。即九州从此统一了：四方的土地都可以居住了，九条山脉都治理成功并举行了山祭，九州的河流都彻底疏通，九州的湖泊都修筑了堤防，全国都会同京师，四方建制、政令整齐划一。掌管中央财政税务的机构都治理得很好，各地方的土地都要征收赋税，同时注意合理收取，根据土地的上中下三等来制定标准。……这样一来，东方一直到大海，西方直到沙漠，北方、南方及德音教化普及四方人类居住的地方。最后，禹被舜赐给黑色的瑞玉，表示大功告成。

《洪范》，即大法，是《尚书》中记叙箕子向周武王讲述治国安民道理的一篇，讲述了治水与治国的关系。在武王问箕子如何治国的时候，箕子说：我听说从前鲧堵塞洪水，弄乱了水性向下的自然规律。上帝于是被激怒，不赐给鲧九种大法，治国的常理因此被破坏了，鲧后来被流放而死。禹继承父业继续治水，上天把九种大法赐给了禹。九种大法中第一种大法即是五行。五行中论述了水、火、木、金、土这五种基本物质的特性，而把“水曰润下”即水向下而滋润万物的特性放在五行的第一位，可见对水的高度重视。

《尚书》的其他篇章中也谈到了水。如《酒诰》中周公引用古人的话说：“人无于水监，当于民监。”这里的监即为镜子的意思，人不仅要把水当作镜子照，还应当把民众当作镜子照。在《梓材篇》中周公说：“惟曰，稽田，既勤敷菑，惟其陈修，为厥疆畎。”君王教化民众好比耕作田地，已经开垦并播种了，就应该整治土地，修筑田界，开挖水沟。反映了对农田沟洫建设的认识。在《立政篇》中，周公告诉成王：“其克诘尔戎兵以陟禹之迹，方行天下。”要治理好军队，就要像大禹治水一样，足迹要遍行天下。《吕刑》篇中用“禹平水土，主名山川”来说明尧帝的德政。

春秋战国时期，还有不少的著作中也有关于水文化的内容。如《吕氏春秋·圜道》已有水文循环的概念，《乐成篇》谈引漳灌溉，也反映郑国渠修筑时的争论；《周礼》中的《遂人》《稻人》《雍氏》各篇均谈及土地划分及灌溉渠道制度；《周礼·职方氏》是掌“天下之图”的官，篇内扼要叙述全国的山川、泽薮、水利、物产、人口男女比例等，水利中特别列出有灌溉之利；《春秋·左传》多涉水旱灾异及当时的水利情况；《国语》中的《周语》王子晋的一篇议论是很好的古代治水方略。

第三节　秦汉至南北朝时期的水文化

秦汉时期是我国封建社会形成和巩固的重要时期。秦统一六国，结束了诸侯割据的分裂局面，建立了我国历史上第一个统一的多民族的封建专制国家，经济和文化得到了迅速发展，而这一发展又是与当时的水利事业的发展密切相关的。水利建设事业在秦汉时期有了蓬勃的发展。这一时期秦汉统治者高度重视水利建设，建成了一系列的大型农田灌溉工程，对建立和巩固秦汉的统一发挥了重要作用，同时显示了水利工程技术的新水平。在此期间兴建的郑国渠、灵渠等水利工程创造了我国宝贵的水文化历史遗产。《河渠书》《沟洫志》《淮南子》等著作集中反映了这一时期水文化的重要成果。

东汉末年，在镇压农民起义的过程中形成了军阀割据、征战不息的局面。经过一段时间的争夺使中国历史进入了魏、蜀、吴三国分立的时期。经西晋、东晋、南北朝共300多年。这一时期，由于各民族大融合，一些少数民族由奴隶社会进入封建社会。统治者之间互相争夺杀伐，整个国家动荡分裂，社会因而发展迟缓，水利事业受到影响。由于北方战乱较多，使人口大量南迁，把北方较先进的农业技术带到南方，因而使得江淮之间和长江以南的农业与水利事业有所发展，特别是航运事业发展较快，江、淮、黄、海各水系的航运网逐渐形成。这一时期的水文化主要表现在水利对发展屯田的重要影响和水对战争的重要影响。而《水经》和《水经注》的问世，是水文化一个耀眼的闪光点。

一、秦王朝对水利建设的高度重视

秦始皇统一中国在我国历史上具有划时代的意义。秦国从一个荒蛮小国发展为国富兵强的春秋五霸之一，再到战国七雄之首，最后又一统天下，是以经济实力作为后盾的，其中水利发挥了重要作用。

公元前246年秦王嬴政继位。他顺应国家统一的历史趋势，“续六世之余烈，振长策而御宇内”，继续推进国家统一的进程。关中平原是秦国的政治、经济、军事中心，这里地处渭水流域，有肥沃的土地，但却经常遭受干旱的威胁，造成粮食减产。为发展农业生产，以保证战争对粮食的大量需要，发展关中水利，建设关中粮仓，已成为秦国的迫切需要和必然选择。

韩国是秦国东面的近邻，对秦国统一六国的决心和自己所处的首当其冲的位置深感不安，自知弱小，不堪一击，无法与强大的秦国抗衡，为了保护自己，在秦王嬴政继位那年，便投其所好，派遣水工郑国去秦国，游说秦王兴建沟通泾水和洛水的大型灌溉工程，企图以此引诱秦国把大量的人力、物力和财力转移到规模浩大的水利工程建设上，使其无力发动兼并战争，从而达到保全韩国的目的。但这个“疲秦之计”在工程开工后不久即败露。秦王勃然大怒，要杀死郑国，郑国却从容不迫地说：“臣始为间，然渠成亦秦之利也。臣为韩延数岁之命，而为秦建万世之功。”这句话深深地打动了秦王。富国强兵，一统天下，没有可靠的经济实力不行，而发展农业经济又不能不依赖于水利建设。因此，对郑国的这番分析，“秦以为然，卒使就渠”。工程建成以后，引泾水淤灌，“溉泽卤之地四万余顷，收皆亩一钟（石）。于是关中为沃野，无凶年，秦以富强，卒并诸侯，因命曰郑国渠”。司马迁在《史记》中，把关中水利的开发视为秦国能兼并六国的主要原因之一。从这个意义上说，郑国修水利对统一中国是有贡献的。

在统一六国、平定中原以后，秦始皇又命史禄从零陵至桂林开凿了一条运河，沟通湘江和漓江，把长江水系和珠江水系连接起来，这就是著名的灵渠。灵渠凿通以后，大大便利了军队和粮食的运送，秦始皇很快统一了岭南，设置桂林郡、南海郡和象郡，将南方广大地区纳入秦朝版图，促进了民族的融合和经济的发展。

二、两汉时期的水利建设

（一）汉武帝对水利的重视

汉武帝是我国封建时代颇有作为的君主。在他统治期间，推行了许多强有力的政治、经济措施，使西汉王朝出现了前所未有的繁荣昌盛局面，也是我国历史上水利事业得到较快发展的时期。当时举办的水利工程主要集中在国家政治、经济重心的关中和西北地区。为发展农业生产和航运交通，汉武帝时期先后修建了漕渠、龙首渠、六辅渠、白渠等工程。

西汉初年，每年从关东地区经黄河、渭水向长安（今西安）漕运粮食仅数十万石。汉武帝时期猛增到上百万石。而渭水迂曲滩浅，险阻甚多，费时甚长。汉武帝接受大司农郑当时的建议，开凿一条300余里的漕渠，引渭水，沿终南山（秦岭）北麓，东至黄河，漕运3个月就能抵达长安，不但节省时间和运费，还可以灌溉民田万余顷，成为京师长安给养运输的生命线。

长安附近临重泉（今蒲城县东南）以东有一万多顷盐碱地，如果引水灌溉，每亩可增产10石。元狩至元鼎年间（公元前122—公元前111年），汉武帝接受庄熊罴的建议，开凿了龙首渠。由于开挖渠道时挖到了“龙骨”，因此命名为龙首渠。这一工程开创了后代隧洞竖井施工方法的先河。司马迁说：“井渠之生自此始。”10余里长的隧洞能够准确确定渠线的方向和竖井的位置，说明这项工程的测量和施工技术水平都是很高的。

元鼎六年（公元前111年），汉武帝令左内史倪宽主持兴修了六辅渠。从冶峪、清峪、浊峪等几条小河引水，开挖六条小水渠，灌溉郑国渠旁边地势较高的田地。太始二年（公元前95年），汉武帝又兴办了白渠。从靠近郑国渠渠首的谷口引取泾水，在乐阳（今高陵县东北）注入渭水，灌溉4500余顷的土地，取得显著效益。白渠与郑国渠齐名，因此，人们把两渠合称为郑白渠。

汉武帝专门颁发诏令，要求各地大力兴修水利。诏令说：“农，天下之本也。泉流灌浸，所以育五谷也。左、右内史地，名山川原甚众，细民未知其利，故为通沟渎，蓄陂泽，所以备旱也。”表明了汉武帝对水利和农业的重视，因而有力地推动了全国水利建设的开展。

汉武帝还亲自指挥了一次工程艰巨的黄河堵口工程。元光三年（公元前132年），黄河在南岸濮阳瓠子决口，河水汹涌南流，夺淮河、泗水入海，使梁、楚之地16个郡（今豫东、鲁西南、皖北和苏北一带）受灾严重。当时汉武帝的舅父田蚡作丞相，他的封地在黄河北岸，黄河决口南流，使北岸避免了水患的威胁，因此他竭力反对堵口，致使黄河泛滥长达20多年。元封二年（公元前109年），汉武帝登泰山封禅，亲临黄河，见洪水滔滔，老百姓流离失所，惨不忍睹。于是，决定派汲仁、郭昌征发数万军民堵塞决口。汉武帝自己亲临堵口现场指挥，并“沉白马玉璧于河”，表示治河的决心，命令随行官员自将军以下都要参加施工劳动。经过艰苦奋战，终于堵口成功，制服了洪水，梁楚之地（今河南、安徽一带地方）从水患中被解救出来。为纪念这次堵口行动，在新修的黄河大堤上修建了一座宣防宫，汉武帝创作《瓠子歌》二首记述这次堵口的经过，抒发了“我谓河伯兮万福来”的心愿。“自是以后，用事者争言水利。”水利受到各级政府官员的普遍重视，因此很快在全国掀起了兴修水利的热潮。各处兴修的水渠，可灌溉农田“各万余顷”，其他小型水利工程更是不可胜数，从而使这一时期成为我国历史上一个重要的水利大发展时期。

（二）王景治理黄河

东汉初年，黄河水患连绵60年得不到平息，造成黄河、济水、汴渠各支派乱流的局面，航道淤塞，漕运中止，田园庐舍皆被吞没。汉明帝刘庄执政之后，情况更加恶化。永平十二年（69年），汉明帝召见王景，命他主持治水事宜。当年王景和王吴等人率领数十万兵民，开始了大规模的治水工程。主要内容是：筑堤，理渠，河、汴分流，复其旧迹。

首先是“筑堤”，即修筑黄河大堤及汴渠的堤防。黄河堤防的修筑始于共工和鲧“障洪水”的年代。春秋战国时期，沿河的各诸侯国纷纷在各自境内修建堤防，但是真正形成黄河新的堤防体系的是王景治河，共筑堤防千余公里。王景认为，黄河泛滥加剧的原因，是由于下游河道常年泥沙淤积而成为地上“悬河”，河水高出堤外平地，洪水一来，便造成堤决漫溢。王景选择了一条比较合理的引水入海路线，在两岸新筑和培修了大堤，固定了黄河第二次大改道后的新河床，这是东汉以后黄河能够得到长期安流的主要措施之一。

其次是“理渠”，即治理汴渠。汴渠，联系黄河与淮河两大水系，王景为汴渠规划了一条“河、汴分流，复其旧迹”的新渠线。即从渠首开始，河、汴并行前进，然后主流行北济河故道，至长寿津转入黄河故道，以后又与黄河相分并行，直至千乘附近注入大海。在济河故道另分一部分水即行原汴渠，专供漕运之用。史书对王景治河充满赞扬之辞：“王景治河，千载无患。”从东汉末年王景这次治河到唐代末年的800年中，黄河决溢仅有40个年份，主流一直处于稳定状态。因此，王景治河的办法和经验一直为历代治河者所推崇和效法。

（三）马臻主持兴建的鉴湖

马臻于东汉顺帝永和五年（140年）任会稽郡（今浙江绍兴市）太守，到任后，目睹百姓所受水、旱、潮灾害之苦，以及豪门贵族各霸一方、与水争地、以邻为壑所引起的民间械斗，为之忧虑万分，于是发动当地人民，在山会平原南部开始筑湖。把历史修筑的湖堤加高培厚，并增筑新堤，使之连成一个整体，共长127里。这条人工大堤与南边会稽山麓围成了周长310里、宽约5里的狭长形大湖，这就是鉴湖，又名长湖、镜湖，是我国古代最大的陂塘灌溉工程。鉴湖的兴建使绍兴一带很快地富庶起来。马臻在主持兴建鉴湖的过程中，触犯了一些世族大户、豪门贵族的利益，他们对马臻恨之入骨，网罗编织罪名加以诬陷，使马臻死于腐朽的封建势力的屠刀下。然而人们没有忘记这位治水功臣。在马臻被害时，会稽百姓冒着生命危险，不惜重金将其遗骸运回会稽葬于郡城的鉴湖之畔。相传农历三月十四日为太守生日，民众年年祭祀。其墓虽已历经千余年，至今依旧完好。唐开元年间（713—741年），在马臻墓东侧修建了马太守庙，每年夏、秋两季，都要举行隆重的祭祀仪式。

（四）屯田水利的发展

汉末分崩，战乱频繁，水利失修，大片农田荒芜，加上漕运断绝，使得群臣百官只能吃野菜，地方割据的军队只能以桑葚、蛤蜊充饥（参见姚汉源著《中国水利史略》）。为改变这种困苦局面，魏、蜀、吴各方都开展了一定规模的屯田，因而也带动了水利事业的发展。以曹魏的屯田成就更为显著。

建安元年（196年）曹操迁汉献帝于许昌后开始大兴屯田。发布了《置屯田令》，任命任俊为典农郎将，枣祗为屯田都尉，召集流民在许昌地区屯田。在此期间，广陵的太守陈登在扬州、淮安大兴灌溉水利，建安五年（200年）刘馥在扬州继续进行屯田。曹魏政权的后期，对两淮水利贡献最大的要算是邓艾了。

特别值得一提的是，刘靖在屯田时修建的戾陵堰、车厢渠。刘靖于曹魏时期任镇北将军、“持节都督河北道诸军事”，并在蓟城（今北京）“屯垦戍边”。当时的蓟城四周，是一片未开垦的处女地，旱潦交替，很不适宜垦种。嘉平二年（250年），刘靖登上梁山（即今石景山）勘察地形地势，认为卢沟河的水是可用水源，于是决定在梁山南边的卢沟河上兴建一座拦河堰——因附近有燕刺王旦之陵，故名戾陵堰，以拦截河水；同时，在石景山下由西往东开挖一条渠道——因其形似车厢，故名车厢渠，将拦截下的河水，引到今八宝山，再经蓟城北注入高粱河，转经坝河汇于潞水（今潮白河）。沿河渠另开支渠，引水灌溉两岸土地。工程竣工后，当时即灌溉稻田二千顷。由于这一大型灌溉工程的兴建，沿岸农田获取丰收，刘靖防守的蓟城的军事实力大大增强，从而巩固了边守。戾陵堰修成以后，曾多次毁于洪水。但它巨大的灌溉效益吸引了许多有识之士对之多次加以重修，使戾陵堰、车厢渠在近千年的时间里，把永定河的水送往北京，繁荣了经济，为北京成为全国的政治、文化中心准备了必要的物质条件。

三、《淮南子》中的水文化

《淮南子》是西汉前期出现的一部理论巨著，由淮南王刘安组织门客撰写而成，也称《淮南鸿烈》，全书共21篇。涉及内容有宇宙论、天文学、地理学、人性论、道德论、政治论、军事论等，可谓当时的百科全书。其中包含着丰富的水文化的内容。

第一，以水论大明之道。《淮南子》通篇论道，高诱注《淮南子》中称之为“大明之道”，是对老子之“道”的进一步发挥。书中多处以水阐明大明之道。

其一，论述“道”的本质。《原道训》论述了“道”的本质以及“道”生万物和万物发展所遵循的总规律。“水流而不止，与万物终始。”认识了水的这种本性就能“得道之柄”，就是说“道”像水一样在流动而永不停息，和世间万物共处始终。只要认识了水的这种本性就掌握了“道”的本质。书中用“水”来说明事物的客观规律：“夫镜水之与形接也，不设智故。”就是说，水能像镜子一样照清人影，并不是什么智者的加工，而是因为水本身有这种功能。又说：“水下流不争先，故疾而不迟。”即水向下流，不和谁争先，所以奔流疾速而不停滞。

其二，论述“道”的关键。《原道训》中说：“柔弱者，道之要也。”“天下之物，莫柔弱于水。然而大不可极，深不可测；修极于无穷，远沦于无涯；息耗减益，通于不訾；上天则为雨露，下地则为润泽；万物弗得不生，百事不得不成；大包群生而无好憎，泽及蚑蛲而不求报，富赡天下而不既，德施百姓而不费；行而不可得穷极也，微而不可得把握也；击之无创，刺之不伤，斩之不断，焚之不燃；淖溺流遁，错缪相纷而不可靡散；利贯金石，强济天下；动溶无形之域，而翱翔忽区之上，邅回川谷之间，而滔腾大荒之野；有余不足，与天地取与，授万物而无所前后。是故无所私而无所公，靡滥振荡，与天地鸿洞……与万物始终。是谓至德。”“水，皆生于无形乎？……水可循而不可毁，故有像之类，莫尊于水。故清静者，德之至也，而柔弱者，道之要也；虚无恬愉者，万物之用也。”在这首水的颂歌里，大大丰富和发展了老子关于水柔弱的论述。水的柔弱是水“至德”的品性，是道的关键。水同万物出于无形的“道”一样，由无形变成可以触摸的而不能毁灭的有形的世间万物。所以没有比水更尊贵的东西了。

其三，论述人的本性。《原道训》中说："人生而静，天之性也。"人性与水性相通。《泰族训》中说："水之性，淖以清。"即水的本性是柔和而清静的。人和水一样，要保持清静是很不容易的。《俶真训》中说："水之性真清而土汩之，人性安静而嗜欲乱之。"水的本性是清澈的，但因有泥土的渗入而变混；人的天性是安静的，由于嗜好和欲望的入侵而变得迷乱了。作者还进一步用水来说明人性欲乱："今盆水在庭，清之终日，未能见眉睫；浊之不过一挠，而不能察方圆，人神易浊而难清，犹盆水之类也，况一世而挠滑之。"把一盆水放在庭院中，澄了一天，还不能清楚地照见眉毛，而要它浑浊，只要搅动一下就照不出是方是圆。人性易浊而难清，就好似这盆水，何况整个社会都在扰乱人的精神呢？《原道训》中说："人莫鉴于流沫，而鉴于止水者，以其静也。"就是说，谁都不会用浑浊有沫的水作镜子来照人，而是用平静的水作镜子照人，这是因为保持了清静本性的缘故。

第二，以大禹论"无为"之观。《修务训》中说："若吾所谓无为者，私志不得入公道，嗜欲不得枉正术，循理而举事，因资而立，权自然之势，而曲故不得容者，事成而身弗伐，功立而名弗有。"就是说，"无为"就是要尊重事物的客观规律，推动事物向有利的方向发展。在做这些事的时候，不得有私心杂念，不能有巧诈奸谋，要根据自己的能力去建功立业，事业成了不要炫耀，有了功劳不要据为己有，这样就达到了"无为为之合于道"的要求。《淮南子》中多处用大禹治水有功来诠释"无为"之观。

《原道训》中说："（禹）施之以德，海外宾伏，四夷纳职，合诸侯于涂山，执玉帛者万国。"就是说，大禹因以德治天下，四海宾伏，在涂山会诸侯的时候，拿着美玉和丝帛敬献的国家成千上万。还说："九疑之南，陆事寡而水事众，于是民人被发文身，以像鳞虫，短绻不绔，以便涉游，短袂攘卷，以便刺舟，因之也。……故禹之裸国，解衣而人，衣带而出，因之也。"说明大禹是尊重习俗、道法自然的典型。还说"故圣人不贵尺之璧，而重寸之阴，时难得而易失也。禹之趋时也，履遗而弗取，冠挂而弗顾，非争其先也，而争其得时，故圣人守清道而抱雌节。"圣人不重一尺之玉璧而重一寸之光阴。大禹是惜时如金的典型，鞋掉顾不得捡，帽落顾不得回头看，都是为了争时，所以像大禹这样的圣人是固守清静之道和柔弱之德的，是"无为"的典型。

《本经训》中多处通过赞颂禹功来诠释"无为"之观，书中说："舜之时，共工振滔洪水，以薄空桑，龙门未开，吕梁未发，江淮通流，四海溟涬，民皆上丘陵，赴树木。舜乃使禹疏三江五湖，辟伊阙，导廛涧，平通沟陆，流注东海。鸿水漏，九州干，万民皆守其性。"《修务训》中说："禹沐浴淫雨，栉扶风，决江疏河，凿龙门，辟伊阙，修彭蠡之防，乘四载，随山刊木，平治水土，定千八百国……且夫圣人者，不耻身之贱，而愧道之不行，不忧命之短，而忧百姓之穷。是故禹之为水，以身解于阳盱河……圣人忧民，如此其明也，而称以无为，岂不悖哉！"这些都说明由于大禹艰苦奋斗去治水，使千百个国家得到安定。这种优秀品质和功绩，并不是无所作为，而是"无为而为之"的"无为"。

第三，以水论哲学之理。《淮南子》是一部充满唯物论与辩证法的哲学著作，其中不乏以水的形态、功能和作用来论述作者的哲学思想的篇章。《俶真训》中说："夫水向冬则凝而为冰，冰迎春则泮而为水，冰水移易于前后若周员而趋。"从冰水变化中领悟到否定之否定规律的哲学道理，有助于人们认识事物发展的道路。

《汜论训》说："古者民泽处复穴，冬日则不胜霜雪雾露，夏日则不胜暑蛰蚊虻；圣人乃作为之筑土构木以为宫室，上栋下宇以蔽风雨、以避寒暑，而百姓安之。”即人们从古时的临水而居，挖穴栖身到筑土架木建房以及从“抱瓮而汲”到“桔槔而汲”饮水方式的改变，都说明了人类社会的发展，是不断战胜灾难、创造物质文明的结果，反映了作者的唯物史观。书中还以楚人渡河的故事说明得与失的关系：“事或欲之，适足以失之楚人有乘船而遇大风者，波至而自投于水，非不贪生而畏死也，或恐死而反忘生也。”就是说，有些事，本想要得到它，恰恰因此而失掉了。楚国那个乘船过河看到风浪起而恐惧跳河的人，并不是不怕死，而是因恐惧活反而被淹死了。说明事物在一定条件下向对立面转化的道理。这篇文章中还用屋檐滴水可以让水壶满溢而江河之水不能把漏杯盛满的道理，说明做事要把握“度”的分寸。

《人间训》中用“海大鱼”的故事，论证了局部与全局的辩证关系：齐威王之子靖郭君打算在封地薛修筑城墙，很多宾客都来劝阻他，他都没有听从。有个请求谒见者说：“我请求时就说三个字。超过三个字，情愿被烹死。”靖郭君听说后接见了他。那位宾客快步走进来说：“海大鱼！”随即转身往外跑。靖郭君阻止他说：“我想听听‘海大鱼’的说法。”宾客说：“海中的大鱼，渔网不能捉住，钓钩不能牵动，然而一旦离开了大海，那么则蝼蚁都能称心如意地咬食它。现在齐国，就是您的大海。您如果失去齐国，那么薛能够独自存在吗？”靖郭君说：“好！”于是就放弃原先修筑薛邑城墙的打算。

总之，《淮南子》中以水为载体，论述了大明之道的本质、关键和特性；论述了无为而治的政治主张；论述了朴素的唯物论和辩证法的思想，使自然之水，变成了文化内涵十分丰富的水，成为水文化发展史上的一部重要名著。

四、水利专著的问世

从《史记·河渠书》和《汉书·沟洫志》开始，我国历史上开始有了水利的专著，《水经》和《水经注》的出现，使我国有了河道水系的专著。

《河渠书》是司马迁所著《史记》中的一部分，是我国第一部水利通史。书中叙述了上起大禹治水，下至西汉元封二年（公元前109年）之间的重要水利事件，记述了鸿沟、运河开凿、西门豹治邺、秦兴修郑国渠、张卬开凿秦岭褒斜运河、庄熊罴开凿龙首渠以及黄河防洪除险等内容。司马迁在《史记》中说：“甚哉，水之利害也。”首先创用“水利”一词。

《沟洫志》是东汉史学家班固所著《汉书》中的一部分，是我国历史上的第一部水利志。全志分为29段，1～12段基本转述《河渠书》，13～29段记述了汉元鼎六年至元始四年（公元前111—4年）的水利史实，对《史记》以后的黄河洪灾、防洪抢险、治河工程、河防规划、治水方略等作了记述，特别对贾让治河三策作了详细记载，成为治理黄河水患的经验总结。

贾让三策在治河史上颇负盛名。上策就是给黄河留一个宽广的区域，保证黄河“左右游波，宽缓而不迫”，则可以“河定民安，千载无患”。中策就是黄河下游多开支渠，这些支渠除了有灌溉的作用之外，同时还可以分洪减水。贾让认为单纯依靠堤防来达到防洪目的的做法为下策。上、中、下三策集中地体现了贾让的治河主导思想。三策之中，尤以上策为其立论的重点，中策是上策的修正，而下策则是上策的反对。自汉武帝凿白渠之后，《沟洫志》是西汉水利的权威记载。它记载的实践和理论方面的内容，对后代的水利工作不但有历史的意义，而且也有实际意义。

《水经》是我国第一部系统叙述全国水道的著作。全书不到一万字，原书单行本早已失传，附郦道元《水经注》中流传后世。由于辗转传抄，经文和注文混淆，字句亦多讹误。书内所载水道共137篇，每水为一篇，末附《禹贡山水泽地所在》60条。由于后代的散失，现存本共123篇，可供研究东汉、三国至南北朝时期水道的变化。《水经》作者及成书年代，历来说法不一。《旧唐书·经籍志》把郭璞称为作者。《唐六典·注》说“桑钦《水经》……”。《新唐书·艺文志》称为桑钦撰，又说“一作郭璞撰”。宋以后人的著作大多称为桑钦著。在《汉志》中谈到水道时，曾多次提到桑钦著《水经》。

郦道元著《水经注》虽依《水经》为纲，但决非一般注释，实际是一部空前的创作。原书40卷，宋代已部分遗失，现存本仍为40卷，系后人的分割凑数，字数30余万，为《水经》的40倍。所提到的水道达5000多个。以大河为主干，查明“支流之吐纳”，弄清干、支分合和流经地区。不单是文献查证，也对《水经》原文的一些谬误之处进行了考证订正。《水经注》是一部卓绝的水道著作，叙述的范围极广，东北到鸭绿江，东到大海，南到中南半岛，西部到印度，西北到伊朗、里海，北到大沙漠。书中对水道的变迁及位置进行了详细记载，同时对支流、湖泽、分汊、城邑、山岭等进行了详细的记载。较详细地记载河流上的水利工程，渠道、塘堰及灌溉区域，也是从《水经注》开始的，现在仍有一定的参考价值。引证古代第一手资料，记载工程的勘测、设计（形式、结构）施工、管理等，提供了当时工程技术资料，描述了当时的技术水平，也是本书独特的优点。书中还记载了一些洪水情况，考证了一些工程名称，都是一些珍贵资料。

《水经注》是一部水文化的杰作。全书特别长于写景，“模山范水”为后来写景文的作者提供了楷模。尽管如此，由于作者当时的条件和认识水平的局限，他所做的大量河川地理的研究也有一定的局限性甚至错误。但这些缺点和错误，对于这部历史名著所取得的成就来说，可以说是瑕不掩瑜。

第四节 隋唐至两宋时期的水文化

经过三国、两晋、南北朝300多年的战乱，到隋、唐时期结束了分裂割据的局面，使我国封建社会进入了一个重要的发展时期。与此同时，我国的水利事业也进入了一个新的发展时期。

唐末农民大起义，瓦解了李唐王朝，之后我国历史上又出现了近半个世纪的五代十国的大分裂局面。中原地区的水利随着军阀战争的起伏，在破坏和恢复中挣扎。南方由于未沦为战场，经济继续有所发展。与此相适应，水利建设也有所发展，尤其在塘浦和海塘建设上，颇为出色。北宋政权建立后，结束了唐末五代的分裂局面，加强了中央集权制；而南宋偏安江南，促进了江南水利事业的发展。

这一时期水利事业的发展主要表现在四个方面：第一，是隋代兴建大运河及唐代对大运河的进一步改善和扩展，对社会发展的重要作用，并涌现了一些有代表性的水利人物。唐代农田水利的普遍发展促进了水利科学技术的提高。唐代的《水部式》开创了我国依法治水的先河。第二，由于黄河重新进入多灾期，故对治黄方略的探讨和争论，使此时期成为水利界思想最活跃的时期，同时也推动了河工技术的进步。第三，由于北宋定都开封，故开凿以开封为中心的人工运河网成为这一时期水利上的头等大事，出现了运河文化的繁荣期，《清明上河图》是其典型代表。与此同时，在大力发展农田水利方面也采取了一些有力措施，王安石在变法中制定《农田水利束约》是突出代表。第四，南宋迁都南方后，使南方的塘浦和海塘建设有了很大发展。此时期水利建设中涌现了诸如姜师度、钱四娘、范仲淹和苏轼等在水利与文化方面均有突出贡献的名人，修建了一些著名的水利工程。

一、姜师度"一心穿地"

东汉末年，曹操北征乌桓时，曾开通了连接滹沱河和瓜水（下段为今大清河）的平虏渠以及连接清河（今海河）和鲍丘河（今潮白新河上段和蓟运河下段）的泉州渠。到了唐代，这些渠道年久失修，不易行船。唐中宗神龙元年（705 年），姜师度任易州（治今河北易县）刺史时，将这些旧渠重新整修和改建，使海上运输变为内河漕运，避免了海运风险。神龙三年（707 年），姜师度在经城县（今河北巨鹿东）开浚张甲河，排泄积涝；在清池县（今河北沧州东南）引浮水开凿了两条渠道，一条下注毛氏河，一条下注漳水，用于灌溉农田。

唐玄宗开元二年（714 年），姜师度迁任陕州（今河南三门峡市西）刺史。在华州华阴西（今属陕西）开凿了排洪的敷水渠，消除了水患。两年后，又在郑县（今陕西华山）疏导了利俗渠和罗文渠，用于灌田。还在渭河上修筑堤防，抵御水害。开元七年（719 年），年近古稀的姜师度任同州（今陕西大荔）刺史。境内的朝邑（今大荔东）、河西（今陕西阳东）两县界有个通灵陂的灌溉工程，因水源不畅近于废弃。姜师度开渠引洛水至通灵陂并在黄河上作堰导水，开发了通灵陂，使瘠薄的 2000 顷弃地成为上等田。同时，设立屯田点 10 多处，种植水稻，收获万计。因姜师度治水有功，受到玄宗皇帝的褒奖，赏赐丝绸 300 匹，并被提升为将作大匠。嗣后，他又在长安城内开渠引水，保证了城市供水和航运需要。姜师度每到一地都注重兴修水利，受到老百姓的感念，人们称他为"一心穿地"的姜师度。

二、文化名人办水利

唐宋时期，许多文化名人不仅擅长写水、吟水，还亲自参加治水实践，成为这一时期水文化的一大亮点。其代表人物是白居易、范仲淹和苏轼。

白居易是唐代著名诗人，他在任杭州刺史时，于长庆四年（824 年）主持筑堤兴建了钱塘湖（即现在的西湖）灌溉工程。这项工程由湖堤、涵洞和溢洪堰等附属建筑物组成。白居易根据当地湖水积高 1 寸、可以灌田约 15 顷的实践经验，将湖堤加高数尺，以便尽量满足滨湖千余顷耕地，以及与之连通的从钱塘湖至盐官一带河道两岸的农田灌溉的需要。为保障湖堤不致因冲决而酿成灾害，白居易选择南面一段"缺岸"作为溢洪堰；并将所有的涵洞都作为紧急情况时的溢洪通道，这样就保证了汛期安全。钱塘湖的兴建，不仅能灌溉千顷农田，还使六井得于修复，保证了城内用水，同时也大大改善了钱塘湖的生态。

范仲淹是北宋大文学家，天圣元年（1023 年）出任泰州西溪（今江苏省东台县西）

盐官。他目睹“风潮泛滥，淹没田产，毁坏亭灶”的情景，提出了修建捍海堰的建议。天圣二年秋，范仲淹征集通、泰、楚、海四州民夫4万多人，破土动工。不久，工程遇到了挫折而暂停施工。天圣五年（1027年）秋再次兴工，第二年春竣工。这条海堰的修成，使盐城、兴化、海陵（今泰州）等县的田土皆能耕种，3000户流移者陆续回到家乡，使生产得到了恢复，盐利收入也明显增加。人们赞颂范仲淹的功德，将该堤称为“范公堤”。景祐元年（1034年）六月，范仲淹任苏州知州，到任后，时值太湖大水，他“观民患，不忍自安”。于是，提出了以疏导为主的治水主张，主持疏浚滩白茆、福山、黄泗、许清、奚浦、三丈浦，及茜溪、下张、七丫等港浦，修建了一系列闸门。旱时引江水灌田，涝时排泄洪水。在以后的十多年里，范仲淹认真研究了江南圩田古制，总结古今治理太湖的经验，结合自己的治水实践，提出了“修围、浚河、置闸，三者如鼎足，缺一不可”的治水主张，体现了治水与治田相结合的思想，解决了蓄水与泄水、挡潮与排涝的矛盾。范仲淹三者并重的治圩主张，对后世有一定的影响。

苏轼，北宋杰出的文学家，为中国文学史上“唐宋八大家”之一。宋神宗熙宁十年（1077年）七月，黄河决口于澶州曹村（今河南濮阳西），滔滔洪水夺泗入淮，势如“平郊脱辔万马逸，一夜径度徐州洪”，很快包围了徐州城。最高水位高出城中平地丈余，城里人惊恐肆状。刚上任3个月的知州苏轼组织全城百姓用柴草堵塞洞穴，加固城防。由于人力不足，他连夜赶到武卫营禁军驻地求助。苏轼身先士卒，坚守城头，风餐露宿。军民同心协力，抢筑长堤，奋勇抗洪。经过70多昼夜的连续奋战，终于保全了徐州城。第二年在城东墙兴建了黄楼防洪工程。从这次抗洪到明代天启四年（1624年）的540多年里，徐州虽不断发生水患，但因有长堤为屏，一直安然无恙。后人为缅怀苏轼的治水功绩，把他带领军民抢筑的长堤称为“苏堤”。

苏轼于熙宁四年（1071年）和元祐四年（1089年）两次出任杭州太守。在任内他打算办好复修六井、疏浚茅山河和盐桥河、整治西湖以及开钱塘江石门四件事。前三件均完成，唯第四件由于调任，未能实施。

元祐六年（1091年）八月，苏轼出任颍州太守（今安徽阜阳），在任仅半年，就在水利上办了三件大事：一是阻止了八丈沟的开挖工程，二是疏浚清河，三是整治颍州西湖。史书上说他“凡生理昼夜寒暑所须者，一身百为，不知其难”。苏轼之所以重视水利建设，并卓有成效，与他用心体察“民间疾苦”，深知水利兴废和政事兴衰的密切关系是分不开的。

三、钱四娘与木兰陂

钱四娘是北宋时福建省长乐县一位颇有名气的财主。她看到当地干旱缺水，禾苗枯黄，百姓贫苦不堪，决定变卖家产，捐款在木兰溪上兴修水利，造福一方，惠及乡民。在她的带领和主持下，开始兴建了木兰陂。木兰陂是在东南沿海地区修建的一座灌溉“民田万顷”的古代著名的御咸蓄淡灌溉工程。工程位于今福建省莆田县西南2.5公里、距海口不远的木兰山下的木兰溪上。

木兰陂坝址的选定经过多次比较。第一次选址是治平元年，由钱四娘带头筹款募捐，并亲自到莆田进行调查研究。她和工匠们一同长途跋涉，察看了木兰溪下游的地形地势，最后选择上游的将军岩作为堰址。莆田的乡民们踊跃参加修陂活动。钱四娘与民工们一起风餐露宿，奔忙在工地上。但是，竣工之日恰逢山水暴发，大堰被冲毁。钱四娘乘小船巡视工程，也在抢救这座水利工程中被洪水吞没，献出了宝贵生命。钱四娘的高尚情操鼓舞着人们，她的同乡林从世又继续领导施工。林从世第二次选择的坝址，虽然吸取教训已经下移，但因距海较近，易受海潮的冲击，又被潮水吞没了。第三次选坝址是宋神宗熙宁八年（1075 年），福建侯官县的李宏和冯智日和尚总结上两次筑坝的经验教训，经过调查研究，反复比较，终于选定在将军滩和温泉口之间的木兰山麓。这里河宽流缓，溪底岩石盘亘，是建坝的理想地基。他们组织当地人民，奋战八个春秋，终于胜利建成木兰陂。木兰陂建成后，历经多次维修，至今还发挥着作用。现在木兰陂蓄水 3000 万立方米，灌田 20 余万亩。木兰陂已成为全国重点文物保护单位。陂旁有宋代始建的“协庆庙”，以纪念建陂者钱四娘、李宏等人。

四、水利上的主要著述

这一时期水利资料较少，在志书和史书中对水利记载都比较简略。而在农学《梦溪笔谈》中对水利有较多记载。唐代记载运河及漕运较多，多见于《食货志》及传记中。

《元和郡县志》成书于唐宪宗元和年间（806—820 年），全书 40 卷。有关水利的记述十分丰富，并收录水道 395 条、湖泊 92 个，不仅保存了《水经注》的内容，而且加以印证补充。对水利工程皆有条目，对郑国渠、白渠都有记载。对与水有关的自然地理景观，如喀斯特地形、黄土高原地貌、沙漠绿洲也都有记述。

《宋史·河渠志》共分七部分，第一、二、三部分叙述黄河；第四部分记述汴河、洛河、蔡河、广济河、金水河、白沟河以及开封京畿之地的水利工程和运河系统；第五部分记述漳河、滹沱河等；第六、七部分记述东南诸水。

《金史·河渠志》主要记述北方重要河流，诸如黄河、漕渠、卢沟河（永定河）、滹沱河、漳河。记黄河的修防多为大定、明昌至泰和事；所记规章、法则、漕运制度多为章宗之时较完备的制度。

《梦溪笔谈》是宋代沈括所著。他在该书中对江河水文、水土流失等问题的研究很有成就。他指出西北黄土高原的地貌，是土壤侵蚀水土流失造成的结果，并由此引申，认为华北平原是黄河、漳水、滹沱河、桑干河的泥沙沉积而成。他通过生物化石，正确推论华北平原古代为海，指出了沧海桑田之变。沈括把他人的治水经验、个人的实践体会和科学考察论断融为一体，收录在《梦溪笔谈》一书中。所以该书是水利科学的重要论著。

《农书》由元代大农家王祯所著，这部花费了他 10 年多心血撰写而成的著作不仅是一部古代农业的百科全书，而且是古代农田水利的百科全书。书中系统地总结了江南农田水利建设的情况和具体经验，并提出了一些值得重视的理论问题。书中的《灌溉篇》，在回顾古代治水业绩的同时，阐明了兴修农田水利的重要意义。他认为灌溉“为农务之本，国家之厚利”。他对江南农田水利灌溉方式进行了系统的总结，把灌溉方式分为两大类：一类是水源高于耕地直接引水灌溉，和水源低于耕地必须用机械灌溉。王祯还详细说明了渡槽和暗沟的设计与施工方法。再一类是就近没有江河湖泊的，则打井取地下水。《农书》对圩田和围田水利给予了高度的评价。他称赞围田“筑土作提，环而不断，内地率有千顷，旱则通水，涝则泄去”。圩田“虽有水旱皆可以求御，凡一熟之余，富国富民，无越于此”。他主张修复水利工程，通沟渠、蓄陂泽，以防水旱。他在书中具体介绍了利用闸门、机械提水、渡槽、连筒、陂栅（水坝）等多种工具的引水提水方法。主张把航运、水产养殖、利用水力与灌溉结合起来。王祯还研究改进了水力机具，如在龙骨水车的基础上设计了“水转翻车”“高转筒车”，一级提水可高达十丈。王祯还很重视农政和水政问题，他以为农政最根本在于动员更多的人从事农业和水利，尽量开发和利用地力，以发展农业。

第五节　元明清时期的水文化

唐、宋两代以来，我国的经济重心逐步南移，而政治中心仍在北方。如何把南方经济重心与北方政治重心联系起来，成为元、明、清各朝水利发展的重要课题，直接影响了当时社会经济的发展。

一、郭守敬在水利上的重要贡献

郭守敬，元代最著名的水利专家，也是我国古代杰出的科学家之一，他在水利上的贡献尤为突出。元代建都大都（今北京），沟通南北运输线，是元王朝水利建设的重要任务。经过元代劳动人民和著名水利专家郭守敬等人的长期努力，开凿了济州河、会通河、通惠河等重要的人工运河段，使长达1700多公里的京杭大运河全线通航。光辉灿烂的大运河文化是这一时期水文化的一大主题。在人类的文明史和水文化史上写下了不朽篇章，对我国历史的发展作出了不可磨灭的贡献。

中统三年（1262年）忽必烈召见郭守敬，让他主持水利工作，从此，郭守敬正式开始了他的水利、天文与测量生涯。郭守敬提出了关于开发华北水利的六项建议，包括修复元大都附近的运河、沁河、漳水、沙河等河道，以灌溉农田。这些建议，得到忽必烈的称赞，并任命他为“提举诸路河渠”，负责河流与渠道的整修、管理事务。中统四年（1263年），郭守敬因兴修水利有功，升任副河渠使。

至元元年（1264年），郭守敬随西夏地方行政长官张文谦全面巡视了西夏（今宁夏、甘肃一带）的河渠，并将结果绘成示意图报告给朝廷。在张文谦的支持下，郭守敬在宁夏等地修复、新建了数十条引黄灌溉渠道，并修建了许多闸项。当时重修的唐徕渠、汉延渠等十几条渠道至今仍在发挥作用。次年，郭守敬升任都水少监，协助都水监掌管全国的水利工作。

回到大都后，郭守敬提出重开金口河，以引浑河（今永定河）之水入大都，兴漕运与灌溉之利。所谓金口河，指的是金大定十一年（1171年）开凿的渠道，自今北京西郊石景山引永定河水至通县北部连通白河，本来的目的是漕运，但因土势高峻，水性浑浊，水运难以成行，只起了些灌溉的作用。大定二十七年（1187年），永定河洪水暴涨，危及北京的安全，朝廷遂命人将渠首（金口）堵塞。

郭守敬吸取前人的教训，在渠首增开了一条宽深的溢洪道，加上其他措施，终于全面整修了金口河，使这条旧渠道起到了既灌溉又能漕运的作用。至元八年（1271年），郭守敬升任都水监，掌管全国的水利工作。

二、贾鲁和潘季驯对黄河的治理

明代前期的 200 年间，在相对安静的政治局面下，经济、文化均获得发展，水利建设也在前代基础上持续进步。特别是明代初年，运用政权的力量推动水利建设，一度取得较显著的成绩。黄河在宋金 300 多年中，灾害日甚，特别是由于宋金长期对峙，给治理黄河增加了困难。直到元代末年，贾鲁治河取得了一定成绩，才使河患有所减缓，对后世治河事业有较大影响。

元代至正十一年（1351 年）由贾鲁组织筹划的黄河治理工作，取得了巨大成就。贾鲁治河的思想主要有四个方面：第一，挽河南流，以复故道和避开河患对会通河的威胁。第二，疏、浚、塞并举。这一方案，也同挽河南行的根本出发点一致。第三，先疏后塞。第四，一举成功。贾鲁组织这样大的治河活动，而且取得堵口复河的成功，他的技术和胆识都远远超出同时代的一般治河官员。他的疏、浚、塞结合的治河思想以及工程布置、施工部署、障水堵口技术等，有许多合理的地方，对我国的治河事业发展作出了一定的贡献。

潘季驯是明代治河的著名工臣。明代黄河下游十分紊乱，主流迁徙不定，河患十分严重。嘉靖四十四年（1565 年）七月，黄河在江苏沛县决口，沛县南北的大运河被泥沙淤塞 200 余里，徐州以上纵横数百里间一片泽国，灾情空前严重。当年十一月，朝廷第一次任命佥都御史潘季驯总理河道，协助工部尚书兼总理河漕朱衡开展工作。潘季驯提出“开导上源，疏浚下流”的治河方案。指挥 9 万余民工，全力投入紧张的治河工作。当大功快要告成时，黄河突然来了一次大水，冲开了新修的大堤，河水漫入沛县。在潘季驯的督导下，决口很快堵塞，治河工程终于大功告成。

穆宗隆庆三年（1569 年）七月，黄河又在沛县决口，次年七月又决邳州（今江苏睢宁县古邳镇），运河 100 多里淤为平陆。八月，朝廷再次任命潘季驯总理河道兼提督军务。他采用“加堤修岸”和“塞决开渠”两种办法，堵塞决口 11 处，解除了河患。但是，潘季驯在这次任职期间，由于坚决反对一些不切实际的治河主张，得罪了某些权贵，遭到诬告，于隆庆五年（1571 年）十二月被撤销一切职务。

万历四年（1576 年）八月，黄河在徐州决口，次年又决崔镇（今江苏泗阳西北）等处，黄、淮交汇之地清口淤塞，黄水北流；淮决高家堰，全淮南徙，灾情非常严重。在宰相张居正的极力推举下，万历六年（1578 年）二月朝廷第三次启用了潘季驯，任命他为都察院右都御史兼工部侍郎、总理河漕兼提督军务，并诏令黄、运所经过的河北、河南、山东和江苏 4 省巡抚一律听从潘季驯的指挥。这种行政权与计划权的统一，使潘季驯的治河主张和措施得以全面地贯彻实施。从万历六年开始到八年结束，潘季驯用了不到 2 年时间，对河道进行了一次大规模的整治。经过这次大治之后，出现了“两河归正，沙刷水深，海口大辟，田庐尽复，流移归业”，“漕运畅通”的大好局面。万历八年（1580 年）秋，潘季驯升任南京兵部尚书，后改任刑部尚书，后因替张居正 80 多岁老母求情，以“党庇居正”罪“落职为民”。

潘季驯离去后，河患又多次发生。朝廷责令安抚使臣和地方官吏分区治理，但都无济于事。万历十六年（1588年）朝廷第四次任命潘季驯出任总理河潜职务。潘季驯复职后，在南直隶、河南、山东等地，对旧有的27万多丈堤防闸坝普遍进行了一次整修加固，又在黄河两岸大筑遥堤、缕堤、月堤和格堤。这次治河对恢复运河畅通和发展农业生产都起到了很大的作用。万历二十年（1592年），因年逾古稀，且积劳成疾，乞休离职。

潘季驯一生4次治河，前后总计近30年之久，取得了显著的成就。但是，潘季驯最重要的贡献，还是他系统地提出了“束水攻沙”的理论。所谓“束水攻沙”，就是根据河流底蚀的原理，在黄河下游两岸修筑坚固的堤防，不让河水分流，束水以槽，加快流速，把泥沙挟送海里，减少河床沉积。根据这一理论，潘季驯十分重视堤防的作用。他总结历代劳动人民的实践经验，创造性地把堤防工程分为遥堤、缕堤、格堤、月堤四种，因地制宜地在大河两岸周密布置，配合运用。为了加强堤防的维修养护工作，潘季驯制定了“四防（昼防、夜防、风防、雨防）、“二守”（官守、民守）和栽柳、植苇、下埽等严格的护堤制度。这说明他已经打破了把筑堤单纯作为消极防御措施的传统观念，而作为和洪水、泥沙作斗争的积极手段，开创了治河史上的新篇章。

三、台湾省农田水利的发展

台湾省雨量充沛，各地年降水量都在1200毫米以上，但降水量随季节变化很大，加上地面坡度较大，常出现高田缺水而低地水涝的问题，因此，农业仍然离不开灌溉，台湾有记载的灌溉工程自明代开始。明天启四年（1624年），荷兰殖民主义者武力占领台湾，当时曾有小型灌溉工程兴建。据康熙年间蒋毓英所著《台湾府志·水利》记载：在今台南市的参若碑和鸳鸯潭两处灌溉工程，就是这一时期所修。至清顺治十八年（1661年）郑成功收复台湾后，水利建设有所发展。当时台湾水利主要集中于台湾县（今台南市）、凤山县（今高雄县）、嘉义县一带，今台南市的月眉池，高雄县的三镇埤、公爷碑等，都是这一时期兴建的。

康熙二十二年（1683年）清政府恢复对台湾的统治后灌溉工程逐渐发乞，农田耕垦渐广。据《（乾隆）台湾府志·赋役》载：台湾府旧有田园18453.86甲：当地田亩1甲约合11亩，折合约20万亩，至雍正十三年（1735年）增加田亩5286甲，至乾隆九年（1744年）又增加2850甲。除水沙冲压、损失部分田地外，乾定九年共有纳税田地53184.96甲，约合60万亩，分布于今高雄、台南、嘉义、台中、新竹、澎湖等地。虽然台湾雨量丰富，但多集中于夏季，故需灌溉补助。随着耕地面积的扩大，灌溉也因之发展。据《（乾隆）台湾府志·水利》记载：当年台湾县科（今台南市）共有14处灌溉设施，凤山县（今高雄县）共有16处灌区；诸罗县（今嘉义县）共有灌溉工程47处；彰化县共有8处，其中，建于康熙年间的八堡圳规模最大。

八堡圳位于彰化县南，引浊水溪，灌溉东螺东堡、武东堡、武西堡、燕务上堡、燕务下堡、诚东堡、马芝堡、二林堡等八堡农田，故名八堡圳，该工程由施世榜捐资修建。工程开始于康熙四十八年（1709年），前后经历10年时间，耗银50万两，遂基本开通。渠道开通后一时不能过水，幸得一姓林的老者指点，重新整修，方得成功。当年彰化县农田有十三堡半，其中八堡受该渠之惠，可见效益显著。据连横《台湾通史》说八堡圳“岁征水租数万石”。康熙六十年（1721年）又扩建一条十五庄圳。据1948年统计，八堡圳干渠长 33 公里，灌区范围内的十五庄圳干渠长 29 公里。总计灌溉面积 331114 亩。

嘉道年间台湾水利又有较快发展，据《台湾通史》记载：至清末民初，安平县（今台南市西）有灌区 9 处，凤山县（今高雄县）有灌区 25 处，嘉义县有灌区 34 处，恒春县有灌区 2 处，台湾县（今台南市）有灌区 14 处，彰化县有灌区 13 处，云林县有灌区 43 处，苗栗县有灌区 17 处，淡水县有灌区 20 处，新竹县有灌区 13 处，宜兰县有灌区 13 处，共计 203 处。其中凤山县知县曹谨主持修筑的曹公圳规模较大。该灌区始建于嘉庆十七年（1812 年），次年完成。引淡水溪水，“为五门，备蓄泄……圳长四万三百六十丈有奇，润田三千一百五十甲”。灌溉面积达 35000 亩。渠成第二年大旱，仍感该渠供水不足，于是重开一圳，称为新圳，灌溉面积显著增加。此外，较大的灌渠和陂塘还有台湾县（今台南市）的快宫圳，灌田 4000 余甲。云林县鹿场圳建于雍正年间，灌田 4000 余甲。上述事实，说明台湾人民在兴修水利的过程中同大陆人民一起创造了中华水文化。

四、“康乾盛世”的治水及其衰败

清代前期康熙、雍正、乾隆三期均有作为，对水利也很重视，水利建设取得了引人注目的成绩。清初由于黄河下游河床的淤积抬高，带来了黄河、淮河和运河的一系列变化。对运河来说，由于黄河经常决溢，河槽段航行艰难，从隆庆元年开始开南阳新河，以后陆续开泇河、中河等，使南北漕运基本与黄河脱离，清口运河工程以及淮扬运河的治理也成为重要内容。淮河由于下游出路抬高，迫使洪泽湖水库扩大容蓄，并在洪水期间通过高堰五坝向南宣泄，改由运河南入长江或由里下河区东入海。这一时期黄河、淮河和海河流域的水利成就，以宁夏平原的灌溉成绩最为显著，海河流域大规模发展农田水利的努力收效不大。城市水利和海塘工程的规模与形式在明清有重要发展。这一时期黄河仍维持东南入淮格局，但流路并不稳定，经常呈现多道多分流状态，治黄工作也只是修补堤防、堵筑决口。治黄的主要目的在于维护漕运的畅通。这一时期京杭运河建设取得了重要进展，尤其在永乐年间初步解决了山东段运河的水源问题，漕运渐趋稳定发展，管理日益完善；明清时逐步形成运河管理和漕运管理制度。这一时期农田水利建设更加普遍，尤其是长江中下游圩垸的迅速发展，对社会经济的发展产生了明显的影响，引人注目。

清代自乾隆以后政治日趋腐败，国力日衰。道光以后帝国主义以武力入侵，封建制度开始瓦解，中国逐步沦为半封建半殖民地社会，在内忧外患的形势下，清后期（嘉庆至咸丰）的水利事业日趋衰落。黄河依旧循南流夺淮入海，河政更加腐败，贪污之风盛行，工程仅是堵口塞决而已。直到咸丰五年（1855 年）铜瓦厢决口改道，才结束了黄、淮、运在清口交汇的格局。清代后期的农田水利以新疆和内蒙古的成绩显著，珠江以及其他边远地区的灌溉工程建设发展缓慢。

五、元明清时期的主要水利著作

明清以来水利著作大量增加，占现存水利专书品种的 90%以上。这一方面是因为年代较近，图书易于保存；另一方面也是随着全国经济和文化的发展，水利建设愈益普及，记载更为详备；水利著作在水利实践中的指导作用更为重要，因此在数量和质量上都远超过前代。系统汇编的水利文献资料、水利管理专书以及水利图说成为明清水利文献的新特点。

《河防通议》是元代赡思（清代改译为沙克什）在北宋沈立所著的《河防通议》和金都水监所著的《河防通议》的基础上合编而成的。内分六门：河议第一，概括介绍治河起源、堤埽病例和信水名称、各种波浪名称、辨土脉和河防令等；制度第二，介绍开河、闭河、定平（水平测量）、修岩、卷埽等方法；料例第三，介绍修筑堤岸、安设闸坝以及卷埽、造船的用料定额；工程第四，介绍修筑、开掘、砌石岸、筑墙及采料等工作的计工法；输运第五，介绍各类船只装载量、运输计工、所运物料体积及重要的估算的计工等；算法第六，举例说明计算土方和用料数量等。本书反映了宋元时期的技术水平，是现在能见到的记载具体河工技术的最早著作。

《至正河防记》是由欧阳玄著述的介绍元代贾鲁治河工程措施和河工经验的一本书，书中介绍了以下几个方面的河工经验。

第一，疏、浚、塞相结合的河工策略。疏、浚、塞三种河工方法，是我国劳动人民在与黄河灾害作斗争的过程中总结出来的。但是过去人们常把三者看作是互相排斥的。贾鲁治河时则根据河性变化、流势复杂的特定情况，把三者结合起来用于治河实践中，认为浚河不仅是为了消极地清淤，而是要使河性顺畅，使河身有一个既能容纳河水，又不至于散漫不可制籞的适当宽深。疏导也不单是为了减少主河的压力，而是要制服其旷散漫狂，把水导入正河。堵决也不单纯是消极的塞口，而是为了抑其狂暴。根据这些理论，贾鲁在治河时则注意整顿河身，裁弯取直，在堵口时注意堤防坚固，治河堤加埽保护，修筑刺水堤挑流杀怒，以减少河水冲击。贾鲁运用前人的经验比较明晰，从理性上升华为明确的理论。由此可见，把疏、浚、塞三种方法结合运用应当被看作是对河工理论的发展。

第二，决口分类。根据河流溃决的不同情况，将决口分为豁口、决口、龙口三类。其目的主要是根据不同情况，采用不同的方法进行堵口。对于豁口，用“置椿木草土相兼”的方法加以补筑堵塞，这比一般只用土修堤补堤的方法要严格得多。对于决口，比豁口的堵塞要复杂一些，有的用沉船的方法加以堵塞，有的用埽台的方法加以堵塞，然后前后堵漏，有的重要决口段堵塞后，“修堤三重”以确保以后的安全。龙口的堵合技术要求又比决口高得多。

第三，堤工与埽工技术。将堤分为刺水堤、决口堤、护岸堤、缕水堤、石船堤数种。将埽分为岸埽、水埽、龙尾埽、栏头埽、马头埽等几类。这些不同名称的堤和埽，除了表示它们作用的不同之外，施工的要求也不同。

《农政全书》为明代著名科学家徐光启所著，是部农业科学的巨著。在水利方面的主要内容有：水利总论、西北与海河流域水利、东南水利、浙江水利、海塘与滇南水利、利用多种自然水体的工程方法、灌溉提水机械图谱、水力机械图谱、西方水利技术介绍等，是总结此前我国最高水利科技成就的杰出代表。在水利科技方面的成就突出表现在对农田水利的真知灼见，逐渐归纳出一整套自成体系的农田水利理论。

第一，提出水利是农业的根本的精辟论断。徐光启说：“水利，农之本也，无水则无田矣。”意即水利是农业的根本。他认为，国弱民穷是由于农业衰落，而农业衰落是水利失修的结果；水，“弃之则为害，用之则为利”，因此应当大力兴修水利。

第二，提出全面的水资源开发利用方法。他提出“用水五术”，即采用不同的工程手段和水利机械，因地制宜地利用源头水、江河支流水、湖泊水、河流尾闾与潮汐顶托水、打井与修塘筑坝所得水，以充分有效地调节、利用地上和地下的水资源。

第三，力主开发北方水利。元、明二代，国家通过京杭运河的漕运来解决首都北京的给养问题，为此耗费的人力、物力、财力难以数计。徐光启力主开发北方水利，使北方自给自足。他说："漕能使国贫，漕能使水费，漕能使河坏。"主张优先利用北方的水资源开发京津地区的农田水利。

第四，高度重视测量技术。他曾积极推崇郭守敬从事大规模水利地形测量的做法，主张开展审慎的水工测量作为水利工程建设的依据。他的水利测量经验和方法集中体现在《农政全书》的《量算河工和测量地势法》中。此外，徐光启在黄河、海河的治理及其与农田水利的关系、北方农田灌溉技术、围湖造田的利弊等诸多问题上都有精辟的见解。

《徐霞客游记》为明代徐霞客所著，主要记述作者1613—1639年旅行时观察到的地理、水文、地质、植物等情况。在这部著作中，徐霞客对长江、南盘江、北盘江、湘江、潇江、漓水、桔阿河、澜沧江、潞江、礼社江、龙川江、麓川江等进行了认真的研究考证，撰写了《江源考》和《盘江考》，首次提出长江正源是金沙江而不是岷江的观点，纠正了传统的"岷山导江"的错误论断。他指出北盘江正源是可渡河，南盘江正源是交水，纠正了《大明一统志》的错误记载。他在系统考察西南石灰岩地貌的基础上，对石林、地下河、圆洼地、落水洞等喀斯特地貌作出了正确解释，比欧洲早一个世纪。他还提出"江流击山，山剥壁"的科学论断，对火山、温泉也作了正确的说明。

《明史·河渠志》由清人张廷玉等撰，清乾隆四年（1739年）成书，记载明洪武初至崇祯末（1368—1644年）的水利史料，共分六卷宗。黄河占两卷宗，运河、海运占两卷，淮、伽、卫、漳、沁、滹沱、桑干、胶莱河共占一卷，直省水利占一卷。此书虽是了解明代水利的基本文献，但疏漏太多，过于简略，远不能反映明代全国水利建设的全貌。

《水经注笺》为明代朱谋玮所著，是为《水经注》作注的第一部著作，共40卷。此书以吴丙校刻本《水经注》为底本，参阅其他版本作注而成。《水经注释》由清代赵一清（1711—1764年）著，共40卷，另附有《附录》2卷和《水经注笺》。《附录》从近40种古籍中辑录了有关《水经》和《水经注》的著录、序、跋及考证等，为研究《水经注》提供了系统的材料。《水经注疏》是近代杨守敬与门人熊会贞合著的一部著作，共40卷。此书对《水经注》所引故实皆注明出典，对所叙水道皆详其迁流，为明清以来对《水经注》研究成果的一次总结。

《治水筌蹄》的作者万恭，于隆庆末万历初任总河期间，将其治水经验、方法，结合前人理论，以札记方式记录成书，共148篇。论及黄河、运河和其他。他首先提出治河的关键在泥沙，并可以用黄河本身水量冲沙：汛前筑矮堤可滞洪拦沙，并指出建立报汛制度的重要。

《漕河图志》由王琼所撰，明弘治九年（1496年）成书。书中详细绘出了通州至仪征段京杭运河的全图，记载了沿河闸坝、湖河、浅铺、济运诸泉等情况，对各地军卫管辖范围、历代漕运兴衰、各项管理制度也有较详记载，并收录了永乐十年至弘治六年（1412—1493年）有关运河的奏议、元以来的碑记，还对当时的漕政管理制度有全面记叙。该书保留了明前期大量原始资料，是研究京杭运河前期工程技术史不可多得的资料。

《河防一览》为潘季驯所著，万历十八年（1590年）成书，收录了作者四任总河的治河经验、基本指导思想和主要施工措施，包括治河奏议、修守事宜等共14卷。系统地阐明了“以河治河、以水攻沙”的治河主张，提出了加强堤防修守的完整制度和措施。万历八年（1580年），潘季驯的僚属曾把当时的河工奏疏和别人对潘氏的赠言汇编成表，名《宸断大工录》，共10卷，后经潘季驯自己重编、增补成为本书。潘季驯治河奏疏共200余道，其中重要的41道被选入《河防一览》。

《治河方略》原名《治河书》，于康熙二十八年（1689年）成书。1767年由崔应阶将靳辅家藏8卷原书进行增删重编，刊印时封面署《靳文襄公治河方略》，共10卷，简称《治河方略》。全书包括川渎、泉、湖、漕运、河决、治理及奏章等。重编本除保留原书所附张霭生记述的陈潢《河防述言》外，还附录了朱之锡的《河防摘要》。

《行水金鉴》由康熙时淮扬道清傅泽洪主修，郑元庆纂辑，成书于雍正三年（1725年），收录先秦至康熙末年各种水利文献约160万字，正文175卷。分叙黄河60卷，淮河10卷，汉水、江水10卷，济水5卷、运河70卷。另有黄、运总说8卷，以及职官、夫役等12卷。全书征引文献370余种。该书序言说：“夫运道有迹之可寻，而变通则本乎时势。黄淮尝因地制宜，而修防不离乎古法。神而明之，存乎其人。吾愿司水政者三复斯编。”“古为今用”是这一图书的基本精神。

《续行水金鉴》由黎世序、潘锡恩主修，俞正燮等编纂，道光十一年（1831年）完成。该书所收主要资料自雍正至嘉庆末（1723—1820年），共约200万字，156卷，分为黄河50卷、淮水14卷、运河68卷、永定河13卷、长江11卷。主要引用当时章牍奏稿及官书档案资料，包括大量现已失佚的原始工程技术档案资料，弥足珍贵。

《水道提纲》系清代齐召南著，1761年成书，共28卷。专叙水道源流分舍，按海水、各省诸水、西藏、漠北、东北诸水和西域诸水。以巨川为纲，各支流为目，故曰提纲。全书实际是仿照《水经注》，是为纠正《水经注》缺点、错误而作，内容条理清楚、精确，故又称新版《水经注》。

《畿辅河道水利丛书》是清代吴邦庆于道光四年（1824年）编的一套丛书，包括：①清陈仪著《直录河渠志》（系录自雍正《畿辅通志·河渠》）；②从前人的《陈学士文钞》中选辑有关畿辅河道水利的文章8篇；③明徐贞明著《潞水客谈》；④允祥的《怡贤亲王疏钞》[系抄自雍正《畿辅通志》。怡亲王于雍正三年至八年（1725—1730年）主持畿辅营田水利，共奏疏九篇]；⑤吴氏自编《水利营田图说》（系从雍正《畿辅通志》中辑录陈仪著《水利营田》，参考《畿辅义仓图》，按营田所在州县补图37幅而成）；⑥吴氏编辑前代议论为《畿辅水利的辑览》（系从古文献中辑录宋何承矩、元虞集、明汪应蛟等人的奏议，共10篇）；⑦吴氏自编的《泽农要录》（系从《齐民要术》等古农书摘录水田种稻等片断，分为10门，成书6卷）；⑧吴氏编集前人关于海河五大水系中四五十条骨干河道的治理意见（成书为《畿辅水道管见》，各河都叙明原委、详考各书，末附《书后》一篇是吴氏的概括总结）；⑨吴氏自著《畿辅水利私议》，表明了作者的治水主张。

《清史稿·河渠志》由赵尔巽等撰，1927年基本完成，共4卷，记述清代268年间（1644—1911年）全国水利史事。编排顺序是黄河（卷一），运河（卷二），淮河、永定河、海塘（卷三），直省水利（卷四）。该书对大量分散资料初步作了整编，对简要了解清代水利基本情况有一定参考价值。

第六节　近代史时期的水文化

1848年，以英国为首的西方列强发动的鸦片战争使中华数千年的文明发生了前所未有的重大变局，中国社会从此沦为半殖民地半封建社会。西方文化借国门洞开之机汹涌而进，以无可阻挡之势侵蚀、冲击着中国传统文化的堤岸，将包括工程技术、科学理论、民主思想、政治制度、社会风俗、宗教信仰等不同层面的西方文明统统展现在中国人民面前。在坚船利炮和西方文明的面前，中国人把民族抗争、政治变革、思想启蒙和文化变迁交织在一起，以博大的胸怀和理智的目光，对西方文明进行了有选择、有批判的接纳和吸收。当时的一些有识之士提出了“中学为体，西学为用”的主张，说明中国传统文化在灵与肉、血与火、笔与剑的全面碰撞中开始了扬弃与蜕变的新历程，随之中华水文化也进入了这一新历程。

中国近代史上水文化的突出特点是，中国的传统文化，特别是水利工程技术方面的传统文化与西方的科学技术在水利建设、水利工程、水利科学技术及水利教育等方面的有机融合。在一定程度上反映了中国人民中的一部分，特别是水利界的一些知识分子实业救国的爱国主义情怀。

一、水利事业艰难发展中的水文化

在我国近代史时期，世界上一些新技术、新材料和新工艺大量涌现。而我国在鸦片战争后，内乱不已，外侮日深，导致国力大大衰退，水利事业停滞，水利工程效益锐减。19世纪后半期到20世纪初，我国封建经济的基础逐渐解体，民族资本主义开始产生。一些有志之士将一些先进的经营思想和生产方式运用到兴修水利上，使我国水利事业呈现出新的发展局面。清末民初水利改革的最大特点是一些商人和士绅以赢利为目的投资兴建水利工程，改变了过去官办或民办水利的福利性质，促使工程供水走向市场，是我国水利历史上一个划时代的新兴事务。伴随着我国民族资本主义的产生，资产阶级民主思想、西方近代科学成果以及先进管理手段等西方先进文化相继传入。在文化教育方面，创办新式学堂，教授西方先进的科学技术，并选派留学生到国外学习，使我国出现了大批有先进资产阶级民主思想和先进文化的新型知识分子。这些人把所学的先进管理经验用于发展水利事业，从而掀起了清末民初的水利改革。

杰出的革命先行者孙中山先生在“实业计划”中对扬子江水道整治、导淮以及港口建设等问题都进行过详细阐述，对治黄导淮，兴办水利也作了规定。由于孙中山的倡导，对以后的水利建设和水利科学的发展起了很大的作用。近代著名实业家张謇和近代水利的开创者李仪祉都积极倡导发展水利事业，首开以现代气象、水文和测量技术对我国的水利进行调查观测之先河，对导淮、治江等问题阐述颇多，并创办了我国最早的培养水利人才的学校——河海工程专门学校，这所学校造就了许多著名的水利专家。

这一时期北洋政府以及后来的国民政府，也曾成立了一些水利机构，如1914年设立全国水利局，与内务、农商两部协同主持全国水利，1922年在内务部下设扬子江水道讨论委员会，1928 年改组顺直水利委员会为华北水利委员会，1929 年成立了导淮委员会。但是，由于军阀混战，水政紊乱，河政腐败，贪污成风，水利建设没有做出明显的成绩。辽河、永定河、黄河、运河、淮河、扬子江、珠江等流域，几已无年无地不遭水患。

二、新型水利工程的兴建

我国新型水利工程的修建，大多兴起于 20 世纪 20 年代，进入 30 年代后，数量有较大增加，类型呈多向发展，但是工程规模一般较小，仍处于早期发展阶段，是为现代水利工程全面进步的准备时期。

（一）防洪治河及船闸工程

民国初年，防洪工程中出现了钢筋混凝土结构，采用启闭机械，配备钢板闸门的新型水闸。工程材料和启闭设备的变革，使河工建筑物向大型化发展。1923 年顺直水利委员会修建潮白河上的苏庄闸、1935 年在天津杨村减河上建成的龙凤河节制闸、1937 年 6 月导淮委员会修建的杨庄活动坝和珠江流域修建的西江宋隆闸、北江芦苞闸、东江韩溪闸以及太湖流域的白茆河闸、湖北金水闸等都是新型水利大闸。

我国修建的新型船闸，以导淮委员会在淮扬运河上修建的邵伯、淮阴、刘老涧闸为早。这些船闸净长 100 米，宽 10 米，以木桩、钢板为基础。闸门为钢质双扇对开式，闸室为钢筋混凝土结构。20 世纪 40 年代导淮委员会主持长江上游支流航道整治和沟通川黔的重要水道綦江及其支流蒲河上的渠化工程，共建船闸 11 座。在技术、工程规模等方面基本接近 20 世纪 30 年代的同类工程水平。

（二）水电站与电力排灌

宣统二年（1910 年）七月我国第一座水电站——云南石龙坝水电站开工。电站安装德国西门子公司制造的卧轴水轮发电机组 2 台，单机容量 560 马力，用 23 千伏电压输送至昆明市区。石龙坝水电站建成后曾 3 次扩建，后增为 7 台机组，总装机容量达到 2920 千瓦，是我国近代较大的引水式电站。

1913 年，西藏 13 世达赖喇嘛从中层贵族子弟中选派 4 名青少年留学英国，13 岁的强俄巴·仁增多在外学习 12 年后归国。1925 年开始筹办拉萨夺底沟水电站。1928 年电站建成投入运行。1931 年架设输电线路，开始向拉萨输电。夺底沟电站成为当时世界上海拔最高的水电站。

20 世纪 30 年代以后我国西南地区的水电站建设成绩较大。1944 年水利委员会筹资兴建的重庆北碚高坑岩水电站，设计水头 31 米，装机容量 160 千瓦，水轮机组为卧轴混流式，是全部采用国产设备的一个水电厂。1945 年在四川江津自沙镇由民间集资兴建的高洞水电厂，是我国修建较早的地下式电站，装机容量 120 千瓦，为直井式地下厂房。这一时期，机电设备设计、自制及安装能力亦有相应的进步。同一年建成的贵州桐梓境内赤水河支流天门河上的天门河水电站，装机容量 1000 千瓦，全部采用美国机组，被称为“抗战期中最新型之水电厂”，其中发电机组调速器的使用在我国为第一次。全部机电设备由我国技术人员、工人自己安装。

我国兴建坝后式大型水电站始于 20 世纪 30 年代末，规模最大的是吉林省境内松花江上的丰满水电站。1937 年 9 月丰满水电站开工，1943 年 3 月第一台机组发电。坝型为混凝土重力坝，高 91 米，坝顶长 1108 米，最大落差 67 米，装机容量 56.3 万千瓦，兼有防洪、航运效益。其坝高、水力落差、装机容量等指标在当时世界上亦属少有，号称“东亚第一工程”。

（三）机电排灌

1912 年天津军粮城一带开始用机器提水灌溉水稻。1924 年江苏省武进县定西乡试办的电力排灌，当年灌田 2000 亩，1926 年电灌面积达到 28600 亩。以后由武进推广到无锡、常州等县。1927 年开工修建的福建长乐县莲柄港提水灌溉工程，是当时我国最著名的机电排灌工程。工程于 1929 年 2 月建成，1931 年因水费纠纷使工程废置，1935 年修复后改用电力。输电工程设计、铁塔及电器设备制造均由我国技术人员完成，塔距、塔高、安装速度等指标在当时世界上亦属先进。

三、左宗棠坚持不懈督办水利

左宗棠是清代后期政局中一位地位显赫的封疆大吏，是近代史上的爱国官员。他每到一地为官，总是致力于兴修水利，发展当地农业生产。

（一）发展西北水利

清同治五年（1866 年），左宗棠任陕甘总督。到任不久，不仅对荒废的郑白渠积极加以疏通，而目通过开沟洫、筑坝、安闸等新的水利工程，灌溉农田数百万顷。同治十二年（1873 年），他在甘肃令部将王德榜开明渠，灌田数十万亩；在河西走廊令驻军和地方官修复渠道，引水灌田 6800 亩；在宁夏，多次拨款给地方，用以兴修水利，修渠灌溉万亩。在督办新疆军务期间，左宗棠考察了坎儿井的经验，并推广到西北各地，使西北一些水源缺乏的地方也得到了灌溉。左宗棠委托上海买办胡墉从德国购买一套开河机器，用于工程建设，第一次把洋务活动延展至水利建设上。光绪六年（1880 年）左宗棠调离西北。在西北的 14 年间，他以各种方式修筑的大量水利工程，促进了经济社会的发展。

（二）治理京畿水利

光绪七年（1881 年）左宗棠西征收复新疆，回到京城以后，他调旧部将王德榜、王诗正率夫 2000 余人至涿州永济桥，分段疏浚桑干河。仅用两三个月，工程告竣。接着左宗棠又令王诗正和王德榜治理永定河。工程完成后，发挥了很好的效益。

（三）兴办江淮水利

光绪七年（1881 年）十月，左宗棠授理两江总督兼南洋大臣。刚赴任便巡视了江苏高邮至清江一段的南运河堤，并察看淮河流域许多地方的水情，着手治理淮河。经过详细考究，悉心妥筹，他提出了治淮规划。

左宗棠在两江任总督时，最大的治水工程为朱家山和赤水湖两处。朱家山工程，自浦口起至张家堡接通滁河，绵亘 20 余里。朱家山工程的完成，不仅使沿江的农田得到灌溉，减少了山洪暴发的危害，而且还使内河通航顺畅。对发展农业生产和商业的繁荣都很有利。赤水湖地辖句容，承受茅山诸水汇湖。工程于光绪九年（1883 年）春完成，使秦淮水患基本得到控制。据记载，当年七月下旬，飓风暴雨，运河水势几至漫堤，若往年定会汪洋成灾，但这年河里低洼田亩，竟未有一处被淹，通、泰各州县农田安然无恙。

四、张謇积极倡导导淮

张謇是我国科举制度末期的状元，是导淮历史上的著名人物。清咸丰五年（1855 年），黄河在铜瓦厢决口北徙，夺大清河入海。从此，结束了夺淮入海的历史，使治淮、导淮成为可能。清宣统元年（1909 年），张謇在江苏咨议局任议长时，在咨议局下设了江淮水利公司，宣统三年（1911 年）又在清江浦设立江淮水利测量局。1913 年，袁世凯政府在北平设立导淮局，次年改为全国水利局，由张謇兼任总裁，主管全国水利建设。不久，他发表了《导淮计划宣言书》《治淮规划之概要》等，提出了淮水三分入江、七分入海和沂沭河分治等原则。1914 年，他与美国红十字会签订导淮借款合约，计划导淮河水全部入长江。后因第一次世界大战，该合约废止。1915 年，张謇在江苏高邮建立“江苏河海工程测绘养成所”，为导淮培养技术人才。这座水利量测方面的专科学校分为本科（两年制）、速成（一年制）两种。经张謇倡议，教育家黄炎培、沈恩孚在南京开办了我国第一座水利高等教育学府——河海工程专门学校。这所学校就是现在河海大学的前身。1919 年，张謇发表《江淮水利施工计划书》，对江海分疏作了进一步修改和论证。主张江淮分流，提出让淮河水七分入江、三分入海。1921 年张謇又发表《淮、沂、沭、泗治标商榷书》。1925 年，全国水利局发表治淮计划，主张江、淮分治。虽然因军阀混战、政局不稳等诸多因素使导淮方案都未能付诸实施，但张謇所作的许多工作为以后导淮委员会的成立做了必要的准备。

五、林则徐为民兴水利

林则徐不仅以禁烟运动和抗英斗争的爱国业绩而彪炳史册，而且，他也是一位功绩卓著的治水名臣。在近 40 年的宦海生涯中，从北方的海河到南方的珠江，从东南的太湖流域到西北边陲的新疆伊犁地区，都留下他治水的足迹。林则徐治水时间之长、投入精力之多、贡献之大，在清代的封疆大臣中是难以比拟的。

道光四年十一月，林则徐任江宁（今南京）布政使，兼江浙两省七府三品水利总办官。这一年江苏发生严重水灾，主要是太湖出水道的吴淞江、黄浦江、娄江及白茆河久淤不畅所致。为保证以后不再成灾，必须修浚三江一河。但疏浚所需钱粮甚多，一时不能凑齐。无奈之下，林则徐拜访巡抚韩文绮，商借江宁、江苏两藩库银 15 万两。经费筹到后，三江一河同时兴工。疏浚工程如期完成。第二年岁末，地处黄、淮、运交汇处的高家堰十三堡和山盱堡发生溃决，10 余州县悉被水淹。林则徐日夜兼程赶到高家堰，投入抢险。高家堰堵口完成时林则徐因劳累过度而病倒了。

道光七年（1827 年），林则徐复任江宁布政使。这年冬其父病逝，林则徐按例又丁忧三年。丁忧期间，他念念不忘水利，帮助家乡整修西湖。经过 11 个月的苦战，浚深湖水 2～7 尺，沿湖砌石岸 1200 余丈，灌溉土地 3000 多顷，并在湖岸种植梅树千株，不但恢复了濒于湮塞的水利工程，而且把西湖建成了著名的风景区。

道光二十一年（1841 年）五月，林则徐由于被诬陷而遭革职降级，充军新疆伊犁。他怀着满腔悲愤踏上了谪戍边陲的行程。六月，黄河于祥符（今河南开封）溃决。由于河官和地方大员抢修不力，堵口无方，致使滔滔黄流围困省城，继而使豫皖 5 府 23 州县沦为泽国，哀鸿遍野。皇帝遂下特令“林则徐折回东河，效力赎罪”。他于八月赶到祥符工地，随即深入决口河段查看险情，提出堵口方案，指挥堵口工程，于次年二月七日堵口合龙。但皇上传下圣旨："林则徐于合龙后，著仍往伊犁。"于是，林则徐再次起程西行，于道光二十二年（1842 年）十一月初抵达伊犁。当他看到伊犁气候温和、土壤肥沃、一望无垠、很适宜发展农业生产时，便给伊犁官员布彦泰写信，提出兴修水利、开发屯田、加强军训的主张。布彦泰见信后十分赞赏，并让林则徐辅佐喀喇沙大臣全面督办屯田事务。林则徐主持开凿了长 240 里的伊犁河渠。他采用"捐资人员分段承修"的新办法，垦复了伊犁城东的废地。道光二十四年（1844 年）十一月，冰天雪地之中，林则徐带领两个儿子从伊犁奔赴南疆开拓屯田，兴修水利。历时一年，往返 3 万余里，使高山雪水穿过沙漠，灌溉农田。在吐鲁番盆地，林则徐对坎儿井的形式和效益予以高度评价，大力推广，新修了 60 多道，使许多久荒的土地变成沃壤。为感念林则徐的功绩，百姓称这些井为"林公井"，并竖立碑刻，让世代传颂。

六、孙中山《建国方略》与水利

孙中山是我国民主革命的先行者和伟大的民主主义革命家，他从振兴中华的伟大理想出发，特别关心水利事业的发展。1894 年，他上书直隶总督兼北洋通商大臣李鸿章，主张学习西方国家设立专管农业和水利的机构，利用农业和水利机械。孙中山先生提出的民主、民权、民生三民主义中，把江河防洪与解决民生吃饭问题联系起来，认为"要完全解决吃饭问题，防灾便是一个很重大的问题"。

1917—1919 年，孙中山先生集中精力研究制定了宏伟而又具体的实业计划，他的《建国方略之二》是"国家经济之大政策"。其中水利占有重要的位置。

他对于长江、黄河、珠江、淮河的治理，提出了具体的规划和设想。他特别对长江流域的防洪、航运、水力发电等方面进行了深入的研讨。对于长江入海口自然形成的三股水道，他认为应当统筹全局，堵闭南北两水道，而采中水道以为河口，则于治河与筑港两得其便。他计划对万里长江进行渠化整治，使其航运条件得到较大改善。他认为，此计划比之苏伊士、巴拿马两河更可获利。

孙中山先生还特别关注长江流域水力资源的开发利用。他认为长江上游各支流上都蕴藏着丰富的水力资源。当时有人对宜昌到万县之间的水力资源进行过考察，提出这里可以发电 3000 余万匹马力。对此，孙中山先生大受鼓舞。认为这么大的电力，比当时世界各国所发的电都要大得多，如果开发出来，不但可以供给全国火车、电车和各种工厂之用，而且可以用来制造大宗的肥料。他还由此推想开来，设想如果能够充分开发利用长江和黄河的水力资源，大约可以产生一万万匹马力。拿这么大的电力来替我们做工，那便有很大的生产力，中国一定是可以变贫为富的。孙中山先生率先提出了兴建三峡电站的计划，并把它作为实现国家富强的重大战略举措，具有超人的远见卓识。

七、李仪祉开辟近代水利的先河

李仪祉是我国近代著名的水利专家，宣统元年（1909 年）被派往德国柏林留学，考入皇家工程大学土木科，主要学习铁路工程和水利工程两科。辛亥革命爆发后，他毅然回国。1913 年，他重返欧洲，相继考察了俄、德、法、荷、比、瑞等。目睹当时欧洲各国水利建设的发达景象，又痛感中国水患的频繁、水利工程的凋敝和水利科学技术的落后，李仪祉从此改入柏林但泽大学，专门学习和研究水利科技，立志振兴中华水利事业。毕业回国后，他先后担任河海工程专门学校教务长，陕西省水利局局长、建设厅厅长，国立西北大学校长，上海港务局局长，华北水利委员会委员长，导淮委员会委员，黄河水利委员会委员长兼总工程师等重要职务。数十年中，他兴办文化教育、建设水利工程、开创水工实验、倡导科学治水；他筹划黄河治理、关注长江问题、指导华北灌溉、勘察淮河工程，足迹遍及祖国大江大河，论著涉及水利的各项重要内容。李仪祉毕生为振兴我国的水利事业鞠躬尽瘁。由于积劳成疾，他 57 岁即告别了人世。李仪祉对我国水利事业的贡献是多方面的，主要的有以下几个方面。

（一）水利教育家

1915 年，李仪祉自德国学成回国，即受著名实业家张謇之聘，出任新建的南京河海工程专门学校的教务长，历时近 8 年，为我国水利界培养了一大批专门人才，为近现代水利教育科技事业做了大量拓荒性质的工作。在河海工程专门学校里，李仪祉负责一切课程设置和教学安排，同时又担任众多专业课的任课老师，负责编写教材、讲义，系统地传授先进的理论知识。20 世纪 20 年代我国只有极少的水利专业的书籍，学生没有课本，有人主张直接采用外国的原版教材。为了解决燃眉之急，李仪祉主张赶紧自编教材，以免永远依赖外国。在繁重的教学与管理工作之余，他编写了《水工学》《水工试验》《实用水力学》等书，并首创了水利科学上通用的许多专门名词。当时我国还没有现代水利工程，学生无实物可供参观，李仪祉就开创性地制作水工模型，进行直观教学。水库、大坝、溢洪道、水电站、船闸、灌区等，应有尽有。

1922 年，李仪祉离开南京回到陕西主持水利建设，但他一直没有放弃教育工作。刚到陕西，他就建议在黄河沿岸设立若干水利学校，向民众普及治河知识；次年，他创办陕西水利道路工程专校，后来并入西北大学。以后多年，李仪祉虽然长期担任陕西省水利局局长、建设厅厅长等职，但仍兼任北京大学、河海工科大学、第四中山大学等校教授，一生不曾脱离教育事业；李仪祉还通过举办水利展览、广播讲座等形式向民众普及水利知识，宣传水利兴国的重要意义，以此增强国民的水利意识，争取社会各界对水利建设的支持。他非常重视对农民进行水利常识教育。1937 年，他在灌区创办众多民众水利学校，由水利技术人员利用工余时间教农民识字，并灌输农田水利知识。

（二）治水的功臣

李仪祉以他热爱祖国的一片赤诚之心，一生为水利事业艰苦奋斗，锲而不舍，忘我工作，终于取得卓越的成就。

其一，提出并实施“关中八惠”计划。1922 年，李仪祉回到故乡，任陕西省水利局局长兼渭北水利工程总局总工程师职务。他到各地进行广泛的调查研究，提出了一系列建设陕西水利的报告，其中包括著名的“关中八惠”计划，即在关中地区建设泾惠渠、洛惠渠、渭惠渠、梅惠渠等八大灌溉渠道。然而，由于时局不宁，筹款无着，直到 1927 年，李仪祉的计划始终未能付诸实施。此后，陕西连年大旱，赤地千里，饿殍载道，震惊中外。1930 年，李仪祉在主持陕西政务的杨虎城将军的支持和华侨的资助下，终于解决了经费问题。于是他开始修建泾惠渠，至 1932 年夏开始放水灌溉，当年有 50 万亩农田受益。在工程建设过程中，他那强烈的事业心和不达目的誓不罢休的干劲，曾经感染过数代水利工作者。接着，他又筹划修建洛惠渠、渭惠渠。至李仪祉逝世，上述三渠和梅惠渠都已逐步建成，他的多年理想部分地变成了现实。现在，"关中八惠"已全部建成。

其二，对治理黄河的悉心筹划和身体力行。李仪祉在1922年发表了著名的《黄河之根本治法商榷》一文，率先提出了"用古人之经验，本科学之新识"的治河思想。1932—1935年，他担任黄河水利委员会委员长兼总工程师。在此期间，他撰写了《黄河治本的探讨》《关于导治黄河之意见》等40余篇论文和报告，系统地总结了我国历代治河的经验教训，结合新兴水利科技，提出了一整套黄河治本方略和具体措施，把我国的治黄理论和方略向前推进了一大步。

（三）水利科学家

李仪祉是我国从传统水利走向近代水利的开路人和现代水利科学技术的奠基者。在我国近代史上，他第一个系统地把西方先进的水利科学技术引入我国，并将其应用于水利实践。在黄河治理上，他最早提出"以科学从事河工之必要"。他认为没有科学的理论，没有定量的测验和计算，是古代治河思想和技术的根本弱点。所以，他积极组织力量对黄河全流域进行测量，以做好治理的基础工作。他委托德国专家做黄河模型试验，使治导工作有据可依。1935年他在天津创立了我国第一个水工试验所，倡导进行水工试验研究；他把西方大量先进的水利科技著作翻译成中文，在国内水利界普及新兴的水利科技知识。

与此同时，李仪祉认为中国传统的水利经验十分重要，应该努力发掘继承，借鉴历史的成功经验。他在任教河海工程学校期间，潜心研究我国浩如烟海的水利古籍，尤其是对治理黄河的经验进行了系统的总结，并结合新的水利科学知识，对我国水利实践进行宏观指导。他是我国第一个主张综合治水的人，开创性地把传统的水资源单一目标开发观念，推向多目标综合开发的新阶段。

李仪祉还是我国近代水利学术活动的先驱。1931年，水利界在他和其他著名人士的倡导下成立了我国第一个学术团体——中国水利工程学会，这就是中国水利学会的前身。李仪祉被推举为首届学会会长。学会成立后，李仪祉主持创办了传播水利科技的会刊《水利月刊》，整理刊印了一批水利古籍，编撰、出版了《水利工程设计手册》等水利书籍，创办了一系列水利学校，确定了一批水利专业术语。首次把"水利"定义为："水利为兴利除患事业，凡利用水以生利者为兴利事业，凡防止水之为害者为除患事业。"水利工程包括防洪、排水、灌溉、水力、水道、给水、河渠、港工八种。李仪祉一生在水利方面著作和译作十分丰富，除了200多篇现存的论文外，他还编著过大量的专著、教材，并翻译过多种外国的水利著作。李仪祉去世后，他的朋友和学生将散见于国内各报刊的文章辑为《李仪祉先生遗著》。

李仪祉一生为官清廉、正直，做人勤俭、简朴。历史上，水利官员贪污受贿是普遍现象，但李仪祉做了20多年的水利官员，经手的费用不计其数，却从不多拿一分钱。病逝后，他留下的遗产是3000多册水利书籍。李仪祉在中国近代水利史上树起了一座丰碑。

八、热心水利的冯玉祥将军

历史上军队从来就是水利建设的一支重要生力军，在水利建设中发挥了重要作用，而冯玉祥将军就是一个突出代表。冯玉祥是民国时期著名的爱国将领，又是一位水利事业的热心人。

第一，遍及各地的治水活动。冯玉祥一直奉行“兵工政策”，先后在河南、北京、甘肃、内蒙古等地进行了许多兴修灌渠、疏浚河道的建设活动。

民国初年，冯玉祥在河南任督军时，看到黄河、沁河、汝河、沙河等由于缺乏有效的治理为害甚巨。为了兴利除害，他命测量局派数十人分赴各地查勘，详细测量河道的纵横断面、河道形状及流量大小，以便进行治理。贾鲁河因年久失修，河道淤塞，每逢夏秋降雨过多，即泛滥为灾。冯玉祥将军命建设厅派员测量后，从上游郑州向下游各县逐步疏浚。开封宋门外的惠济河年久淤浅，每逢汛期经常漫溢横流，庄稼被淹。1922 年，冯玉祥将军任河南督军时，对之进行了疏浚，消除了当地的一大祸患。

1922 年 10 月，冯玉祥将军由河南督军调任陆军检阅使，所部五个旅驻扎在北京南苑。这年的夏秋汛期，石景山以下衙门口附近的永定河石堤被洪水冲坏 200 多丈。这里地势险要，河堤高程比城内的西直门要高出 2 丈多。冯玉祥立即派人前往实地勘察，组织施工。工程胜利竣工后第二年，永定河暴发特大洪水，但这里没有出现重大险情。

1925 年 5 月，在包头成立了由国民军和新都统直接领导的包西水利总局，冯玉祥委任第八混旅旅长石友三兼水利总局总办，聘任“开渠大王”王同春为绥西水利总工程师，协助石友三督办河套水利。整修了渠道，促进了河套灌区灌溉和农业的发展。

第二，永定河特大洪水抢险。1924 年 7 月以后，华北地区阴雨连绵，连续出现三次大范围的暴雨过程，永定河上游张家口洋河山洪暴发，水位大幅升高，埽坝纷纷蛰陷，堤岸不断出现险情。洪峰一度使水势骤然增涨，高出堤顶 4 尺有余，很快在南岸漫溢决口，洪水由决口处南下奔小清河、大清河、西河而至天津。大清河本已发生洪水，永定河洪水的到来加剧了灾情。这次水灾中仅河北的涿县沿京汉铁路一线，就有 300 多村庄被淹没，死亡人数很多。下游天津一带也遭受大水围困，北京岌岌可危。在严重灾情面前，冯将军当即命令四十四团及四十二团二营进行抢险，自己则每 2 小时巡视一次，并曾亲自参加抢险施工。他肩挑扁担，运送沙土，每小时运沙土量竟达普通士兵的 2 倍，这极大地鼓舞了士气。官兵们不分昼夜，冒雨抢护，克服重重困难，使决口得以及时堵塞。当时北京和中外 10 多家报纸都详细报道了冯军的抢险情况，说冯军抢险的成功是“最与人民国家有关之惊天动地的功业”。1924 年，他将记述这次抢险的有关材料和新闻报道加以编辑刊印，定名为《冯军修护永定河纪实》。洪水过后，当地老百姓为纪念冯玉祥将军和这次抢险行动，把抢险时修筑的新堤称为冯公堤。

第三，访美国期间考察水利。1946 年，冯玉祥以“水利考察专使”的名义出访美国，通过考察了解美国水利，他对国内的黄河治理和水土保持工作提出许多意见和建议，体现了他对水利的深刻认识和忧国忧民的爱国思想。他参观考察了美国著名的田纳西流域的综合开发和水土保持状况，深受启发。他提出，中国防治水土流失，必须“赶紧从西北的各山头上，小山谷，起头的地方，一道一道地筑起坝来，不用外国货，三尺五尺高都可以，要紧的是紧固不漏水，那样不但坝住了水，山上栽树也好办啦!”

他还强调培养水利人才的重要性。他提出成立水利大学，培养高层次水利人才；同时各地还要成立“传习所”，设立“水利传习班”，进行水利人员的短期培训，培养一大批基层水利工作者。他还认为，水利是一项长期的任务，艰巨的事业，不是一朝一夕的事情，必须持之以恒地干下去，要有强有力的机构，有人办事，有钱办事。“没有人，没有钱，没有长久的时候，没有信任你的永久机关，那是不容易办成事的。”要求政府高度重视，在各方面给予充分保障。1948 年，冯玉祥先生因轮船失事而遇难。他一生关心水利，热心水利事业，为各地的水利建设和防治水旱灾害做出了不懈的努力。

第七节　新中国水文化的建设与创新

新中国的水文化建设揭开了中华水文化崭新的历史篇章，随着新中国水利事业取得的巨大成就和社会主义文化的繁荣，水文化建设也进入了新的辉煌时期。

一、新中国水文化建设的任务及成就

新中国成立后的近七十年，我国水利事业的发展和社会主义文化的繁荣为水文化建设提供了有利条件，也取得了巨大的成就。现仅就水文化建设几个主要方面的任务及成就列举如下。

（一）转变水观念，增强水意识

长期以来人们总是把水视为上天恩赐给人类的自然物，是取之不尽、用之不完的，因而随意开发，肆意污染，使得一些河流、湖泊水源枯竭，或是有水皆污。在此情况下，转变人们的水观念，增强全社会的水意识便成为水文化建设的首要任务。

经过近七十多年的实践活动和宣传教育，人们的水观念逐步转变，主要表现在，从把水当作取之不尽、用之不竭的自然之物转变为水是宝贵的自然资源和战略性经济资源；从人与水抗争转变为人与水共存；从防御洪水转变为管理洪水；从以防洪、灌溉为主要目标的水资源开发转变为多目标、多功能水资源的开发、配置、节约和保护；从单一的工程管理转变为对流域内人类的生产生活行为和生产方式的管理；从以大规模水利建设开发为主转变为依法管理和现代管理为主的综合治理；从不重视水环境、水生态转变为重视人水和谐共处；从以防治水对人的危害为主转变为关注人对水的伤害；从“水利是农业的命脉”转变为“水利是国民经济的命脉”；从水利是国民经济和社会发展的基础设施转变为“水是国民经济和社会可持续发展极为重要的战略资源”；从传统的水利观念转变为现代化的、可持续发展的水利观念，秉持“节水优先、空间均衡、系统治理、两手发力”的治水思路，明确山水林田湖草是一个生命共同体。这些转变都是起源于思想观念的转变。水文化意识的转变必将带来现代水利的伟大实践。每一观念的更新都是人们对水的认识的飞跃，都反映了水的社会地位和重要作用的提高。

（二）培育全面发展的人才，适应水利事业发展

促进人的全面发展是实现水利现代化的关键所在，也是水文化建设最基本的任务。马克思在《关于费尔巴哈的提纲》中说：“人的本质并不是单个人所固有的抽象物。其在现实性上，它是一切社会关系的总和。”人的本质已经规定了人的全面发展的特定内涵，那就是劳动能力、社会关系和个人诸素质方面的自由而充分的发展。马克思说：“文化上的每一个进步，都是迈向自由的一步。”马克思这里所讲的自由，就是指人对自然的掌握和

驾驭。当人还被世界的必然性所支配而没有掌握和驾驭这种必然性的时候，人就没有自由，也就没有全面发展的可能。这里的全面发展应该包括人的思想道德素质、科学文化素质和身体健康素质等。先进的治水理论与自然协调共存的水环境以及高新科技成果的运用、优秀水文化的熏陶都将有力促进人的诸素质自由而充分地发展。得到自由而充分发展的劳动者个体又将反过来有力地推动治水理论的丰富、发展和创新，创造更加和谐的人与自然相处的环境，创造先进的人类文化，而这些正是实现人的全面发展的基本条件。因此，在新时期治水实践活动中，建设先进的水文化是实现人的全面发展的本质要求。

先进的思想道德是先进文化的灵魂和核心。只有高素质思想道德的人才，才有高水平的水利工作，才有高品位的水利工程。通过大力弘扬爱国主义、集体主义、社会主义和艰苦创业精神，引导水行业职工树立正确的世界观、人生观、价值观；通过贯彻落实《公民道德建设实施纲要》，培养水行业职工高尚的社会公德、职业道德和家庭美德，践行社会主义核心价值观。在水行业思想道德建设中，把弘扬万众一心，众志成城，不怕困难、顽强拼搏，坚韧不拔、敢于胜利的抗洪精神和“忠诚、干净、担当、科学、求实、创新”的行业精神作为精神动力；把学习水行业的先进集体，先进人物的先进思想作为重要内容；把弘扬“疏导、包容、和谐、趋下、奋进和善利万物”的水美德作为行为准则，实行依法治水与依德治水相结合，全面提高了水行业职工的思想道德素质，为发展水行业先进文化打下了良好的思想基础。

教育和科学事业是水文化的基础事业，新中国成立以后，水行业的教育事业得到迅速发展。目前全国水利、水电的高等院校已有10多所，每个省几乎都有水利类职业院校，还有许多大专院校开有水利、水电、农田水利专业，每年都有数以万计的大中专毕业生投入水利职工队伍中。

（三）提高水工程的文化品位，满足人们文化需求

加强水文化建设的第三项重要任务，是提高水工程的文化品位，满足人民群众日益增长的精神文化需要。这也是贯彻落实以科学发展观和建设和谐社会为指导思想的治水新思路的重要内容。水工程建设是载体，水文化建设是灵魂，二者要有机结合，融为一体。水工程的建设，从规划、设计到施工，从名称、造型到效益，都具有深刻的水文化内涵。现在水文化建设已逐步渗透到水利工作的各个方面，渗透到水利工作的勘察、规划、设计、施工中，渗透到水资源的开发、利用、节约、管理、保护、配置中，有效地提高了水利工作的文化品位。为了做到水文化建设与水利建设的紧密结合，提高水工程的文化品位，水文化的意识开始融入各级水利部门领导的决策层，融入水利规划设计的文化中，融入水利职工的思想。

现在，人们关于水工程的设计和建设观念都在不断更新，不仅考虑到水工程、水环境兴利除害的功能，而且重视水工程的文化内涵和人文色彩，以建设清澈、美丽、舒适、人水和谐的水环境为目标，满足人们亲水、爱水、戏水、休闲、娱乐等文化的需要，把水工程当作水文化艺术品来设计、来建设，使每项工程成为具有民族优秀文化传统与时代精神相结合的工艺品。使水工程及其管辖区在发挥工程效益和经济效益的同时，成为旅游观光的理想景点、休闲娱乐的良好场所、陶冶情操的高雅去处，成为提高人们的生活质量、提供优美的水环境的重要载体。

（四）发展水文化事业，支持水事业发展

繁荣水行业文化事业是水文化建设的重要内容。要大力发展水行业的科学教育、新闻出版、广播影视、体育卫生、网站建设、文学艺术等文化事业，要把科学技术作为第一生产力，认真落实“科教兴水”的战略措施。要通过繁荣水行业文化事业，全面提高水行业的科学文化素质。

中国水利，无论是古代还是现代都处于世界的前列。水利事业所创造的社会财富同任何一项事业比都毫不逊色。水与人类生存、经济发展和社会进步的关系极为密切，然而以水为题材的成名佳作却很少。为此，要在广泛开展群众性文学艺术创作的基础上，组织有抱负、有作为的文学艺术家到宏伟的水利事业中体验生活，创作出极有感召力、震撼力的传世名著，充分展示中国水利人的精神风貌，激励人们为发展我国水利事业而奋进。

新中国成立后，特别是改革开放以来，我国水行业的新闻出版为水利、为社会提供了大批健康有益的好书；公开发行的报纸、期刊从无到有，由少到多，质量不断提高。水行业已形成了由各级宣传部门和编辑、记者、通讯员组成的水利宣传队伍，成为水行业水文化建设的主力军，《中国水利报》和《中国水利》杂志作为全国水利报刊的排头兵，为全国的水利事业发展发挥了权威的舆论导向作用和激励推进作用。水利网站的建设也在迅速发展。水利事业在广播影视中的影响也逐步扩大。与此同时，各级水利单位都普遍地建立了陈列馆、图书馆、阅览室等文化传播部门。

新中国成立后，我国水利文学艺术事业有了新的发展。在文学、戏剧、曲艺、电影、电视、音乐、舞蹈、美术、摄影、书法、杂技、群众性文化活动中都有水的形象、水的声音。初步形成了由社会文学艺术界和水行业的文学艺术工作者共同组成的水利文学艺术大军，创作出了一些好的作品。

（五）发展水文化产业，满足精神文化需求

发展文化产业是市场经济条件下，繁荣社会主义文化，满足人民群众精神文化需求的重要途径。发展文化事业和文化产业，是社会主义文化建设的重要组成部分。水行业是一个有待大力开发文化产业的富矿。古今的每一项水工程，不仅是一项可贵的物质产品，同时也是一项高雅的文化产品，其中融有不同时期的文化内涵，融有人们的聪明智慧。优美的水环境和丰富的水利人文景观，都为大力发展水利行业的文化产业提供了丰富资源。因此，我们要大力发展水行业的新闻传媒业、图书音像业、文化娱乐业、旅游观光业、文学艺术业等水行业的文化产业。以此彰显水文化的魅力，推进水文化事业的发展。

现在我国的水文化产业已开始纳入文化产业链之中，在与旅游、环境、交通的交融中产生边际效应，维持自身和相关产业的可持续发展，并获得了一定的经济价值。有关部门还制定了水文化产业发展的规划和战略；完善水文化产业政策；立足水文化资源优势，致力于开发一批高起点、新特色、多层次、多方位和高质量的水文化产品。水利旅游业发展形势喜人。立足现有水利资源，充分发挥传统水文化遗产和现代水利工程的边际效应，开展了黄河历史文化走廊旅游、看世界上历史最长的无坝引水工程都江堰、游览当今世界水利工程壮举三峡大坝等，都取得了良好的经济效益。在开发水利旅游资源的同时，也是在向世人宣传和展示中国水文化。

（六）开展各种水文化活动，丰富精神文化生活

开展丰富多彩的水文化活动是把水文化建设的各项任务落实到基层、落实到每个人的有效措施上。水利行业的文化活动，主要包括各种形式的思想教育活动，如思想政治工作、学习先进、争创先进、创建文明单位的活动等；各种形式的文学艺术活动，如文学艺术的创作、表演、展示活动等；各种健身怡性的活动，如全民健身运动、水上旅游、水上运动等。开展这些健康有益的文化活动对凝聚人心、鼓舞斗志、保证各项任务的完成有重要作用。开展丰富多彩的水文化活动是发展先进文化的重要形式，目前已在全国普遍开展。各种文化活动本着寓教于乐、自娱自乐、小型多样的原则，突出了“水”的特色。其中包括以水或水利为主题的文学艺术创作和演示活动，如文艺演出、歌咏比赛、演讲比赛、赛诗会、摄影、美术、书法、集邮、冰雕、金石等创作和展览；包括以水和水域为舞台开展的多种健身怡性活动，如游泳、垂钓、龙舟赛、泼水节、皮划艇赛、帆板赛、溜冰、滑冰、滑雪、冲浪、水上旅游等。通过这些水文化活动，营造了说水、讲水、演水、唱水、表现水的浓厚文化氛围，使人们的思想和情操在这种氛围中受到陶冶和升华。

（七）保护和整理优秀的水文化遗产，服务当代水利建设

我国几千年历史留下了丰富的水文化遗产，其中包括大量的古代水工和水利历史文献，这些都是中华民族优秀文化遗产的重要组成部分，应努力发掘，精心维护，使之与现代水文化相映生辉，并作为进行爱国主义教育的好教材。在我国五千多年的悠久历史中，创造和形成了极为光辉灿烂的水文化遗产，主要体现在大量的水利历史典籍、水利文物古迹和各种古代水利工程中。我国历史上水利题材的著作极为丰富，中国古代水利文献之多为世界之最。现存水利专著有通史、专史、河道史、地区水利史、渠塘史、闸坝史等，粗略估算在500种以上。正史、政书、各种一统志、省志、府县志及地理书中也有大量水利记载。加上各类著作中的水利事迹记载的文字总量应是数以亿计。发掘这些文化遗产不仅是为了继承和弘扬中华民族优秀的历史水文化，同时启示我们，应该创造出无愧于古人、无愧于时代的水利鸿篇巨制，繁荣社会主义的水文化。

水利史志的编纂和研究是一项继承发扬我国古代水文化，为建设和繁荣现代水文化作贡献的伟大工程。现在，从中央到地方各级水利部门都配备了相当的力量从事这方面的工作。中国水利科学研究院和武汉水利电力大学水利史研究室的一些专家学者在水利史志的研究上取得了一些重大成果，一些地方和单位的水利志相继出版，这些都为当今水利事业的发展提供了宝贵的历史补益的借鉴。

（八）开展水文化研究，推进水文化建设

开展水文化研究，是为加强水利行业思想道德建设、繁荣水利行业文化事业、发展水文化产业、开展丰富多彩的水文化活动所进行的学术探讨和理论研究。水文化研究所涉及的范围很广，包括自然科学和社会科学的有关学科，是一门新型的边缘科学，需要各有关学科的共同配合，协同作战。水文化研究要坚持先进文化的前进方向，努力做好以下三个方面工作：一是研究如何发展面向现代化、面向世界、面向未来、民族科学大众的社会主义水文化，为现实的水利事业发展服务；二是发掘和整理我国优秀的水文化遗产；三是在前两项的工作基础上，通过长期坚持不懈的努力，逐步把研究成果系统化、理论化，创立出不同风格、不同学派的水文化科学，即水文化学。

水文化研究的课题自1988年正式提出以后，很快在社会上引起反响，涌现了一批水文化研究的爱好者。他们精心钻研，大胆探索，提供了不少研究成果。特别是1994年全国水利艺术节的水文化论文征文活动和1995年成立中国水利文协水文化研究会，使研究水文化和建设水文化的必要性逐步成为全国水利行业许多同志的共识，水文化的研究和水文化建设正进一步与水利事业的实践紧密联系，为水利事业的发展服务，因而引起越来越多领导的重视。这些为进一步开展水文化的研究和加强水文化建设打下了良好基础。

总之，我国水利事业发展的任务艰巨而光荣，在发展我国水利事业的伟大进程中，必将迎来水利行业文化建设的新高潮。在推进我国水利事业的新发展中，又将创造更加光辉灿烂的先进的中国水文化。

二、水文化创新

在《中共中央关于深化文化体制改革、推动社会主义文化大发展大繁荣若干重大问题的决定》的指导下，根据中共中央、国务院《关于加快水利改革发展的决定》和中央水利工作会议的总体要求，水利部于2011年11月颁布《水文化建设规划纲要（2011—2020年）》（以下简称《纲要》）。《纲要》分序言、指导思想、基本原则与发展目标、水文化建设的重点任务、保障措施四部分十九条，明确了今后水文化建设的重点任务。

1. 努力体现社会主义核心价值体系在水文化建设中的灵魂作用

要以推进社会主义核心价值体系建设为水文化建设的根本任务。社会主义核心价值体系是兴国之魂，是社会主义先进文化的精髓，决定着中国特色社会主义发展方向。要以社会主义核心价值体系的根本要求，坚持不懈地开展行业精神文明建设，在全行业形成统一指导思想、共同理想信念、强大精神力量、基本道德规范。要把社会主义核心价值体系融入水利改革发展的全过程，引领水文化建设。着重从以下四个方面展开：

（1）坚持不懈地用马克思主义中国化最新成果指导水利实践。加强学习型组织建设，以科学的治水理念，推进传统水利向现代水利、可持续发展水利转变，推动水利事业又好又快发展。

（2）坚持不懈地用中国特色社会主义共同理想和可持续发展水利的宏伟目标凝聚力量。广泛利用中国水利博物馆和各地水利（水文化）博物馆（展览馆）、都江堰、小浪底、红旗渠等各类水利爱国主义教育基地，大力开展水文化知识的普及与教育。使水文化传播与爱国主义的理想信念教育、国情水情教育相结合，进一步坚定走中国特色社会主义道路的信念和决心。

（3）坚持不懈地用爱国主义为核心的民族精神、改革创新为核心的时代精神，为水利行业注入新的思想活力和时代内涵。把大力弘扬“献身、负责、求实”的水利行业精神与社会主义核心价值体系建设有机结合起来，使之成为推动水利科学发展、和谐发展的强大精神动力。修订《水利爱国主义教育基地命名办法》，制定出台《水利爱国主义教育基地建设与管理办法》。

（4）坚持不懈地以优秀水文化思想引领风尚。“十二五”期间，完成覆盖水利行业的职业道德体系建设，使全体水利职工的文明素质和道德水平有明显的提高。

2. 不断丰富完善可持续发展治水思路和民生水利的文化内涵

（1）要加强可持续发展治水思路和民生水利研究。全面把握可持续发展治水思路的核心理念、本质特征和实践要求，深刻认识民生水利的丰富内涵、时代特点和重点任务。注重从满足人们日益增长的物质和文化需求的角度谋划水利发展，大力推进民生水利建设，为人民群众带来更多更好的实惠，促进人的全面发展。

（2）积极发挥水文化的功能，不断深化对水利发展自身规律的认识，以及水利与经济、政治和社会等方面在发展进程中的相互促进又相互制约规律的认识，准确把握水利发展与改革的阶段性特征。

（3）把治水实践中的新认识、新做法、新经验升华为文化层面的认知，促进社会公众对可持续发展治水思路的理解与支持。

（4）深刻认识民生水利所蕴涵的丰富文化内容、时代特点和重点任务。坚持以人为本，树立发展民生水利的科学理念和价值取向，引导民生水利沿着更加科学、更加合理、更加满足广大人民群众对水利迫切需求的方向发展。充分体现民生水利的人本理念与人文关怀。

3. 大力提升水工程与水环境的文化内涵和品位

（1）要把文化元素融入到水利规划和工程设计中，提升水利工程的文化内涵和文化品位。努力使每一处水利工程都成为独具风格的水利建筑艺术精品，成为展现先进施工工艺和现代管理水平的现代高科技载体和现代水工建筑艺术载体。重点建设一批富涵水文化元素的精品水利工程。形成以工程为轴心，既体现兴利除害功能，又能反映本地区本流域特有的优美自然环境、人文景观以及民俗风情于一体的乐水家园，展现治水兴水的人文关怀和文化魅力。

（2）加大对现有水利工程建筑的时代背景、人文历史以及地方民风民俗的挖掘与整理，增加文化配套设施建设的投入，丰富现有水利工程的文化环境和艺术美感。

（3）要用现代景观水利的理念和现代公共艺术、环境艺术设计思路与手段去建设和改造水工程，实现水利与园林、治水与生态、亲水与安全的有机结合，在保障工程安全正常运行的状态下，使风景优美的河道成为人们陶冶性情的好去处，使水利工程成为人们赏心悦目的好风景，使清新靓丽的水利风景区成为人们休闲娱乐的好场所，更好地满足人民日益提高的物质文化生活需要。

（4）要把水利风景区建设作为提升水工程及其水环境的文化内涵和品位的示范工程。水利风景区建设与管理过程中，更加注重水利功能与人文内涵的有机结合，以及水利科技知识的普及，注重塑造精品景区，提升景区质量，加强宣传和引导，提升景区社会影响力。使之成为传播水文化的重要平台，成为水文化产业发展的重要领域。

4. 动员全社会力量关心支持水利工作，积极引导全社会建立人水和谐的生产生活方式

（1）要把水文化建设融入水利改革发展顶层设计之中，注重从文化的角度反思人与自然的关系，积极引导社会建立人水和谐的生产生活方式，促进转变经济发展方式。加大力度宣传国情水情，通过水文化知识的普及和教育，提高全社会的水患意识、节水意识、水资源保护意识，以及维护河流健康生命的意识。

（2）通过建设先进水文化，推动有利于水资源节约保护的法律和政策的加快建立和完善，推动全社会走上生产发展、生活富裕、生态良好的文明发展道路。

（3）提高全社会的水法治意识，通过开展“节水中国行、世界水日、中国水周”等主题宣传活动，引导人们自觉遵守水法规，逐步形成符合生态文明建设要求的水资源开发利用模式；引导全社会建立有利于水资源可持续利用的社会制度和生产生活方式。

（4）创建水文化先进单位。制定全国水文化建设先进单位标准，创建一批国家级水文化建设先进单位。

（5）大力开展精神文明创建活动。“十二五”期间，创建一批全国水利文明单位和一批全国文明单位。

5. 加强水利遗产的保护和利用

深入挖掘传统水文化遗产，摸清传统水文化遗产的内容、种类和分布等情况，认真梳理传统水文化遗产的科学内核，切实保护好各种物质的和非物质的水文化遗产。

（1）水利文献与档案的整编、分析与共享。采集整编水利文献与档案，并借助科技手段实现网络共享，同时分析挖掘其中蕴含的科技价值。

（2）水利遗产的资源调查。结合水利文献与现有研究成果，对我国现存水利遗产的分布进行梳理，按照水利遗产的类型，对其地点、数量、工程规模、所有权属、管理状况、利用现状和工程效益等基本情况进行调查，建立水利遗产数据库。

（3）水利遗产的认定。制定水利遗产国家级名录标准，逐步开展水利遗产的认定工作。

（4）水利遗产的保护和利用。分析总结我国水利遗产的现状及存在的问题，根据其价值，探讨水利遗产的保护对策。针对具有重大价值的水利遗产，编制并实施相应的保护与利用规划。

（5）水利遗产的宣传与展示。通过原址展示、陈列展览、实物复原、虚拟现实技术复原、科普著作和数字影视作品发行等技术手段，对社会公众进行宣传。

6. 加强水文化的研究

水文化是一个理论性和实践性都很强的问题，水文化研究要围绕水利工作的重大问题和水文化的科学内涵进行理论研究。

（1）注重总结归纳人民群众在水文化建设的实践成果和经验。加强我国传统治水理念、治水方略、治水措施的研究，从中提炼科学的文化内核，为当代水利建设提供有益借鉴。

（2）深入研究水文化与相关水科学技术、水管理等方面的相互关系。提升水文化在水利工作中的内在功能，以及启发水利工作者的文化自觉；深入研究水文化建设渗透到水工程的规划、设计、建设、管理之中的有效途径，尽可能地发挥好科学与艺术在水利上的完美结合，全面发挥水工程的各项功能，提高水工程的文化品位。

（3）围绕水与人类社会的诸多方面，包括政治、经济、社会发展及科学技术、文学艺术等诸多方面的关系，从历史地理、风土人情、传统习俗、生活方式、行为规范、思维观念等方面，多角度、宽领域、全方位地进行研究；当前，应对全球气候变化，水旱灾害突发事件增多的情况下，要着重从水与人口、资源和环境的关系上加以重点研究，从城市化进程、工业化进程以及社会主义新农村建设等关系上加以深入研究。结合水文化研究特色，为加快水利改革发展提供更加完善的对策依据和更加科学的战略思维模式。

(4) 进一步对水文化的研究对象及相关问题进行系统的学术探讨和理论建设；对水文化的一些基本概念、基本观点和体系构成进行系统的梳理和分析研究，力争在理论上有所突破。

(5) 围绕水文化体系建设，分层次、分领域地广泛开展水文化研究活动。深入开展水行业系统内各领域的水文化研究，如水文文化、水利规划设计文化、水利科研文化、水工程建设文化、水利工程管理文化、水利组织文化等专业领域的具体研究。深入研究关系水利发展的各种非物质性因素，包括治水思路、治水理念、治水方略、制度设计、价值取向等，不断丰富完善可持续发展治水思路和民生水利的科学精神及文化特征，为推进传统水利向现代水利、可持续发展水利转变提供先进文化支撑。围绕水利改革发展中心任务，有针对性的设立水文化研究课题，组织专门人员，形成有价值的研究成果，推动水文化建设的繁荣与发展。

(6) 聚集学术力量，构建水文化理论研究的平台。水利水电科学研究院和水利有关高等院校要发挥资源优势，加强交流合作。建立健全有利于理论创新的课题规划、成果评价、应用机制，促进水文化的理论研究不断取得新的成果。通过上述努力，逐步达到对水文化本质的总体认识，构建具有中国特色、内容较为完善的水文化理论体系，使水文化成为一门新型的学科。

7. 繁荣和发展水利文学艺术

党的十七届六中全会提出，创作生产更多无愧于历史、无愧于时代、无愧于人民的优秀作品，是文化繁荣发展的重要标志。

(1) 围绕水利中心工作，广泛深入地开展形式多样的文学、戏剧、音乐、美术、书法、摄影、舞蹈、影视、动漫等各种水利文学艺术形式的水文化活动。

(2) 努力抓好水利文学艺术的创作。组织行业内外有抱负、有作为的文学艺术工作者深入水利体验生活，努力创作一批具有强烈时代精神、鲜明水利特色、感人艺术形象、鲜活艺术语言，思想性艺术性观赏性相统一、人民群众喜闻乐见的文学艺术精品，繁荣水利文艺创作。

(3) 实施水文化精品战略。要扶持原创性作品，着力打造一批代表水利行业形象、具有民族特色的水文化艺术精品。积极参与国家“五个一”工程，争取在五年内有反映水题材的作品获国家“五个一”工程奖。

8. 加强水文化的教育

(1) 把水文化教育列入水利院校教育课程体系，并作为水利系统职工教育培训的重要内容。组织编写相关的水文化教材，培养水文化教育的师资力量，针对不同对象，分层次、有重点地开展水文化教育。在全国遴选一批布局合理，条件成熟的水文化基地或中心。“十二五”期间，要有步骤、分层次地开展水文化培训。计划在全国培训1000名水文化骨干。

(2) 在水利系统党政管理干部和技术干部以及广大水利职工中全面开展水文化教育，提高整个水利队伍的水文化自觉和自信意识，提高自觉运用水文化知识提升水行政管理能力、社会公共服务能力和自身的业务水平。

(3) 在水利院校加强水文化教育，要在水利院校开设水文化选修课或必修课，并争取开设“水文化”专业，培养既掌握专业技能、又具有文化素养的新一代水利事业建设者；在校园文化建设中突出水文化特色，营造水文化氛围，发挥环境育人的功能。

(4) 在全社会进行节水、爱水、护水、亲水教育，把水文化教育与培育公民树立良好的资源道德观念结合起来，与节水型社会建设结合起来，发挥先进水文化的引导功能和自律意识。

(5) 通过讲座、报告、活动等多种途径，采取群众喜闻乐见的方式，推进水文化教育进机关、进企业、进学校、进社区、进农村。

9. 加强水文化的传播

(1) 加强和着力做好水利新闻宣传工作，大力宣传中央关于水利工作的方针政策，宣传我国基本水情和水利发展阶段性特征，宣传人民群众治水兴水的实践创造，宣传水利改革发展的成效、经验和典型，加强舆情分析研判和水利热点难点问题引导，及时解疑释惑，广泛凝聚共识。

(2) 把水利报、刊、网、场、馆等传播载体的建设列入水文化建设的重要内容，加强水文化报刊、网站建设；加强全国水利风景区的建设；鼓励支持有条件的地方建立有特色的水文化场、馆。重点培育《中国水利报》《中国水利》杂志、《中国水文化》杂志、中国水文化网、水利文明网等宣传阵地。特别要重视互联网的传播功能，分层次建设不同特色的水文化网站，不断丰富网站内容。

(3) 在每年的“世界水日”“中国水周”宣传活动中注重增加水文化内容，提高互动能力和群众参与度，增进全社会对水和水利工作的深入了解，增强对水利改革发展的支持力度。

(4) 做好水文化著作、音像制品的编辑出版工作。

10. 加强水文化交流

(1) 加强水利行业水文化建设交流，及时总结各地水文化建设经验，沟通信息，互相借鉴，不断提高全行业水文化建设水平。

(2) 加强水利行业与国内其他行业及有关部门的文化建设经验交流，尤其在水文化方面的交流，做到互相学习，共同提高。

(3) 实施“走出去”战略，积极参与国际水文化活动，加强世界先进治水思想、先进治水技术、先进管水经验交流，从中吸收先进的治水理念和文化思想，吸收借鉴世界各国优秀文化成果。同时要加大我国水文化对外的传播力度，提升我国水文化产品的影响力和竞争力，积极推动中华水文化面向未来、走向世界。

11. 大力推进水文化事业，积极培育水文化产业

(1) 面向基层，着力加强行业内部公共文化基础设施建设，构建覆盖面广而全的、比较完备的公共文化服务体系，充分保障水利职工的基本文化权益。

(2) 坚持以市场为导向，贯彻“创新体制、转换机制、面向市场、壮大实力”的方针，扶持和调动各方面力量，调动各种资源，发挥水利旅游、水利新闻出版、水利网站、水利会展、水利教育、水文化社团等组织的作用，使水文化产业在培育中成长，在竞争中发展。

（3）大力倡导和积极支持水文化创意产业的兴起和发展，扩大中华水文化国际影响力。

（4）各级水利部门要根据自身优势和特点，编制水文化产业资源报告，积极培育水文化产业的形成和大力推动水文化产业的发展。

12. 加强人才培养

各级水利部门要高度重视培养和使用水文化建设人才，努力为他们创造良好的成长环境。要紧密结合水利工作实际和水文化建设需要，组织分层、分类教育培训，创新培训内容，提高干部职工的水文化素养。广大水利干部职工要加强自身学习，不仅要提高政治素质和综合素质，熟练掌握水利业务技能，也要广泛学习政治、经济、法律、历史、哲学以及文学艺术等方面的知识，有重点有针对性地学习一些水文化知识，努力使自己成为博学多专的复合型人才，成为水文化建设的积极推动者，培养和造就一批自主创新能力强、专业特长明显、结构合理的水文化建设团队，努力打造一支高素质的水文化人才队伍。

为各类水文化人才的脱颖而出创造条件。要把培育德艺双馨的水文化人才和创作高品位的水文化作品作为水文化队伍建设的根本任务。要大力表彰在水文化建设中业绩突出的先进单位和在人文社科、文学艺术、新闻出版、广播影视等领域作出突出贡献的水文化工作者。

文化是一个国家、一个民族的灵魂。文化兴国运兴、文化强民族强。

习近平总书记在十九大报告中指出：没有高度的文化自信，没有文化的繁荣兴盛，就没有中华民族伟大复兴。要坚持中国特色社会主义文化发展道路，激发全民族文化创新创造活力，建设社会主义文化强国。

中国特色社会主义文化，源于中华民族五千多年文明历史所孕育的中华优秀传统文化，熔铸于党领导人民在革命、建设、改革中创造的革命文化和社会主义先进文化，植根于中国特色社会主义伟大实践。发展中国特色社会主义文化，就是以马克思主义为指导，坚守中华文化立场，立足当代中国现实，结合当今时代条件，发展面向现代化、面向世界、面向未来的，民族的、科学的、大众的社会主义文化，推动社会主义精神文明和物质文明协调发展。

我国有着数千年治水的历史，孕育了极其光辉灿烂而底蕴深厚的水文化，这是中华民族文化的宝贵财富，我们要认真地加以总结继承，不断发展创新，创造出无愧于我们新时代的水文化。

第六章

灿烂辉煌的徽文化

走进安徽水利水电职业技术学院，校园的整体环境为园林式，反映出江南水乡的气质和徽州民居的村落布局特点，并在环境、景观和色彩的营造上与徽州民居取得关联。

校园区采取了村落式的组团结构模式。集中了行政楼、图书馆、素质教育中心等中心区位于校园的核心地带。西侧的教学区与东侧的生活区均采用组团布局，按不同分期的发展，形成一个个村落。村落以环中心区水系景观带相联系，形成富有徽州村落特色的校园规划形态。中心区的主轴布局与自然散布的“村落”形成鲜明的对比，强化了学校中心的形象。

同时，水系在各组团“村落”入口处根据组团形态的特点或适当放大，形成传统村落中入口水塘的意象，或结合建筑、平台形成临水建筑的形象，与徽州民居建筑近水的特点呼应，强化了水系的效果。校园人工水系保持适宜的宽度，为 7～20 米，并与传统徽州村落的水系尺度相呼应。水系结合道路，保持一定的弯曲度，符合徽州传统村落的景观形象。

根据现状地势将水系设置为北高南低，使水系成为流动的水，富有生气，并与传统徽州村落理水方式相吻合，体现人水合一。

建筑设计充分结合安徽民居特点和现代建筑语汇，行政楼建筑空间受徽州传统天井的启发，注重空气的流通和良好的采光；教学楼空间围合成“庭院”形式，具有传统空间的特征；建筑色彩白墙与灰墙的穿插体现传统的徽州民居的色彩特点。

学校各类建筑整体风格上融入牌坊、马头墙、天井、镂窗、廊檐等徽派建筑元素，引入多进式层次理念，避免了一览无余的问题；道路设计上多曲折回环，给人以曲径通幽之感；整体色彩以灰白色为主，充分彰显了徽文化的清新淡雅的艺术风格和古朴厚重的深刻内涵。

第一节　徽 文 化 概 论

徽文化是徽州文化的简称，作为一种地域文化，包括物质文化、制度文化和精神文化等三个层面。就其具体内容而言，徽州文化既包括徽州商帮、徽州宗族、新安理学、新安医学、新安画派、徽派篆刻、徽派版画、徽派建筑、徽派朴学、徽州教育、徽州戏曲、徽州刻书、徽州三雕、徽州科技、徽州村落、徽州文书、徽州历史人物，又包括徽州民俗、徽州方言、徽州民间工艺、徽州茶道、徽菜等。涉及徽州经济、社会、教育、文学、艺术、工艺、建筑、医学等诸学科，凡与徽州社会历史发展有关的内容，都属徽州文化范畴。通常我们称徽州文化是古徽州一府六县物质文明和精神文明的总和。

徽州是时间概念，即从 1121 年至 1911 年。徽州这一名称始于宋徽宗宣和三年（1121 年），改歙州为徽州。从宋宣和三年（1121 年）一直到清宣统三年（1911 年），徽州这一名称一直没有变更，或称路或称府。民国元年（1912 年）废府留县，徽州这一名称随之也就不复存在。

徽州文化是一个极具地方特色的区域文化，其内容广博、深邃，特色鲜明突出，有地域文化的完整性和丰富性等特点，深切透露了东方社会与文化之谜，全息包容了中国后期封建社会民间经济、社会、生活与文化的基本内容，是地域文化的“活化石”，具有中华传统文化“标本”的重要价值，被誉为是后期中国封建社会的典型标本。

学术界对其的研究，至少经历了大半个世纪，1980 年代以后更趋火热，逐渐形成了一门相对独立的地方学——“徽学”，被誉为与敦煌学和藏学并列的中国三大走向世界的地方显学之一。

徽文化的主要标志有新安理学、徽州朴学、新安画派、徽州篆刻、徽派版画、徽剧、徽州刻书、徽派建筑、徽菜等，这些都是徽派文化的重要内容。这些文化的内涵，不仅体现了中国最正统的儒家思想，也受到了释家、道家思想的深刻影响。因此，徽州文化是中国传统文化的典型反映，徽州是儒家、释家、道家文化的一个厚实的沉淀区。

下面择其部分作简要介绍。

一、徽州商帮

徽州商帮即徽商、徽州商人、新安商人，俗称“徽帮”，指徽州（府）籍商人的总称。

徽商来自徽州，包括歙、休宁、婺源、祁门、黟、绩溪六县，即古代的新安郡。六县之中，歙县和休宁县的商人特别著名。徽商在宋代开始活跃，全盛期则在明代后期到清代初期。明代《安徽地志》所说的“徽人多商买，其势然也”。《徽州府志》载：“徽州保界山谷，山地依原麓，田瘠确，所产至薄，大都一岁所入，不能支什一。小民多执技艺，或贩负就食他郡者，常十九。”顾炎武说：徽州“中家以下皆无田可业。徽人多商贾，盖势其然也”。潮商与徽商、晋商，是中国历史“三大商帮”。

清朝初期，徽商更是创造了一个又一个商业神话，跃居中国商帮之首。那时，徽商遍及全国。有商业贸易的地方，就可以找到徽州人的身影。因此，有“钻天洞地遍地徽”“无徽不成镇”“无徽不成商”的说法。徽商在中国的商业贸易中叱咤风云 300 多年，尤其是在盐茶业贸易方面表现更为突出。徽州商帮出现了许多杰出的代表人物，如红顶商人胡雪岩、茶商胡炳衡、弃贾服儒的清朝大盐商程晋芳等。

二、新安理学

新安理学是中国思想史上曾起过重大影响的学派，是朱子学的重要分支之一，该学派由徽州籍理学家为主干组成，奉祖籍徽州婺源（今属江西）的朱熹为开山宗师，以维护继承、发扬光大朱子学为基本宗旨。其奠基人程颢、程颐及集大成者朱熹，祖籍均在新安江畔的徽州（今黄山市屯溪区篁墩），因徽州的前称为新安郡，故这一学派以“新安”定名。

朱熹亦自称“新安朱熹”。因在新安（后称徽州）的传播和影响尤深，世称“新安理学”。理学的奠基人洛阳程颢、程颐和集大成者婺源朱熹的祖籍均在歙县篁墩（今属屯溪），故又誉为“程朱阙里”。

新安理学在近700年的发展、演变过程中，大致经历了四个时期：第一时期为南宋，是新安理学的形成时期。这一时期的重要代表人物有朱熹、程大昌、吴儆、汪莘、李缯、程永奇、吴昶等人。他们环护在朱熹周围，精研性理之学，著书立说，确立了以朱子学为宗旨的基本原则。第二时期为元代，是新安理学的发展时期。这一时期的主要代表人物有程若庸、胡方平、胡一桂、许月卿、陈栎、胡炳文、倪士毅、汪克宽等人。他们针对朱熹之后“异说”纷起的学术界状况，致力于维护朱子之学的纯洁性，将排斥“异论”、发明朱子学本旨作为学术研究的重心。同时，元代新安理学家崇尚“气节”，不仕元朝，将精力集中于讲学授徒，培养了一批有一定建树和影响的新安理学学者。此期的新安理学出现了人才辈出、学术研究深化和普及读物大量出现等新气象。第三时期为元末明初，是新安理学的鼎盛时期。这一时期的主要代表人物有郑玉、朱升、赵汸、朱同、范准、程敏政、汪道昆、程文德、潘士藻等人。明前期的郑玉、朱升、赵汸等人在批评元代理学家墨守门户、死抱师门成说之弊的基础上，先后提出了求“本领”、求“真知”、求“实理”的新的治经主张，并据此指导思想进行学术研究，形成了或“旁注诸经”发明朱子之学，或“和会朱陆”弘扬本门宗旨的不同学术风格。从学术研究的成就和特色来看，这是新安理学发展史上最丰富灿烂的时期之一。明代中后期的新安理学学者因受“心学”影响，阐释朱子之学不力，整个学派出现萎靡不振的衰落迹象。第四时期为清代，是新安理学的终结时期。这一时期的重要代表人物有江永、戴震、程瑶田等人。他们在清初学风的影响下，倡导汉学，培养了一批以考据见长的新安经学家，最终实现了徽州地方学术从新安理学到徽派朴学的转变。

新安理学从南宋到清代的演变过程，正是12世纪以后中国哲学史和学术思想史的缩影。它对中国封建社会后期历史的发展，特别是对明清时期徽州社会的发展产生了巨大的影响。

三、徽州宗族

研究徽州历史和文化，徽州宗族是一个十分值得研考的重要方面。

徽州宗族历史悠久。大禹时代前后，徽州氏族多属三苗族和古越族土著先民。秦始皇三十年（公元前217年），闽粤越人和部分中原华夏族人先后迁居徽州。到汉末时期，史称徽州居民为“山越”。晋永嘉之乱，北方人口纷纷南徙徽州，当地土著越民同北方华夏族友好共处、通婚融合，逐步统一融合为汉族，山越之称即告消亡。

徽州宗族主要来自两大区域：中原地区和周边地区。徽州除本土氏族外，多为北方迁徙而来，中原地区是徽州早期宗族的主要来源地，徽州地区世家大族的迁始祖大多数都号称是中原衣冠，特别是在汉晋、唐末、两宋时期，形成了外来居民迁徽时间集中在三个阶段或三个高潮：第一次迁徙高潮源于晋北方“永嘉之乱”，迁到徽州定居的有程、鲍、俞、余、黄、谢、詹、胡、郑等9个姓氏。第二次迁徙高潮缘于唐代的安史之乱与唐末农民战争，迁居徽州的有陆、陈、叶、孙、洪、罗、舒、姚、赵、戴、康、施、冯、夏、李、朱、潘、刘、曹、毕、王、江、许、廖等 20 多个姓氏。第三次迁徙高潮起于两宋之际，特别是“靖康之乱”后，迁居徽州的有柯、宋、张、周、阮、杨、蒋、刘、饶、马、滕、孔、徐、吕、韩等姓氏。

徽州多名门望族，素有“新安十五姓”和“徽州八大姓”之说。据徽州史志和《新安名族志》，“新安十五姓”是指古徽州程、汪、吴、黄、胡、王、李、方、洪、余、鲍、戴、曹、江、孙十五大姓。“徽州八大姓”是指“新安十五姓”中的前八姓，即程、汪、吴、黄、胡、王、李、方八大姓。

而徽州宗族社会形成于何时呢？徽州宗族社会形成于宋代，成熟于明代。朱熹思想对徽州有着巨大影响，《家礼》也成为徽州宗族建设的指导思想。所以说，宋元以来，特别是明清时期，徽州是中国封建宗族制度的一个典型地区。

徽州宗族通过修谱、建祠、祭祀、团拜等活动，从思想上、组织上加强了地域社会的统治，又通过制定族规家法，把族人的言行限制在规定的范围内，加上族产的设置和扩展，使得族人在经济利益上与宗族紧密联系在一起。

徽州宗族制度是徽州人立身处世的基本社会环境，它规范和影响徽州人的各种社会活动，是了解徽州人特性的一个关键。

徽州宗族具有中国传统社会最为典型的宗族组织形态。其典型特征有以下几点：

徽州宗族组织结构非常完善。宗族由众多小家庭组成，其中又有房、支、门、派等，宗族的最高首领是宗子和族长，主管宗族修建祠堂、纂修家谱、执行族规家法等事务和内外纠纷。

徽州宗族依祠而立。祠堂是徽州宗族意识的集中体现，对聚族而居的徽州人来说，修祠和修谱是宗族最神圣的大事。祠堂形式多样，层次结构分明，最高为统宗祠、宗祠，其下有支祠、分祠等，还有专门的女祠。祠堂是徽州最高大、最辉煌的建筑，它一般是三进，分别是门厅、享堂和寝室。祠堂的选址一般是面河枕山的开阔阳地。其职能主要是祭祀祖先和商讨宗族大事。

徽州宗族无谱不传。徽州人对修族谱非常重视，把它看作是为人处世的立足之本。族谱内容规范，一般都有序文、凡例、目录、世系表、像赞、宗派源流、族规、家训、义田、义庄、祖坟和有关记事等。

徽州宗族依规治族。族规是封建宗族制约族中众人的行为规范。其主要内容是忠君、尊祖、敬宗、正名分、倡孝悌、睦宗族、严门第等封建伦理道德。至清代，徽州宗族制度非常完备，族法家规的制订就是为了巩固宗族制度，强化宗族统治。

徽州宗族敬重风水。所谓“千年之冢，不动一抔”，即可看出徽州人对祖坟的修筑和维护是极其认真的，选择坟地要请风水先生定下风水宝地后，全族人都将其视为圣地，且神圣不可侵犯。朱熹笔下“呈坎双贤里，江南第一村”的呈坎村，按易经中阴（坎）阳（呈）二气统一、天人合一的八卦理论选址布局。整个构造山重水复，村落完全处在“枕山、环水、面屏”的理想空间模式环境里。村落坐西向东，大门一律朝东，迎春阳之和，避肃杀之气，呈现出了以风水建立起的门户秩序。

徽州宗族公有经济非常发达。徽州宗法势力强大，不仅有思想基础，还有其日益雄厚的经济基础。徽州宗族的公有经济的类型比较发达，其类型较多，如祭田、墓田、义田、学田、义庄等许多类型。

四、新安画派

明末清初之际，在徽州（古称新安）地区，以歙县为中心汇集了一批遗民山水画家和当时寓居外地的徽籍画家，他们以黄山、白岳（齐云山）及徽州山水为主要创作题材，绘画风格趋于枯淡幽冷、清逸简淡，意境追求幽远冷峻，具有鲜明的士人逸品格调，在十七世纪的中国画坛独放异彩。因为这群画家的地缘关系、人生信念与画风都具有同一性质，所以时人称他们为“新安画派”。

新安画派是明末清初山水画流派之一。以徽州府歙县人弘仁、休宁人查士标、汪之瑞和孙逸为代表。因徽州一带古属新安郡，故被称为“新安四家”。弘仁之画，萧疏高简；查士标之画，用笔爽利，气韵荒寒；孙逸之画，闲雅轩畅，蔚然天成；汪之瑞之画，落笔如风雨，四家之画各具特色。新安画派绘画风格一是取元四家画风内质，推倪云林为宗师。主要表现在构图上讲求疏密相衬、山水相生，笔法洒脱，用墨以枯涩简淡为主。二是突显文人风骨。这些人自诩为大明遗民，他们或隐遁山林，或匿居市井，以恪守文人的节操和骨气，这种心态自然也渗透到自己的绘画作品中，因而显得寂寥、清冷、萧瑟、荒莽，这也就成了新安画派画风的主题内涵。三是创作中注重自然之美。在他们的意识里，师法古人的目的是借前人的笔墨为我所用，表现千变万化的自然之美，正如弘仁所提出的“敢言天地是吾师，万壑千言独丈藜。梦想富春居士好，更无一段入藩篱”的艺术主张，以自然为师，不为富春居士（黄公望）所拘束。当然，新安画派的画，并不是对自然的直接描摹，而是师法自然，高于自然。

新安画派以师法自然为其绘画美学的终极目标，因此，他们在作品中所表现的人品与作品所能达到的覆盖面极广、渗透力极强、感染力极大，对于后来的中国山水画家，尤其是新安画家，产生了极其重大的影响。后期新安画派的主要画家有洪范、江蓉、汪滋、江彤辉等，直到现当代，徽籍绘画大师黄宾虹、汪采白、江兆申等人的作品，在一定意义上，也可以说是新安画派的延续，他们可以算作新安画派的杰出传人。

五、徽菜

徽菜菜系又称“徽州风味”，是中国八大菜系之一。徽菜起源于南宋时期的徽州府城歙县，徽菜是古徽州的地方特色，其独特的地理人文环境赋予徽菜独有的味道。由于明清徽商的崛起，这种地方风味逐渐进入市肆，流传于苏、浙、赣、闽、沪、鄂以至长江中下游区域，具有广泛的影响，明清时期一度居于八大菜系之首。代表菜品有徽州毛豆腐、红烧臭鳜鱼、火腿炖甲鱼、清蒸石鸡、腌鲜鳜鱼、黄山炖鸽等。

宋高宗曾问歙味于学士汪藻，汪藻举梅圣俞诗对答“雪天牛尾狸，沙地马蹄鳖”。牛尾狸即果子狸，又名白额。据《徽州府志》记载，早在南宋间，用徽州山区特产“沙地马蹄鳖，雪天牛尾狸”做菜已闻名各地。

徽菜重（讲究）油、重色、重火功，而且选料精良，制作考究，尤其注重原料的产地、季节、鲜度、部位、品种等，擅长炒、炸、烧、炖、熘、焖，加上火腿佐味，冰糖提鲜，料酒除腥引香，使徽菜的风味更加鲜明。

第二节 徽 州 商 人

明清时期有句俗语说“无徽不成镇”，它原是当年流行于江南地区的一句民谚，作为徽商后裔的文化巨擘胡适先生曾说：“一个地方如果没有徽州人，那这个地方就只是个村落。徽州人住进来了，他们就开始设立店铺；然后逐渐扩张，就把小村落变成小市镇了。”这句古谚实际上是明清时期徽商足迹遍天下且持续三四百年叱诧风云于中国商界的真实写照，从中可见徽商的影响之大。

在古代徽州这块面积只有 1.2 万余平方公里的弹丸之地，却崛起了全国第一的大商帮——徽商，从无货不居到贾而好儒，徽商创造了惊人的财富，成了文化的“酵母”。徽商的浮沉盛衰，给了我们许多启示，让我们一起走进古徽州，去了解那徽州商人。

一、徽商的形成与发展原因

徽商即徽州商人，指徽州府籍商人的总称。徽州府即徽州，简称“徽”，位于新安江上游，古称新安，宋徽宗宣和三年（1121 年），改歙州为徽州，从此历宋元明清四代，统一府六县（歙县、黟县、休宁、婺源、绩溪、祁门）。

徽州府城为今歙县，府治在今歙县县城徽城镇，辖境为今黄山市（除黄山区即原太平县）、宣城市绩溪县及江西婺源县。

民国元年（1912 年）废府留县，原领六县直属安徽省。民国 38 年（1949 年）5 月 13 日在徽州府城歙县设徽州专区，随后迁往屯溪市（今黄山市屯溪区），1934 年由于蒋介石“剿共”之需要，婺源被划入江西，后因婺源民众发起返徽运动及同乡胡适等人奔走努力，迫于民意，1947 年划回徽州地区。但由于军管问题，1949 年婺源又被划入江西省，延续至今。1987 年为响应中央打好黄山牌以发展旅游业的号召，绩溪县被交换而划入宣城。1987 年，国务院批准徽州地区与县级屯溪市成立地级黄山市。加之之前婺源划归江西省，绩溪又隶属宣城市，剩下的四个县则是黄山市的范围了，自此已经有 800 多年历史的一府六县的格局被打乱。

徽商形成与兴盛的原因是什么？

1. 山多地少和人口与日俱增的压力

当初这六个县既不像淮北那样东南西北一马平川，也不像江南一带江河湖泊沟汊相连，而是一个典型的重峦叠嶂、烟云缭绕的山区，一座山连着一座山。“民以食为天”，吃饭就得有土地，而徽州到处都是山，可耕土地很少。这里流传着这样的谚语：“七山半水半分田，两分道路和庄园。”因为到处是山，而且这种土地十分贫瘠坚硬，虽适宜林木生长，却不是庄稼的温床。这种田只能是靠天收了。粮食少，如果人口也少，那还能活下去。可人口却越来越多，人口增长导致粮食的匮乏，使当地居民生活更加困苦。据史料记载，在隋末（606 年）徽州人口户数仅 6154 户，到唐天宝年间（742 年）竟增至 38320 户，增长了 6 倍；到了北宋元丰年间（1078 年）达 127203 户，又增长了 3 倍多。据学者研究，南宋时徽州人口 50 万以上，元代徽州人口达 82 万，明清时期徽州人口更有所增加。人口陡增，为了生计，徽民们不得不拓展自己的生存空间，出外谋生，显然，徽商是

“山多地少、地少人多、人稠缺粮”逼出来的，是徽州客观地理环境的产物。明代徽人汪道昆在《太函集》中引一徽州村妇之口直言道：“吾郡在山谷，即富者无可耕之田，不贾何待。”清末进士、歙县人许承尧在《歙事闲谭》中也指出：“吾新安居万山，土少人稠，非经营四方，绝无治生之策矣。”穷则思变，为了生存，大多徽州人不得不背井离乡外出谋生活，只有在变中求生，才能闯出一条活路。明朝王世贞说：“徽俗十三在邑，十七在天下。”这就是说每十个徽州人中，就有七个在外经商；至今黄山还流传一句民谚：“前世不修，生在徽州，十三四岁，往外一丢。”久而久之，经商成为古徽州人的传统习俗。

2. 徽州本土经济模式的内在要求和便捷的交通

徽州处万山丛中，“东有大障山之固，西有浙岭之塞，南有江滩之险，北有黄山之扼”，在自然地理中，徽州处于我国亚热带湿润气候区，因而自然资源也就十分丰富，盛产茶叶、木材、竹子、中草药、木耳，土特产非常多。如竹木，“休宁山中宜杉，土人稀种田，多以种杉为业”；如茶叶，祁门是山山皆种茶，“高下无遗土，千里之内业于茶者七八矣”，徽州的茶叶生产至少在唐代就为全国大邦；景德镇虽然瓷器出名，然而它不产瓷土，“土出婺源、祁门两山”等。由于山多，与山区经济相关联的徽州手工艺品也极为丰富，如陶瓷、徽墨、歙砚、漆器等，尤其以“文房四宝”著称。这些独具特色与知名度很高的物产和手工艺品，都与徽州本土经济密切联系。徽州上述特产，在国内有着广阔市场。这就内在地刺激着徽商的兴起。徽人将这些物产输送出去，方可换取徽民们所需的粮、油、盐等生活资料。不少徽商在发展之初就是以贩卖徽州特产而逐渐壮大的。

另外，徽州拥有以新安江为主的纵横水系，极大地便利着徽商对商品的运输。徽州虽然层峦叠嶂，陆路不通，但却有十分便捷的水上交通，徽州境内最大水系新安江为徽商提供了便捷的水路交通，俗称“上接闽广，下接苏杭”。新安江及支流可与徽州六邑相连通，新安江上游的练江、渐江、丰乐水，全可通航。由绩溪境内的徽溪、乳溪顺流而下可到长江。祁门一带则由阊江可入鄱阳湖，歙县则“接于杭、睦、宣、饶，四出无不通”。这样，徽州人就可以通过水路不断地输出土特产和手工艺品以换回粮钱。

因此，徽州本土经济模式的内在要求和便捷的水路交通是徽商形成的另一重要原因。丰富的物产加上便捷的水路交通，大大激励了因人多地少、生活艰辛的徽州人走上经商之路，造就了后来徽商的辉煌。

3. 商品经济的发展和国家经济重心南移

明朝中期以来，随着商品经济的发展，白银成为主要流通手段，封建国家的赋税制度也发生了相应变化。自白银的征收到一条鞭法的推行，这既是商品经济发展的反映，又是促进商品经济发展的重要因素。赋税折征货币的结果，迫使生产者更多地出售产品，换取货币。而大批产品涌入市场，必然使商品在当地难以销售，不得不向远方寻求市场，从而大大地促进了长途贩运贸易的发展。徽州人大多都从事长途贩运起家，后才转变成商人。

随着北方战乱，大批北人南迁，江南得到了充分的开发，我国经济的重心逐渐南移。特别是南宋王朝曾偏安江南，“直把杭州作汴州”。明朝初期把南京作都城，从而带来了整个国家政治经济文化中心的南移，江南经济充分活跃起来。徽州地处江南，紧靠杭州、南京，承接着时代潮流的冲击。新都城的建立，使得无论是王室、还是官宦之家，街肆商民等皆大兴土木，广造楼宇、亭台，广建房屋、广备物器等，这些都需要大量的竹、木等建筑材料，需要提供大量的墨笔纸砚瓷等日常文化用品，而这些都是徽州的特产或名产。于是“近水楼台先得月”，徽州人充分利用了这一有利时机大做生意，刺激了徽商的形成。

4. 徽州人崇文重教

由于南宋时朱熹的极力提倡，徽州形成了重教兴学的传统。徽州人对子女的教育，乃至出现虽十家村落，也有讽诵之声的景象。所谓“十户之村，不废诵读”，便是对古徽州人崇文重教的简练概括。孩子从五六岁就开始发蒙识字，经过七八年的学习，等到十三四岁时，已经初步掌握了中国传统文化的基本知识和经商的基本技能，尤其是养成了读书好学的习惯，这样他们一旦走向商场，就是有文化的商人，相对而言更容易取得成功。

二、徽商经营的行业与领域

既然徽人经商是为了谋生，那么只要能谋生的行业，就有徽人去干；只要有谋生的地方，就有徽商的身影；乘时而趋，独占先机，这正是徽商的擅长。

明朝以前徽商的经营领域主要局限于茶叶、木、漆和“文房四宝”等土特产品，无法与当时的晋商、秦商争雄。为了发展，徽商努力拓展经营领域，开始涉足丝绸、陶瓷、棉布、药材、刻书等多种行业。明朝中期因经营盐业而崛起于商界后，经营领域又扩展到典当、钱庄等行业。对徽商来说，只要有利可图，大至盐、典、茶、木、钱庄，小至卖浆贩脂，包罗万象，可谓“其货无所不居”，无业不就，尤以盐、典、茶、木等行业为大，是徽商经营最主要的行业。

1. 盐业

徽人常说：“吾乡贾者，首鱼盐，次布帛。”足见徽商对经营盐业十分重视。徽州人较早涉足盐业，这是响应明政府的号召。明初政府规定，盐商必须赴边塞纳粮，由官府酬给盐引，商人持引方可支盐行销。这种制度谓之“开中法”。那时，由于徽州距边塞太远，徽商纳粮办引的活动敌不过山西、陕西商人的竞争，所在盐业经营中还不能居于优势。弘治五年（1492 年），明政府实行了开中折色制度；商人向盐运司交纳现银即可办引销盐。这些变化使行盐的商人可免赴边塞纳粮之苦，给徽商经营盐业带来方便。当时全国建有七大盐场，每个盐场都有指定的销售区域，不得越界销售。而两淮盐场靠煮海水为盐，产量最高，质量最好。两淮盐场销售区域最大，包括今江苏、安徽、河南、江西、湖南、湖北六省的大部分地区，这一区域也是我国人口最集中的区域，每年盐的销售量也居全国各大盐场之首。由于两淮盐司设在扬州，两浙盐运司设在杭州，都离徽州不远，故大批徽州商人齐趋扬州和杭州经营盐业，尤以扬州为最，乃至形成垄断局面。据光绪《两淮盐法志·列传》记载统计：自明嘉靖至清乾隆，在扬州的著名客籍商人共有八十名，其中徽商就占六十名。另据陈去病《五石脂》载：“徽人在扬州最早，考其年代，当在明中叶。故扬州之盛，实徽商开之，扬盖徽商殖民地也。”所以徽州一些大姓，如汪、程、江、洪、潘、郑、黄、许诸氏，扬州莫不有之，大略皆因流寓而著籍者也。这些徽州大姓去了以后都是世代经营盐业的。明万历年间徽商经营的行业“特举其大，则莫如以盐荚之业贾扬淮之间而已”。汪道昆在《太函集》卷二中进一步指出：“新安多大贾，其居盐荚者最豪。”以上表明盐商势力在徽商所经营的全部行业中首屈一指，可以说，盐商是徽商的中坚力量。

2. 典业

又称典当，这是指以财物作抵押，借贷银钱并限期有息偿还取物的一种经济行为。典当业是中国封建社会里最古老的一种信用行业，也是徽商经营仅次于盐业的行业。人们称徽商是“徽州朝奉”，实际上这是徽州当铺掌柜的代名词。经商和放债是徽商谋利生财的两个主要手段，而他们放债的主要方式则是经营典当业。今天当铺虽然很少见，但在明清时期典当却是非常普遍的。明清时期徽人开设的典肆遍布全国，其数量之多，规模之大，资本之巨，都是其他商帮无法比拟的。那时穷苦百姓很多，一旦遭逢紧急事情需要用钱，可又举告无门，往往就会拿出家中的值钱物件做抵押，去典铺贷钱以解燃眉之急。按照“值十当五”的规则，物品送到当铺抵押后，由当铺掌柜估价，如果估值十两银子，当铺可借给五两银子。当然，这借出的银子是要算利息的，明清法律规定，典当月利不得过三分。

明清时期徽州典当业之兴盛首先表现为资本雄厚，规模庞大。休宁商山吴氏拥有家私百万，号称“吴百万”。徽商程璧治典于江阴，清兵南下时，为支援军民守城，先后捐银意达十七万五千两之多。清代徽人汪已山，其家侨寓清江铺 200 余年，家富百万，列典肆，俗称为江家大门。

其次徽人经营典业的方法和态度促其兴盛。明末南京的当铺总有 500 家，大多为福建、徽州两帮所开设，福建帮单兵作战，本小利重，取利高达三四分，徽州当铺则并肩经营，凭恃雄厚财力，降低利率，取息仅一分，至多不过三分，结果，人们不愿上福建当铺，而愿去徽州典家，福建帮遭人忌恨，徽州人却博得“有益于贫民”的声誉。明万历时，歙县人汪通保在上海经营典当业，就一改典铺石库形式，四面开门，令其宗族弟子分头接待顾客，借以提高营业效益；他还严格地约束诸弟子，贷出的银子成色好、重量足，计算利息公道，收回银子时不得多取分文。徽商典业声誉大起。

开设典业虽是为了谋利，然而徽州典商薄利经营，减轻了高利贷资本对生产的破坏，便于小生产者利用典铺资金以济缓急，有利于社会发展。

开当铺看起来很容易，其实很不简单。首先必须识货，这是起码的条件。其次必须防骗。典铺会经常遇到以次充好、以劣充优、以伪充真、以近充古的事，而且一些骗子行骗手段越来越高明，稍有闪失，就会上当受骗。为了识货、防骗，典铺积累了很多实践经验，当然这些经验又秘不外传而是门内代代相授的，这样就形成了一些治典世家。近代徽人许承尧说：“典商大多休宁人……治典者惟休称能。凡典肆无不有休人者，以专业易精也。”

3. 茶业

茶叶贸易是徽州商帮商业经营活动的重要组成部分。其地位是“四分天下有其一”，与典业、木业不相上下。

徽州属亚热带季风湿润气候，年均温度 16 摄氏度，热量丰富，雨水充沛，云雾多、湿度大。土地酸度适中，有机质含量较高，适宜茶叶生长。俗话说：“高山云雾出名茶。”

早在唐代，这里就开始大量种茶并且茶叶质量名闻海内了。“茶圣”陆羽在《茶经》中记载：“歙州产茶，且素质好。”歙州就是古徽州。咸通三年（862 年），唐懿宗时歙州司马张途在《祁门县新修阊门溪记》载：邑“山多而少田，水清而地沃，山且植茗，高下无遗土，千里之内，业于茶者七八矣”。到了明清时期，徽州茶树种植漫山遍野，成为徽民生活的重要经济作物。明代中后期时，较多的徽州茶商是在内地经营。其中前往北京者尤多，据《歙事闲谭》载，清乾隆时，仅歙县人在北京开设的茶行就有7家，茶商名字号166家，小茶店数千家。到了清代，随着外国人对茶叶的嗜好越来越强，茶叶又增加了国际市场。那时徽州茶业分内销和外销两种。内销俗谓“京庄”，主要销于北京及北方其他地区。外销俗谓“洋庄”，先是运往广州，后来运往上海，从事对外贸易，茶叶成为我国一种重要的出口物，徽州茶就是广州外商采购最多的茶叶之一。徽州茶商在同广州商人的交往中，吸收他们的建议，改进制茶技术，以歙县、休宁茶叶为主体的屯溪绿茶便成为畅销海外的名茶。

可见，由于自然条件优越。自唐兴及明清，徽州即为著名的产茶区。徽州茶树种植和茶叶生产的发展。为茶商供给了大量优质茶叶货源。正是凭借这一基础，徽州茶商在年复一年的贩运名茶过程中，积累起资本，扩大了规模，成为徽州商帮的四大支柱之一。

4. 木业

徽州重峦叠嶂，气候温润，山区林木资源丰富。俗话说：“靠山吃山，靠水吃水。”大自然虽然没有给徽州人提供良田沃土，但却给徽州人以山林之利，所以山林已然成了徽人的衣食之源。因而造林育林就成了徽人重要的生产劳动。另外在古代，木材是建房、造船、工具乃至家具理想用材，在人们的生产、生活中起着十分重要的作用，因而木材贸易也成了徽商经营的传统项目。

据专家考证，徽人做木材生意“至迟始于宋代”。尤其是南宋，都城南迁至临安（今杭州）时，大兴土木，建造宫阙，所需木材甚多。徽州与临安近在咫尺，徽州商人经营木材自然占据天时与地利，所以南宋时，徽商的木业经营颇为兴隆。

不过，与其他行业相比，做木材生意是一种更担风险的买卖。清乾隆《婺源县志》卷4上写道：“木商以其资寄一线于洪涛巨浪中。”清代休宁人赵吉士在《寄园寄所寄》中记述了徽州木商采带贩运木材的细节：他们每年于冬季伐木，待到次年五六月梅雨季节河水泛涨时，利用水力运载出山，运往浙江、芜湖，然后传销各地。

在古徽州六县中，经营木业的商人之数当以婺源为首，休宁次之，祁门、歙县又次之，许承尧《歙事闲谭》载道：“徽多木商……然皆婺人，近惟歙北乡村，偶有托业者，不若婺之盛也。”明清时期，徽商木材生意越做越火，各地对木材的需要量也越来越多，单凭徽州山中那点木材资源，已难以满足市场需求，头脑灵活的徽州人把目光传向了江西、湖广、四川等地，去开拓新的货源，扩大木材贩运生意。在湖南沅江流进洞庭湖的入口处，有个德山镇，是湘西沅江上流所产材质优良的辰杉木外运的必经之地。镇上徽商往来不绝，长年聚集在这里的徽州运木排夫不下数千人。杭州也是一个重要的木材集散地。清乾隆时，徽州木商曾在杭州候潮门外徽国文公祠创立“徽商木业公所”，也就是“木行”，杭州“徽商木业公所”创自婺源人江扬言，其子江来喜又加以发扬光大，于江干购置沙地，上至闸口，下至秋涛宫，面积近三千七百亩。徽州木商迅速崛起，并发展成帮，几乎垄断了江南广阔的木材市场，而且持续几百年，直到新中国成立前夕，徽州木商仍然活跃在江南各地。

徽州木商的经营方式，主要是内采外销和外采外销。内采外销，即将徽州境内的木材运到外地销售。木材外销的路线主要有两条：第一条路线是由新安江至杭州，顺水沿新安江而下，经浙江的淳安、建德然后直达杭州，非常省力。第二条路线是由绩溪至青弋江，再至江南沿江城市。外采外销，即徽州木商深入到外省，如四川、云南、江西、福建等省的深山老林采购木材，木商采购的木材一般都要设法运到江边，再顺江东下，运到长江下游各大城市销售。

经营木业虽然有很大风险，但利润也是很丰厚的。南宋范成大在《骖鸾录》中曾载："盖一木出山，或不值百钱，至浙江，乃卖两千，皆重征与久客费使之。"可见经营木业付出艰辛，而利润也是相当可观的。因而徽州人习惯把盐商、木客同等看待，以致明清时期俗有"盐商木客，财大气粗"的谚语。

木材贸易作为徽商的四大支柱行业之一，发展得最早，衰败得较迟，在清末时，与徽茶贸易一起支撑残局。

此外还有布绸业。明中期后，长江三角洲一带兴起了棉织业和丝织业，徽商又捕捉到其中的商机，大批徽商抢先进来，他们把这里生产的棉布和丝绸溯江而上运到长江中上游销售，或沿大运河北上运到北方各地销售。正是由于长三角大量弃田植桑，发展布绸业，却使得这里的粮食越来越紧张，这又成为徽商的一大商机。当时，四川、湖广（今湖南、湖北）盛产粮食，徽商就深入到这些地方采购粮食，顺江而下运到长江下游。又从北方采运大豆沿运河抵达苏州，分销各地。从此，徽商就成了当时最大的布绸商和粮商。

当然，徽商不仅仅从事上述几个行业，凡是能够赚钱的行业，如渔业、药业、刻书业、餐饮业、旅馆业、制墨业、浆染业、杂货业等，无不有徽商的身影，所谓"钻天洞庭遍地徽"。

总之，明清时期的徽商以从商人数众、经营行业多、活动范围广、商业资本大、延续时间长，真正铸就了全国"第一商帮"的金字招牌。

三、徽商发展阶段

徽人经商之风既已形成，在明清时期特殊的历史背景下，徽州商帮于成化、弘治年间逐渐兴起，并且不断壮大，最终成为影响深远的中国十大商帮之一，徽州商帮自形成到解体的400多年中，其势力兴衰消长大致经历了四个阶段。

1. 徽商的发展阶段

从明成化弘治之际到万历中叶的100余年间。这段时期的发展特点表现在：一是从商风气盛。如祁门"服田者十三，贾十七"，婺源的木材和茶叶生意成为当地人谋生的重要手段。二是经营行业多。徽商经营的范围"其货无所不居"。三是活动范围广。徽商活动"足迹遍天下"，故时有"钻天洞庭遍地徽"之谚。到万历时，谢肇制曾道："富室之称雄者，江南则推新安，江北则推山右。新安大贾鱼盐为业，藏镪有至百万者，其他二三十万则中贾耳。"

2. 徽商受挫阶段

明万历后期到清康熙初年近百年间。明万历时，矿监税使四出搜刮，徽商罹祸尤惨。正如赵吉士所言："明末徽最富厚，遭兵火之余。逐遂萧条，今乃不及前之十一矣。"

3. 徽商复兴阶段

清康熙中叶到嘉道之际100多年间。这段时期的发展特点是：徽人从商风气更为普遍；徽州盐商势力更加发展。“两淮八总商，邑（歙）人恒占其四”，特别是徽商与封建势力关系更为密切。不仅徽州会馆普遍建立，徽商结交权贵现象日益普遍。入清以后，官商之间的结合进一步加强。徽商江春担任“两淮盐业总商”40多年，被加授布政使衔，荐至一品和赏赐顶戴花翎，并“以布衣上交天子”，可见徽商与封建势力的结合已达登峰造极的地步。

4. 徽商衰落与解体阶段

清道光中叶至清末近百年间。徽州商帮的衰落恐从盐商的失势开始的。道光十二年（1832年），清廷废除纲法，改行票法，徽商从此丧失了他们世袭行盐专利权，而清政府迫于财政困难，又严追他们历年积欠的盐课，更使许多徽州盐商因之破产。徽州盐商是徽州商帮的中坚力量，徽州盐商的失势使整个徽州商帮势力大为削弱。再加上道光二十年（1840年）鸦片战争爆发，帝国主义列强点燃了中国近代百年不熄的战火。清咸丰元年（1851年）太平天国革命爆发，更使素有“兵戈所不能害”的徽州卷进了刀光剑影的战场。此后西方列强相继发动了对中国的第二次鸦片战争、甲午中日战争、八国联军侵华，对商业活动来说，就更是致命的冲击。当时战乱的地区，正是徽州商帮经营活动最活跃的区域。这无疑是对徽州商帮的极大打击，最终导致了徽州商帮出现无可挽回的局面。

商帮荣枯，系于国运。如果没有强大的国家做后盾，没有稳定的社会环境，商帮纵然再强大，也难逃灭顶之灾。

四、徽商精神及其现代价值

徽商精神是徽州商人在明清时期经商实践中逐渐形成的为社会普遍认可的，在商品经济活动中所表现出来的思想品格、价值取向和道德规范，是古徽州商人群体心理特征、文化传统、思想感情的综合反映。胡适曾把徽商比喻成“徽骆驼”，徽商精神不仅是“骆驼精神”，它还有着更丰富的内涵。

徽商是中国明清时期最杰出的商帮，在明中叶至清中叶的三百余年间，引领中国商业经济潮流。其数百年的经营活动，有形的物质财富固然宝贵，但无形的精神财富更应得到今人的珍视，它体现着徽州商人从事商业活动并能够获得成功所持有的坚定信念，是极其珍贵的精神财富和宝贵的历史遗产，而徽商精神就是其中将会让我们世代受益无穷的财富之源，由于其内涵十分丰富，一经形成即对各行各业发生重大影响。

（一）徽商精神

1. 不畏艰难、吃苦耐劳的拼搏精神

胡适将徽商比作“徽骆驼”是很形象的，当年他曾把徽州人积极进取、忍辱负重、百折不挠、吃苦耐劳的拼搏精神比喻成“徽骆驼精神”，还有人比作“绩溪牛”。徽州商帮能在国家经济中占有举足轻重的地位，没有一种坚忍不拔、百折不挠的精神和意志，是很难取得成功的。

据嘉庆《黟县志》所载：“丈夫志四方，不辞万里游。新安多游子，尽是逐蝇头。风气渐成习，持筹遍九州。黟山古四塞，人情乐古丘。既不事机巧，安能执鞭求往往出则蹶，桑榆几人收。念寝扬州鹤，任彼笑吾鸠。仍复从所好，闲坐看川流。”徽州从事商业活动的人口占了大半。一个地区，如此众多的人投身商海，在中国商业史上可谓罕见。而这些人一旦十三四岁，往外一丢，走上经商之路后，便终年奔波于江湖，不老不休，不死不休，直到耗尽青春和生命。这种情感的投入，生命的投入，也是其他地区所不多见的。吃得苦中苦，方为人上人。徽商同族志同道合者合伙经商，三九严寒不喝酒，三伏酷暑连一顶草帽舍不得买，就是这样，艰苦创业，终于发迹。他们靠自己辛勤劳动，从小本生意做起，把生意越做越活，终于跻身富商大贾的行列。

徽商从封闭偏僻的大山走出，他们的行商之路艰险异常，背井离乡，抛妻别子。徽商没有回头，有的甚至几十年都不再回来，对于经商失败的，宁愿客死他乡。徽商凭着一股闯劲，一股拼劲，一股韧劲，不畏人言，敢为人先，为理想、为发展豁出去拼搏，可谓“一贾不利再贾，再贾不利三贾，三贾不利犹未厌焉”，大有“驴上徽州、不死不休”的执着。

2. 审时度势、出奇制胜的竞争精神

明清时期，徽商作为一个商帮，无论在同行之间或商帮之间，势必产生激烈的竞争。徽商善于趋利逐时，即根据市场特点，采取最好的经营方式；也善观时变，即在把握市场信息的基础上，调整自己的经营项目；还能揣度时宜，即根据各地不同的经济情况，因地制宜，做出种种决策，往往能够出奇制胜，这样在竞争中才能立于不败之地。

如茶、木材是徽州的土特产，随着商业和城镇的发展，茶馆开遍各地，茶叶销路扩大，徽商看中时机将茶贩销至各地。随着江南开发和我国经济重心南移，都市大兴土木，徽商将本土木材倾销各地。明清两代盐都为政府“榷买统制”，徽商利用“开中”等政策挤进经营盐业的行列。有的徽商还从闽广扬帆出海，从事海外贸易，将经营活动扩展到日本、朝鲜等东南亚国家和欧洲的葡萄牙。

3. 以诚待人、以信接物的诚信精神

诚、信、仁、义是儒家文化传统，是儒家伦理道德规范的核心内容，也是处理人际关系的行为准则和做人的最高境界。徽商精神突出表现在以诚信为核心的商业道德上。朱熹说：“诚是不欺妄底意思”，“妄诓欺诈不诚，信是个人所为之实”。诚信的基本思想，就是重然诺，守信用，以诚待人，以信接物。深受儒家思想熏陶的徽州商人以诚、信作为他们的经商原则。

以诚待人，孟子说：“诚者，天之道也；思诚者，人之道也。”既然诚者是天之道，思诚者是人之道也，所以徽商自始至终以“诚”来规范自己的行为。徽商以诚信对待同行，加强商帮内部团结。业主待役夫以恩信，役夫对业主自然心悦诚服。歙县商人程之藩随父去四川业木，役夫常有数百人，“结以恩信，役夫无不悦服，悉听其部署”。清代婺源商人詹谷在崇明岛为业主经营典业，业主年老归乡，后太平军起身事，道路梗塞近十年。在此期间，詹谷“竭力摒挡，业乃大振”，待业主儿子来到崇明，詹谷“将历年出入市籍（账簿）交还，涓滴无私，崇邑之人咸服其公直”。业主儿子深为感动。当詹谷提出回家探亲时，业主儿子要在詹谷的历年薪俸外再加赠四百两银子，被詹谷婉言谢绝。诚是一种信誉，也是一种财富。徽商重然诺，守信用，在同行中信誉高。婺源商人洪胜“生平慎取与，重然诺，有季布风，商旅中往往藉一言以当质券”。俗话说，一诺千金，可见此言不虚。

以信接物，孔子说："人而无信，不知其可也。"，"信"就是诚信、守信、信用，这也是儒家重要的道德规范之一，深受儒家思想熏陶的徽商在经营中对"信"是牢记在心并身体力行的。清代休宁商人吴鹏翔"尝市椒八百斛，或辨其有毒，售者请毁议，鹏翔卒与以直而焚之，盖惧其他售而害人也"。为了保证商品质量，提高信誉，宁可自己利益受损，也不愿以劣质坑害他人。类似事例在徽商中比较普遍，清代中期崛起的制墨商号胡开文是这样，在江南经营的徽州布商号也是如此，歙县布商吴南坡坚持"人宁贸诈，吾宁贸信，终不以五尺童子而饰价为欺"。他的意思是说，别人用欺诈进行交易，我宁可用诚信来交易，即使对五尺童子也一视同仁。经过长期的努力，终于在当地市场建立起自己的信誉。"久之，四方争趣坡公。每入市，视封识为坡公氏字，辄持去，不视精恶长短"。那时布匹上都有每个商人的标识，买布的人们只要看到是吴南坡的标识就不问价格的高低、品质的好坏，顺手就买，可见徽商之诚信在客户心中的分量。

以义取利，"义"是儒家最重要的伦理之一。孔子要求人们"见利思义"，而决不能见利忘义。朱熹提醒人们，"不以其道得之，谓不当得而得之"。

徽商以"财自道生，利缘义取"，"职虽为利，非义不可取也"为信条，在商业活动中力求做到"唯诚待人"，"以信义服人"，"市不二价"。他们也追求正当的商业利润，但决不乘人之危。明代南京城内有典铺500余家，主要由闽商和徽商经营，闽商利息高达三四分，徽商只有一二分，自然受到客户的青睐。又如徽商程锁在江苏溧水经商，这里的惯例是春天贷款，秋天倍收利息，但程锁仍然坚持只收十一之利。某年丰收谷贱，程锁仍按往年价格收购存储。第二年遇饥荒，物价上涨，但他"出谷市诸下户，价与往年平"。多少年来，当地百姓一直对其称颂不已。休宁人粮商吴佛童也与此类似。某年某地大饥，吴佛童粮仓中积有大量粮食，天天发卖，有人劝他囤积居奇，待价而沽，他却笑曰："使吾因岁以为利，如之何？遏籴以壑邻，是谓幸灾，天人不与。"意思是说让我在年成好时再赚钱吧，如今乘灾获利，以邻为壑，这是幸灾乐祸，苍天、百姓都不会同意的，"乃尽发仓廪，平价出之"。徽商崇尚信义，诚信服人，徽州族谱、宗谱中这类记载比比皆是。

徽商经营的棉布业之所以十分兴旺，也与徽州布商字号的产品质量有关。据乾隆《长洲县志》载："布坊各处俱有，惟阊门为盛，漂染俱精。"苏州阊门一带正是徽商棉布字号最为集中的地方，他们从收购棉布时就注意质量，字号、布庄中都有专司看布的人员。经过严格挑选，从小农手中购进质量上乘的棉布，再用上等颜色染色，然后制成质地精美的棉布，并在所染色布的布头上标明本字号的图记。正因为徽商加工的棉布"漂染俱精"，销路极好，以致有人冒充徽商字号图记。顺治十六年（1659年）和乾隆四年（1139年），徽商为了维护自己商品的商业信誉，不得不呈请官府严禁假冒字号。

徽商成功的经验证明，经济与道德是相辅相成的，义利完全可以做到完美统一。经济会随着道德的提升而得到更好发展，道德也可通过发展经济而得以弘扬。

4. 贾而好儒、亦贾亦儒的担当精神

徽州商帮有一个重要特色，即"贾而好儒、亦贾亦儒"。它既促使徽州成为文风昌盛之地，又对商业经营产生积极影响，使徽商称雄于明清两朝。

明代有人把徽商分为"儒贾"和"贾儒"两种。儒贾者，贾名而儒行也，即以经商为名而行儒教之事；贾儒者，以儒饰贾也，即崇儒为名而行经商之事，实质上他们都是具有相当文化程度的商人，或具有经商才干的文化人，是贾与儒的结合，是文与商的交融。

徽商大多有“儒风”，而且这不是个别徽州商人的特征，而是徽商的普遍形象，因此明代谢肇制才说：“新安人近雅而稍轻薄”，戴震也指出“吾郡（徽州）少平原旷野，依山为居，商贾东西行营于外以就口食，虽为贾者，咸近士风”。那时的“士”，其实就是儒，那时的官，其实也是儒。因为他们都是经过科举考试，过五关，斩六将，脱颖而出的。即使是七品芝麻官——县官，也个个是满腹诗书、一肚经纶。一般的商人很难与官员沟通交往。徽商就不同，他们有文化，而且有较高的文化，因此不仅能与文人、官员沟通，甚至与他们结成莫逆之交。徽商与文人、官员交谊深厚，这在其他商帮中还是罕见的。文人可以为他们宣传扬名，扩大影响，官员可以为他们提供各种无形的帮助，徽商能够成为第一商帮，应该与此密切相关。

徽商的价值取向以儒家思想的“修身齐家治国平天下”为归，其中的“平天下”，是最终理想目标。儒家的理想目标，是要天下的老百姓，人人都过上富裕的生活。贾道儒行，徽商虽然从事的职业是商，但儒家思想仍然是徽商的价值观，以儒家的道德规范作为自己处人行事的标准，以“诚信”为商德。在经营过程中努力践行儒家思想，“以诚待人”“以信接物”“以义为利”“仁心为质”。致富以后，乐善好施，救世济民，回报社会的担当精神，同儒家最终理想目标“平天下”一致。徽商向社会慷慨捐助，是为常事。不少徽商被冠以“赈施义士”“商民善士”“富而好礼”的美名而载入史志。把经商所得财富用于投资社会公益建设，是徽商践行“平天下”行为的生动体现。通过读书科举这个平台，修身、齐家、治国，然后达到“平天下”的目的，是徽州人践行儒家思想的主要通道；通过经商致富这个平台，修身、齐家、治国（经营管理商业），然后达到“平天下”的目的，是徽州人践行儒家思想的又一条通道。入仕当官成为廉吏能臣，为民请命；入贾经商成为儒商巨富，惠及百姓。两者殊途同归。

5. 不辞劳苦、虽富犹朴的节俭精神

翻开明清小说，常常见到关于徽商的描写。但在封建文人的笔下，徽商个个是吝啬鬼。如在《三刻拍案惊奇》中就讽刺一个在杭州的徽商吴某，“家中颇有数千家事”，“肉却不买四两”，“只是吃些清汤不见米的稀粥”。甚至在明清笑话中也把徽商吝啬作为讽刺嘲笑的对象，明浮白主人《笑林》中写道：“徽人多吝，有客苏州者，制盐豆置瓶中，而以箸下取，每顿自限不过数粒。或谓之曰：‘令郎在某处大阚’。其人大怒，倾瓶中豆一掬，尽纳之口，嚷曰：‘我也败些家当罢’”。封建文人以此来嘲讽徽商吝啬，但从另一个角度来看，这不正反映了徽商艰苦奋斗、虽富犹朴的勤俭精神吗？

勤俭是中华民族的美德。值得指出的是，徽商女人更能节俭。康熙《徽州府志》卷二就记述“女人尤称能俭，居乡数月，不沾鱼肉，日挫针治缝纫绽……徽商能蓄积，不至卮漏者，盖亦由内德矣”。正是这种不屈不挠的刻苦精神，徽州人开拓了自己的生存家园。许多徽商在创业起始阶段，含辛茹苦，“薄饮食、忍嗜欲、节衣服与用事童仆共苦乐”。许多徽商即使在大富之后，仍坚持简朴。婺源木商李祖圯，“即饶矣，而公之拮据无减贫时，其食粝衣苴，一窭人子不若也。所居庐极卑隘，后指蘖不能容，然终不兴造。常服一布衣，历十余年如新，人有以身贴之者，则频拭之，恐污腻也。云履一双，客至，穿以见，去则搁之，其俭率如此”。有的节俭到了“吝啬”的地步。这种对自己“吝啬”即节俭，是徽州人节约习俗的传承，是“一天省一把，十年买匹马”的民间古训的熏陶，也是徽商小本起家，为资本积累而不得不如此。大量徽商在自奉俭约的同时，当社会、国家、他人需要时，则在钱财捐输上从不“吝啬”，大气而豪爽，有着“仁者爱人”的广阔胸怀。

6. 热心公益、捐赈救灾的奉献精神

徽商发财致富后，以种种“义举”“义行”为民解难，为国分忧。在各种突如其来的灾害面前，他们都能义无反顾地慷慨解囊，将财富奉献社会。徽商热心公益表现在：兴资修桥、筑路，疏通水道，兴修水利；建会馆义庄、置义冢、设立救生船；修建育婴堂，建医治寄宿所；设义学、修书院，重视教育；竭诚捐赈，拯民于水火；以义为利，不发国难财；积德尚善，不赚黑心钱财；等等。徽商热心公益，捐赈救灾的种种“义举”，不仅经商一地，造福一方，构建了徽商经商的和谐环境。

徽商的种种“义行”“义举”既是开我国近代慈善事业先河，从中也可看出，徽商精神是中华民族传统美德厚德载物、关爱他人，国家兴亡、匹夫有责精神的生动体现。

7. 同舟共济、以众帮众的互助精神

这种精神不仅表现在一家人或同族人中，也表现在一个个的商业团体中。即便在整个徽州商帮内部，也能做到同舟共济、以众帮众，像遍布各地的徽州会馆、同业公所的建立，就突出体现了这种精神，从而大大强化了徽州商帮内部的凝聚力。徽商在经济领域之所以取得令人瞩目的辉煌成就，与团结互助、以众帮众的互助精神分不开。

徽商不仅在实际生活中互相帮助，还把互助合作的内容写入家谱、家规中，明文规定下来，使家族合作互助成为一种规范化、制度化的约定。通过扩大宗族圈来结交生意伙伴，建立会馆来联合地域势力，以宗族势力形成人力财力的优势，形成区域性垄断，从而形成一种集团连锁式经营，强化了徽商内部的凝聚力，提高了市场竞争力。

8. 赴国急难、民族自立的爱国精神

明朝建立之初，北境未安，漠北蒙古残余势力时时入犯，明政府不得不在北方沿边驻扎重兵。为解决军粮问题，政府制定开中法，号召商人输粮于边，政府发给盐引，到内地支盐行销。这是巩固边防、保卫国土安全的一项重大政策。不少徽州人千里迢迢不辞劳苦，运粮输边，早期的徽商就是这样发展起来的。他们能够将个人逐利与赴国急难结合起来，正体现了一种爱国精神。徽商的爱国精神，还突出表现在明中叶的抗倭斗争中，他们或者捐资筑城，募勇抗倭；或者出谋划策，领导抗倭；或者弃商从戎，直接深入杀敌战场，如休宁人程良锡本是商人，倭寇猖獗之时，他毅然弃贾从戎，被任命为宜州指挥佥事。他不但“严纪律、勤训练”，而且作战勇敢，指挥有方，先后在苏松、胜敦、太仓等地多次大败倭寇，直打得“倭畏君威，闻风无不披靡”。以后他又随总兵俞大猷转战浙江、福建沿海一带，每战必捷，屡立战功，成为平倭战场上的一员名将。到了近代，为了抵御外国入侵，徽商也踊跃捐资。凡此种种，无不体现出徽商的爱国精神。

（二）徽商精神的价值

1. 宝贵的历史遗产和精神财富

在徽州文化诸多人文事项中，徽商是最重要的一份宝贵历史遗产。作为在中国经济发展史上曾创造奇迹的徽商，它留给当代最有价值的是“徽商精神”。徽商和徽商所创造的徽商文化，是宝贵的历史遗产。徽商的产生和兴盛，生动地反映了中华民族自强不息、开拓奋进、百折不挠、艰苦奋斗的精神。徽商的业绩和特色，给后人留下了许多可贵的借鉴经验。徽商的历史局限和消退的轨迹，也给人们留下了许多可以深入思考的话题。这是一份经验、财富、教益兼而有之的历史遗产。影响深远的徽商文化，名传四方的儒商形象，是宋以来众多徽商和他们的代表人物用汗水和智慧长期锻造的结果。徽商是徽州文化中的奇迹，也是中华文明进步历史上的一个创新篇章。徽商的崛起、兴盛和创造，不仅是当代儒商的镜鉴，而且极具人类学、文化学的学术价值和徽州文化人文旅游的开发价值，以及推进新时代中华民族伟大复兴中国梦的时代认识价值。

2. 经营观念与道德观念的现代价值

徽商在长期的经营活动中，由于受到当时经济、政治和社会环境的影响，加上他们大多秉承传统文化教育与滋润，形成了比较完整的能体现“儒商”特色的经营观念，从而丰富了中国商业史中的观念文化。经营观念虽只是商业文化的一个层面，但它对徽商的兴业发家，其作用却不容忽视。徽商的经营观念，主要体现在质量观念、效益观念、信誉观念、名牌观念、法律观念和途程观念等方面。在徽商的经营中，引入了儒家的道德思想，形成了商业道德。徽商的商业道德仍是现代商业所应遵循的准则。

3. 徽商形象管理——柔性管理、契约管理的当代价值

徽商重视自身的形象管理。孔子主张“为政以德”，《中庸》提出“明德以化民”，强调以道德感化为向导的管理，认为管理者道德越高尚，对被管理者的感召力越大。徽商贾而好儒，“以儒术饰贾事”。在商业经营管理中，特别重视自身的品格形象。歙县鲍志道是清乾隆同扬州盐界总商，对当时“扬州盐务竞尚奢丽，一婚嫁丧葬堂室饮食，衣服舆马，动辄费数十万”的商界奢靡之风，他“以俭相戒”，虽“拥资巨万，然其妻妇子女，尚勤中馈箕帚之事”，“门不容车马，不演剧，淫巧之客，不留于宅”。鲍志道如此重视管理者的形象，以自己的道德品格感召人，使得扬州“奢靡之风至是大变”。徽商重视自身行业的品牌形象。绩溪徽商胡雪岩在杭州开设胡庆馀药堂，名震南北。在其药堂内，有一块专向账房经理挂起的“戒欺匾”，写道：“凡贸易均着不得欺字，药业关系性命，尤为万不可欺，余存心济世，誓不以劣品弋取厚利，惟愿诸君心余之心，采办务真，修制务精，不至欺予以欺世人……”这既是胡岩雪对经理人等的淳淳告诫，也是树立的一块行业招牌。“戒欺”的严格自我约束和坦诚浓情的公开宣誓，为胡庆馀堂树立了良好的社会形象。

徽商贾而好儒，深受儒家柔性管理思想的熏陶，他们在经营管理中极其注重人际关系协调，具有“道之以德，齐之以礼”的特色。绩溪徽商胡伪吉开设在浙江淳安县的胡咸春国药号，商店由经理经管，经理对老板负责，老板聘职员，职责分明，各司其职，用人不搞裙带关系，不拘一格用人才，不随意辞退员工。这个大药房，店员的工资每年以 14 个月计酬，即加两个月嬉工，闰月还再发一个月工资。职工的伙食、旱烟由店里供应，有月规钱用于洗衣、理发。伙食 5 天一荤，大节日设宴招待员工，职工患病所用医药由店里支付，职工来客，一宿两餐也由店里开支。富有人情味的管理制度凝聚了全体职工的人心，大家同心协力，使百年店号日益兴盛，声名远播。

徽商虽然是一个封建商帮，但它毕竟是一种新型的生产关系，是“社会变革因素”在其“以儒术饰贾事”，努力用儒家理念规矩自己商业经营管理的同时，徽商也注意与时俱进，从实际出发，突破儒家管理观念的传统思维，采用一些具有时代创新意义的管理手段。如普遍重视契约管理，建构完善内部管理制度，组构超越宗族范围经营网络等。“空口无凭，立字为据”，徽商大量地使用商业管理类合同契约文书。契约管理形式的强化，就是儒家管理理念之新转换的突出表现。不论是合股企业的经营管理方式还是聘雇人员的职责权利，都有一纸契约给予明白规定，即使“亲兄弟”也要“明算账”。许多徽商的事业久盛不衰，虽不乏亲情细节的凝聚和以德服人的柔性手段，但一般同时也有严格的用人管理制度和规章。正是由于柔性管理和契约制度的刚性结合，徽商才创造了自己事业的新天地。

4. 徽商重教兴学的风尚在现代社会值得大大弘扬

徽商不仅自己贾而好儒，而且十分重视对下一代的培养。他们在致富以后，或者兴建书屋，以重金延师课子；或者亲自督促子弟读书；或者兴办义学，教育本族子弟；更有甚者则兴建书院或捐资书院；也有资助本地本族子弟参加科举考试，重教兴学成为徽商的一种风尚。这种风尚历经几百年，代代相传，经久不衰。其影响是多方面的。一是提高了一代徽商的文化素养，使他们经商更富理性。二是培养了徽州莘莘学子，他们搏击科场，跻身仕途，反过来成了徽商的政治靠山。三是造就了一代代徽州学子，推动了文化学术的发展。四是发扬光大重教兴学的社会传统，对后世商人产生了深远影响。

综上所述，徽商的形成与发展并非偶然，徽州人以“骆驼”的精神，创造了“无徽不成镇”的辉煌业绩。徽商创造的精神与价值是后人继承和发扬的宝贵财富。

第三节　徽州古村落

徽州古村落深受徽文化浸染，被赋予了深厚的文化内涵，是地域历史和社会文化的缩影，是徽文化的物化表象。它不仅展现徽州聚落优美的乡村景观，体现了徽州独特的地方文化，也蕴藏着丰富的历史信息和文化内涵，是徽文化传承发展的重要载体。清代歙县人曹文埴在《咏西递》诗中云：“青山云外深，白屋烟中出。双溪左右环，群术高下密。曲径如弯弓，连墙若比栉。自入桃源来，墟落此第一。”此诗生动描绘了徽州古村落之美，让我们走进徽州古村落，感受自然与人文完美结合的徽州古村落。

一、徽州村落的缘起与发展

准确地说，我们应该称作徽州“聚落”，它在《辞海》中被解释为“人们聚居的地方”。但是，聚居之处在各地有不同名称——北方的“窑洞”，南方的“寨”，山地的“堡”，平原的“村”；聚居之处在各个时代又有不同的名称，例如中国古代有“邑”“都”，而现代却称之为“城镇”。现在一般认为，聚落指人类各种形式的居住场所，不仅是房屋的集合体，还包括与居住地直接相关的其他生活和生产设施。聚落包括房屋建筑、街道、道路、广场等活动场地，以及内部的池塘、河沟，果园、林地等。聚落分村落和城镇两大类。

徽州村落的发展大体上经历了形成期、稳定发展期、鼎盛期、衰落期等四个阶段，徽州村落的发展和演变过程较为典型地反映了中国社会历史的变迁，通过徽州村落的微观、具体研究，对于我们认识和理解中国历史，特别明清时代史，有着十分重要的意义。

（一）形成期

村落形成的成因上，有定居型与移民型之分。定居型村落主要指因农业出现要求定居而形成的村落，真正意义上的定居型村落很少，村落大多是移民形成的。但是事物发展是相对的，历史上某一地区某一时期发生大规模移民形成移民型村落，而随后很长一段历史时期保持相对稳定没有发生大规模移民，由于人口自然增长则可能自发地产生新的定居型村落。

徽州最初的村落为古山越人的聚居之地，属原始定居型村落。历史上中原人不断迁入，反客为主成为徽州古村落的主要建立者。中原大族迁徽以“晋、宋两南渡及唐末避黄巢之乱，此三朝为最盛”，相应地“三朝”建立的村落也最多，东晋、唐末和南宋为徽州古村落的重要建立期。民国《歙县志》所载：“播迁所至，荆棘初开，人皆古质，俗尚真淳，其卜筑山村，殆有人世桃源境界”，勾画了徽州古村落早期的基本轮廓。此时，徽州村落的基本特征开始显现，村落的选址与布局上易守难攻与聚族而居相结合的特征。迁居徽州的先民，特别是一些世家大族在徽州境内的后续迁移形成众多古村落，许多至今仍有较大影响力。如汪姓大族东汉末年迁入徽州，至唐，越国公汪华生九子，长子建，子孙世居歙县唐模、岩镇、府城西，休宁阳湖，黟县宏村等地；次子灿为培川汪氏始祖；三子达，子孙世居绩溪尚田、歙县富溪府等地；七子爽，子孙世居绩溪澄源、歙县慈菰，婺源还珠、大畈、梧村等地。据统计，汪氏后裔在境内不断迁居形成许多汪氏村落，仅休宁汪氏村落就达 46 处。

（二）稳定发展期

南宋、元、明朝初期的 300 多年是徽州社会、经济、文化稳定发展时期，也是徽州古村落稳定发展时期。农耕社会、习尚知书是这一时期徽州古村落的基本特征。史书载：“（徽州）成弘以前，……重土著，勤稿事，敦愿让，崇节俭”；万历《歙志》：“家给人足，居则有室，佃则有田，薪则有山，艺则布圃……妇人编织，男子桑蓬，藏获服劳，比邻郭睦”；康熙《休宁县志》：“四方谓新安为东南邹鲁”；光绪《婺源乡土志·婺源风俗》：“自井邑田野，以至远山深谷、居民之处，莫不有学、有师、有书史之藏”。这些生活内容最终形成了徽州地域特色的耕读文化，以耕读文化为主流文化造就了徽州古村落朴素、亲切的风格，洋溢着纯朴之风和乡土之情，不少徽州古村落因此享有“桃花源里人家”之美誉。另外，徽州多退隐官宦、读书之人，他们怡情山水、构筑私家园林，对村落景观文化往往产生重要影响。现仍残存于黟县碧山村的安徽省唯一的宋代私家园林“培筠园”就是一例。该园为南宋碧山人汪勃所建，汪勃为南宋绍兴二年（1132 年）进士，封新安郡侯，官居二品，后辞官回乡建造“培筠园”，闭门游客，颐养天年。

（三）鼎盛期

明朝中期至清中期是徽州商人发展的黄金时期，徽州社会经济文化勃兴鼎盛期，也是徽州古村落发展的鼎盛期。明中叶后，由于以经营盐业为主的徽州商人迅速崛起，一些徽州商人在经营中获取较大的利润，这些利润大多流回家乡，成为建设徽州村落的资金来源。徽州家谱志书对此多有记载，光绪《石埭桂氏宗谱》“每逾一岭、进一溪，其中烟火万家、鸡犬相闻者，皆巨族大家之所居也。一族所聚，动辄数百或数十里”。《重修古歙东门许氏宗谱》"今寓内乔木故家相望不乏，然而族大指繁，蕃衍绵亘，所居成聚，所聚成都，未有如新安之盛者"。清康熙年间歙人程且硕《春帆纪程》描述了歙县村落盛况，"徽俗士夫巨室多处于乡，每一村落，聚族而居，不杂他姓。其间社则有屋，宗则有祠。……乡村如星列棋布，凡五里十里，遥望粉墙矗矗，鸳瓦鳞鳞，棹楔峥嵘，鸱吻耸拔，宛如城廓，殊足观也。"程且硕自祖父起已侨寓扬州，回归故里叹称家乡村落"宛如城廓"，可见当时徽州村落的辉煌。

（四）衰落期

清中叶以后，徽州盐商开始衰落，加上此时向来鲜遭战祸的徽州却成为太平天国起义军与清军激烈争夺的地带，昔日辉煌的村落遭受巨大破坏，多年的经济积蓄也在战乱中丧失，族人无力重修，徽州村落从此一蹶不振，迅速走向衰落。如婺源"乾嘉之间，五乡富庶、楼台拔地，栋宇连云。兵燹以来，壮丽之居，一朝颓尽，败垣破瓦，满目萧然。承平五十载，元气卒不可复"。当然，徽州村落只是封建社会和封建制度的退场，对于徽州人来说，终将会迎来新的发展。

二、徽州村落的规划布局

日本东京大学教授原广司先生在他的专著《世界聚落的教示 100》中，开宗明义地指出："聚落常被解释为是自发形成的，而实际上从聚落的诸要素（居住和公共设施等）及其排列所决定的基本形态，到使人觉得不过是偶然形成的细枝末节，都可以看成是经过精密设计的结果。随着对聚落调查的不断深入，这种计划性也不断得到证实。"同样，作为徽州古村落也是从自发到自觉"有目的的活动"，是经过"设计"的，有着鲜明的规划思想和营建理念。

（一）宗族礼制是徽州古村落规划的基本理念

1. 徽州村落的兴起受到宗族制度的影响

徽州古村落以血缘关系为纽带，聚族而居是古村落的特色之一。南迁入徽的中原移民不少是中原世家大族，有着强烈的宗法观念和严密的宗法组织，生存的需求和文化的传承。不论是三次大规模的南迁入徽还是无数次在徽州境内迁居，有组织的举族迁移是其重要特点。他们聚族而居，保持着严密完整的宗族组织。徽州历史文献对此多有记述，光绪《婺源乡土志·婺源风俗》"乡落皆聚族而居，族必有谱、世系数十代"。乾隆《绩溪县志序》"然深山大谷中人，皆聚族而居，奉先有千年之墓，会祭有万丁之祠，宗祐有百世之谱"。程且硕《春帆纪程》描述歙县村落状况也称"徽俗士夫巨室多处于乡，每一村落，聚族而居，不杂他姓"。清人赵吉士《寄园寄所寄·故老杂记》中说："新安各姓，聚族而居，绝无一杂姓搀入者，其风最为近古。出入齿让，姓各有宗祠统之。岁时伏腊，一姓村中，千丁皆集，祭用文公《家礼》，彬彬合度。父老尝谓，新安有数种风俗胜于他邑：千年之冢，不动一抔；千丁之族，未常散处；千载之谱系，丝毫不紊。"总之，南迁的中原移民是徽州早期村落的主要建造者，他们一开始多以始祖或迁祖为中心聚居繁衍。此后才开始发生裂变，徽州宗族裂变的直接后果，就是在原有村落的基础上逐渐扩散出若干新的分支村落。于是，宏村为汪姓居住地，呈坎为罗姓，西递为胡姓，唐模为许姓，上庄为胡姓等。诸如此类，不胜枚举。

2. 突出祠堂在村落规划中的主体核心地位

中国古代社会是个推崇宗族礼制的社会，而宗族关系的节点就是作为宗族象征的祠堂。对宗族礼制的推崇主要反映在徽州村落的宗族祠堂在村落布局的中心地位上。走进村落中央，随处可见的祠堂，更以其强烈而直观的宗族情感表达方式为宗族内部的各种活动提供了一个规定性的场所，举凡祀祖、诉讼、喜庆等族中大事均在祠堂中进行，久而久之。宗祠便成为村民心目中精神的中心，同时也成为徽州村落空间的中心。如黟县西递村整个村落以祠堂——敬爱堂总祠为中心布局设计，处于村落中轴线的中心位置，所有民居通过纵横交错的道路与街巷连接起来，形成一个整体，使村落宛若航行中的巨舟，敬爱堂则位于巨舟的中心。南屏村叶氏宗祠叙秩堂、宏村的乐叙堂等都分布在村落的中轴线上。再如绩溪石家村，整个村落以后村正中的石氏宗祠——“帅府”为中轴线，左右对称。“帅府”与一幢幢象征着“士、相、马、车”的民居，一字排列在棋盘底端边线上。“帅府”的对面是半亩方形池塘，池塘里有一个按照石守信帅印比例放大修筑的长 2 丈、高阔各 1 丈的印墩。印墩上的古柏象征着印柄。村内道路均用花岗岩铺就，三条经线象征着棋盘中的“横线”；流经村中的桃花溪是“楚河汉界”，隐喻石守信当年常与赵匡胤对弈。桃花溪一侧的远堤岩是红方棋盘的“河界”边线。南北向的纵向街巷是红方棋盘上的九条“直线”。为了棋盘的完整，每条街巷的两端均筑有闸门，巷路尽头皆设弄门，夜晚关闭，宛若一城堡。村中下水道明暗兼有。五尺宽石板道路。防盗用的上下闸门及马头墙均为典型的徽派建筑式样。显然，石家村的布局中所表达的祖先崇拜的意识非常明显，石氏后人也在村落的布局中时时感受到强烈的宗族归属感。

宗祠在徽州村落的建筑群体中还处于核心地位，而且村内其他建筑物在高度上也不能超过宗祠。这样也就更加衬托出宗祠的庞大规模和宏伟气派。譬如绩溪龙川的胡氏宗祠为三进七开间，因规模和装饰之精美而被誉为“江南第一古祠”；南屏村叶氏宗族的“奎光堂”布局宏大，是三进五开间，四周是高耸的砖墙，仪门、享堂和寝堂的梁架用了 86 根硕大的木柱和石柱支撑；呈坎罗氏宗族的“东舒祠”（又叫宝伦阁），则是三进七开间的祠堂，宽 21.3 米，纵深 135 米，前后三进之间各有一个近 50 米的大院。

宗祠是徽州村民的政治、经济、文化和精神的中心，它是宗族礼制思想的具体体现。在徽州村落规划中，与其他公共空间相比，作为宗族成员祭祖和议事的公共活动空间，祠堂在聚族而居的徽州村落建筑中居于核心和至高无上的地位。因此，它的布局大多位于村落的中轴线上或村头较为开阔的空间内。突出祠堂的主体核心地位，反映了徽州古村落受到宗族制度和宗法观念的影响，表达出古徽州人对封建宗族礼制的敬畏和服从，对家族和祖宗至高无上的膜拜和尊崇。

（二）风水文化体现徽州古村落规划的思想内涵

徽州人自古崇尚风水，有重视风水的习俗，在以往的历史文献中多有记载，宋人罗愿《新安志》曾云：“安土重迁犹愈于他郡。泥于阴阳，拘忌废事，且昵鬼神，重费无所惮。”清人赵吉士《寄园寄所寄·故老杂记》中亦云“风水之说，徽人尤重之，其平时构争结讼，强半为此”。为了争竞风水而对簿公堂，彼时徽州人对风水的重视于此可见一斑。徽州人痴迷于风水，常常要举全宗族之力来成就，其最终目的还是要服务于宗族的繁衍与壮大这一终极目标，为此我们就不难理解徽州人把风水一事写入族谱，制定了种种族规家法来禁止和处罚破坏风水的行为。

按照风水理论，在村落的选址上，徽州人格外注重地势、天时和风水，此所谓“无村不卜”。徽州人理想的村落模式是“枕山、环水、面屏”，强调依山傍水，也就是前有朝山和案山，后有来龙山，亦称靠背山。水口处有两山夹峙把守，有河流或溪水从村前流过，似金带环抱。这样一种选址指导思想，所成就的自然是一些与周围环境和谐相融的园林化的村落，放眼整个徽州，类似的杰作不胜枚举：歙县的西溪南，徽州区呈坎，黟县的西递、湾里，绩溪的龙川等。下面以徽州区呈坎为例：呈坎，原名龙溪，始建于东汉三国时期，距今已有1800多年历史。村落整体形态完全体现了背山面水的“负阴抱阳［《易经》‘阴（坎卦）阳（呈卦）二气统一，天人合一’的八卦风水基本理论进行选址布局而来的］”形式，背靠来龙山为葛山、鲤王山，村北有龙山、长春山，村南有龙盘山、下结山；村落前涞川河依村而过，河前是数千亩的开阔田园；遥遥相对的灵金山为屏。如果把呈坎的山势比作一条起伏的龙，那么众川河水系就像一只飘逸起舞的彩凤，真可称得上是龙翔凤舞、龙凤呈祥。“枕山、环水、面屏”的选址模式在这里得到鲜明的验证，成就了山环水绕、“藏风聚气”的居住福地。宋代理学家朱熹曾赞誉呈坎曰：“呈坎双贤里，江南第一村”。

徽州人认为“水口乃地之门户”，当“一方众水所总出处也”。徽州处万山之间，各个村落四面皆山，形成较封闭的完整空间，水口也就自然而然地成为村落的咽喉，被看成关系到村落人丁财富的兴衰、聚散，所以极为重视水口园林的景观规划与建设。如绩溪冯村《冯氏族谱》所载：“自元代开族以来隅庐豹隐，尚未能大而光也。后世本堪舆之说，因地制宜，辟其墙围于安仁桥之上，像应天门；筑其台榭于理仁桥之下，像应地户。非徒以便犁园，实为六厅（族分六支，支各有厅）关键之防也。所以天门开，地户闭，上通好国之德，下是泄漏之机。其物阜而丁繁者，一时称极盛焉。”冯村人认为，自元代开族以来，“尚未能大可光也”，重视村落水口建设，改善风水后，结果“物阜而丁繁，一时称极盛焉”。此类记载比比皆是。也正是因为这一原因，过去的族众往往对水口的一石、一草、一木都不敢轻举妄动。

徽州风水中最具魅力的部分是水口的理论和营建，通过吉凶观念表达出的水口空间序列，普遍存在于徽州传统村落。在徽州百姓的传统观念中，水就是财富。水口是整个村庄风水的咽喉，水口的形势状态是一村居民生死、前程的象征，决定着一个村子的盛衰和安危。水口，即水之所出之口，它是徽州村落结构的一项重要元素，是村落外部空间的重要标志。在徽州，大凡百年以上的村落，都建有经过精心规划设计的水口。水口往往在两山夹峙处，山势蜿蜒，溪水潺缓，古树参天，石径穿云。在徽州人看来，正因为山势环绕，水口严密，才有了明清两代富庶无比的辉煌。

徽州人认为水即是财富，为了留住财气，防止它外流，除选中好的水口位置外，还必须建造些富于人文气息的建筑：桥、台、楼、塔等物，增加锁钥的气势，扼住关口，水口树木布局也是基于风水“障空补缺”的理论之上。徽州人在水口上的处理，改善了村落的环境及景观，形成“绿树村边合，青山郭外斜”，“全村同在画中居”的村落总体环境特征，使水口成为独具特色的村落园林。

由于自然环境及条件限制，不可能完全合乎人们按照风水所设想出来的理想模式，这就需要采用避让、改造、符镇等方式加以人工调整，通过人的努力使有缺陷的自然环境变成了完美的图形。常见的是建桥，桥是主要关锁，有了它人们感觉进退自如，有一种被保护的安全感；辅以堤、树、塘、亭等，目的就是为了增加锁钥气势，扼住关口，留住财气。徽州村落重视后天营造，追求好上加好，或弥补美中不足。造祠立塔等人工建筑具有标志、观赏、界定、防卫等功能，更蕴含“障空补缺”的风水理念。如婺源浙源龙天塔，坐落于凤山村头浙溪河畔，始建于宋，明万历年间重修。传因凤山村多火灾，村人遂建此塔以镇火神，并取名“龙天”，与“凤山”村名呼应，有“龙凤呈祥”之意。塔高 37 米，6 面 7 层，砖石混合砌筑，腰檐层层支出，每层飞檐翘角均悬挂铁铃，风吹叮当悦耳，登临塔上，眺望阡陌田园，颇有诗情画意。

（三）田园生活是徽州古村落规划思想的主题

徽州古村落有悠久的历史和深厚的文化底蕴，徽州人在村落建设中非常重视村落的文化内涵，突出了田园生活的情趣。

徽州古村落居处山林之中，人们希望村落的布局营造既能反映出“天人合一”的境界，还要体现出怡然自得的田园生活。下面是黟县宏村的布局规划，周围青山绿野滴翠相拥，村内家家宅院溪水潺流。月沼、南湖水碧面阔，粉墙黛瓦倒影闪烁，湖上虹桥飞架，湖面鹅鸭悠游，《黟县志》有诗赞道：“何事就此卜邻居，月沼南湖画不如。浣汲何妨汐路远，家家门巷出清泉。”这种融情自然山水、得趣田园生活的集山水、田野、村舍为一体的园林式的村落景观，在徽州比比皆是。黟县关麓村作为皖南古村落形成的典型代表，有“小桥流水人家”之誉。

徽州古村落强调具体景观的营造，许多局部村落景观被冠以诗画般的名称，从而唤起人们美好的遐想和生动的意象。古徽州六邑都以动物造型作为象征，如歙县犬、绩溪牛、休宁蛇、黟县蛙、祁门猴、婺源龙，既反映辖域形貌，又喻义当地居民的人文习性，机灵、耐劳、团结，听起来耐人寻味。邑下村镇亦然，多有一个好听的名字。村落的命名颇具诗意，同姓村落多以姓氏为村名，反映聚族而居的本源，如郑村、许村、江湾、胡里等；或以村落型貌特征命名，呈坎、西递，而更多的则是选取汉语中的吉祥词语作为村名，如宏村、雄村、关麓（官禄）、理坑；或直接从古典名篇中摘取字句作为村名园名，如源于诗经“瞻琪”村、“檀干”园。诸如此类，使徽州人的儒雅之风自现。为烘托村落的人文气息，许多徽州古村都载有本村景观和历代名人题咏，组成“村落八景”“村落十景”等，如歙县《溪南八景诗》：祖祠乔木、梅溪草堂、南山翠屏、东畴绿绕、清溪涵月、竹坞凤鸣、山原春涨、西垄藏云共八组由祝枝山等题写的村景诗，从中可以想见当年溪南村妙景。宏村有“西溪雪霭”“石濑夕阳”“月沼风荷”“雷岗秋月”“南湖春晓”“东山松涛”“黄堆秋色”“梓路钟声”；呈坎村有“永兴甘泉”“朱村曙光”“灵金灯现”“汐峰凝翠”“鲤池鱼化”“道院仙升”“天都雪霁”“山寺晓钟”；曲头村有“屏开锦张”“甄峰毓秀”“石室情虚”“逢山作壶”“若存仙迹”“渊涌金鱼”“峦回天马”“玉泉鸣佩”。这些“八景”“十景”虽然都是自然的景物，但在设计和营造、建构这些具体景观时，都深深烙上了人文印记，形成了一幅幅格调高雅而又朴实自然的山水画卷。如“山寺晓钟”“汐峰凝翠”“南湖春晓”等，似诗中有画，画中有诗，富有极高的韵味。又如“朱村曙光”“月沼风荷”这些景观突出了田园风光的主题，给我们展示的是一幅田园牧歌式的乡村图景。

从徽州古村落所设计的主题可以看出，它突出的是田园生活。徽州历来有“东南邹鲁”之称，徽州文人墨客们为了体现文明礼仪之地，为了突出名门望族的高贵和不俗之处，往往采用赋予村落景观以诗情画意、景观名称以意味悠长、体现封建时代上流文化心态的田园生活手法，借以表达村落蕴涵的田园生活意境。这是形成徽州古村落意境的现实历史基础。

徽州古村落是封建时代小农经济的产物，是自给自足的农业经济在人们生活和居住空间中的反映。古村落规划思想自然受到封建社会自给自足经济的影响，徽州古村落的规划思想也不能脱离传统儒家和道家文化所勾勒出的世外桃源模式和主题。它以典型的形态反映了封建时代人们对世外桃源模式的追求，淋漓尽致地表达了田园牧歌式的理想。

从徽州古村落规划的指导思想上看，它通过突出宗祠在村落布局中的中心地位和村落建筑群体中的核心地位，把对宗族礼制的推崇上升为村落规划宗旨，以此来加强血缘关系，提高宗族的向心力，强调人与自然关系的“善”；从村落的形态和景观规划看，徽州人把风水文化作为村落规划的内涵，其中对宗族、人的命运的祈福反映了徽州人在村落规划上力图营造出文化生态型聚落，强调人与自然关系的“真”；从村落规划的主题来看，徽州古村落把田园生活视作村落规划永恒追求的主题；徽州古村落规划思想中，突出了人的主体地位，把人的生活、命运和理想追求与村落环境有机地结合起来，强调人与自然关系的“美”。它体现的是徽州人通过古村落的建设，实现人与自然的和谐，达到物我相融的境界。这也是中国传统哲学所谓“天人合一”的境界，正如联合国教科文组织对徽州古村落西递、宏村的评价：它是自然与人文结合的光辉典范。

第四节 徽 派 建 筑

说到徽州建筑，“青瓦出檐长，马头白粉墙”，粉墙黛瓦的民居，清新幽雅的青山河，整洁恬淡的村庄，放眼望去，蓝天白云，田野园林，小桥流水，青石板路，深深细巷，淡淡炊烟，构织成一幅五彩缤纷、浪漫抒情的美妙图画。正如康熙末年寓居扬州的歙商程且硕在返回故籍时《春帆纪程》中描述所见到的情景：“遥望粉墙矗矗，鸳瓦鳞鳞，棹楔峥嵘，鸱吻耸拔，宛如城郭，殊足观也。”

徽州建筑又称徽派建筑，是中国传统建筑最重要的流派之一，并非特指安徽建筑，主要流行于徽州六县与严州大部以及周边徽语区，概指明清徽州府辖区内萌发和成形的一种以强化儒家伦理道德秩序为主要文化特征，具有鲜明的地域性特色的建筑。它既符合地理学意义上所界定的“徽州的建筑”，也涵盖文化意蕴中所呈现出的儒家伦理道德精神风貌的“徽风”建筑。

徽州建筑自成一个传统乡土建筑体系，融古雅、简洁和富丽于一体，其特色主要体现在村落民居、祠堂庙宇、牌坊和园林等建筑实体中，尤以民居、祠堂和牌坊最为典型，被誉为徽州古建三绝。其风格最为鲜明的是大量遗存的传统民居村落，从选址、设计、造型、结构、布局到装饰美化都集中反映了徽州的山地特征、风水意愿和地域美饰倾向，成为别具一格的徽派建筑艺术。

一、徽派建筑溯源、成因与发展

1. 徽派建筑始于南宋

徽派建筑成长离不开徽商。徽商虽然萌芽于东晋，但至唐代发展还是缓慢的。南宋以后，理学勃兴，社会儒教化，以及徽商的成长，才为文化学意义的徽派建筑萌芽、成形，提供了必要条件。其成因从地理环境来看，如许承尧《歙事闲谭》所载："徽之为郡，在山岭川谷崎岖之中"，十之八九为山地和丘陵。人常说徽州地理的明显特点是山高滩险、丘陵绵延、山水清明、奇峭秀拔。徽州处于亚热带，属湿润性季风气候，有利于林木、茶叶的生长，有着丰富的森林资源及多种土特产。正因得天独厚的大好山水和生态环境，决定了徽州这片古老土地上的建筑基本属于"山地建筑"，中国传统风水术中理想人居环境模式的所谓"风水宝地"几乎随处可寻，为村落园林化铺垫了广泛的基础。而森林覆盖率很高，充裕价廉的木材，决定了徽州房屋建筑形式多为木构架体系；山间所产各种优质石料，被广泛用于桥梁、牌坊和建筑装饰。

另外从历史渊源来看，古徽州民居建筑大多是砖墙、木梁架和方砖铺地，结构牢固，与中国南方的"干栏式"建筑无大区别。早在公元前五千年的河姆渡新石器时代遗址中就有干栏式的条形建筑了。徽州与浙江余姚河姆渡的位置相距很近，自然也早采取干栏式建筑，即修建时先用石块安好基脚，以杉树原木为立栏，用枋条穿拉起来，形成离地五六尺高的底架，在底架上铺以宽厚的木楼板，然后在其上以竹木为骨架，用茅草盖顶建房屋，全为木结构，一般有正房三间加两头偏厢，外走廊围以木栏。东晋以后，中原士族三次大规模举家南迁徽州山区，带来了先进的中原文化，与山越文化交流融合后，徽州建筑形式就进入了一个培育和催生的状态。唐初，政府和官员采取鼓励和优惠政策，砖木结构的瓦屋在徽州民间得到推广。早期的徽派建筑在楼层设计上仍沿用干栏式样：楼下低矮，栏栅外露且不加修饰："楼上厅"宽敞，方砖铺地，望砖蒙顶。人们日常生活起居的主要场所在楼上。后来，随着砖墙防潮性能的改进和排水管沟的畅通，以及那些过去威胁楼下居住的恶劣因素随着地理环境改善和社会进步而逐渐消失，徽州民居建筑才逐步演变为楼下高大宽敞、楼上简易的形式。从时间上看，徽派民居建筑风格的形成，应当上溯唐宋时期，而从"楼上厅"演变为楼下厅堂高大的过程一直到明末清初才基本稳定下来。

2. 宋元是徽派建筑草创期

中国的宗祠是从家庙逐渐演变和发展而成的。《礼记·王制第五》载："天子七庙，三昭三穆，与太祖之庙而七。诸侯五庙，二昭二穆，与太祖之庙而五。大夫三庙，一昭一穆，与太祖之庙而三。士一庙。庶人祭于寝。"可见，早在西周时期，我国就有了较为完备的宗庙制度。但西周宗庙等级森严，只有天子、诸侯、大夫和士等贵族有专门祖先的祭祀"宗庙"，庶人百姓无庙，只能祭祀于寝室，至多算作"家祠"。

宋代的祠堂规制随着宗族形态的演变而发生了较大变化。从北宋中叶开始，长江流域及华南各地的地方性宗族组织得到了迅猛的发展。范仲淹在苏州建立的救济宗族中贫困成员的义田，欧阳修、苏洵创修的旨在敬宗睦族的新式族谱，一时为各地宗族所效法。以纂修族谱、设置义田和创建祠堂等方式，强化血缘性宗族组织的控制功能与作用，在北宋中叶以后成为一种广泛的实践。特别是朱熹在《文公家礼》中指出："今以报本反始之心、尊祖敬宗之意，实有家名分之守，所以开业传世之本也，故特著此冠于篇端，使览者知所以先立乎其大者，而凡后篇所以周旋升降、出入向背之曲折，亦有所据以考焉。然古之庙制不见于经，且今士庶人之贱亦有所不得为者，故特以祠堂名之，而其制度亦多用俗礼云。君子将营宫室，先立祠堂于正寝之东。祠堂之制，三间，外为中门，中门外为两阶，皆三级。东曰阼阶，西曰西阶。阶下随地广狭，以屋覆之，令可容家众叙立。又为遗书、衣物、祭器库及神厨于其东，缭以周垣，别为外门，常加扃闭。若家贫地狭，则止为一间，不立厨库，而东西壁下置立两柜，西藏遗书、衣物，东藏祭器亦可。正寝谓前堂也。地狭，则于厅事之东亦可。凡祠堂所在之宅，宗子世守之，不得分析。凡屋之制，不问何向背，但以前为南、后为北、左为东、右为西。”祖籍徽州婺源县的朱熹有关祠堂的论述，初步奠定了徽州后世宗祠的雏形，更是促进徽州宗祠在宋代的兴起。

宋元时期，只有极少数宗族建有祠堂，歙县潜川（今潜口）金紫祠，始建于宋，祠前牌坊龙凤板上刻有“宋效建”字样。建于南宋初年的祁门六都报慈祠，亦为高宗赐“报慈”额。可见当时建宗祠要奏准，是很不容易的。徽州宗谱上明确记载的宋元祠堂，还有建于宋代的休宁古林黄氏宗祠，元至大年间（1308—1311 年）婺源县考川明经祠，元泰定元年（1324 年）婺源县清华胡氏宗祠，元代婺源县桂岩詹氏宗祠。宋元徽州宗祠尚属草创期的一个极为重要的佐证是族谱，在宋元徽州族谱中，发现宋元徽州族谱中没有祠堂等内容。由此可推断，宋元时期徽州宗祠的兴建还只是处于零星的状态，尚未形成一种普遍的社会现象。

3. 明清是徽派建筑鼎盛期

徽州宗祠的大规模营建，是在明代中叶，特别是礼部尚书夏言关于臣民祭始祖、立家庙的奏疏获得明世宗恩准之后。夏言在题为《请定功臣配享及臣民得祭始祖立家庙》奏疏的第二部分，提出了《乞诏天下臣民冬至日得祭始祖》的建议，指出：“夫自三代而下，礼教凋衰，风俗蠹弊，士大夫之家、衣冠之族尚忘祖遗亲，忽于报本，况匹庶乎?”程颐为是缘情而为制，权宜以设学，此所谓事逆而意顺者也。故曰：“人家能存得此等事，虽幼者可使渐知礼义。”此其设礼之本意也。朱熹顾以为僭而去之，亦不及察之过也。且所谓禘者，盖五年一举，其礼最大。此所谓冬至祭始祖云者，乃一年一行，酌不过三，物不过鱼黍羊豕，随力所及，特时享常礼焉尔。其礼初不与禘同，以为僭而废之，亦过矣。夫万物本乎天，人本乎祖，豺类莫不知报本，人为万物之灵也，顾不知所自出，此有意于人纪者，不得不原情而权制也。迩者平台召见，面奏前事，伏蒙圣谕：“人皆有所本之祖，情无不同，此礼当通于上下，惟礼乐名物不可僭拟，是为有嫌，奈何不令人各得报本追远耶？大哉，皇言！至哉，皇心！非以父母天下为王道者，不及此也。臣因是重有感焉，而水木本原之意恻然而不能自已。伏望皇上推恩因心之孝，诏令天下臣民，许如程子所仪，冬至祭始祖，立春祭始祖以下、高祖以上之先祖，皆设两位于其席，但不许立庙以逾分，庶皇上广锡类之孝，臣下无禘拾之嫌，愚夫愚妇得以尽其报本追远之意。溯远祖，委亦有以起其敦宗睦族之谊。”特别是明中叶以后，随着徽州商帮和官绅的势日益增强。财雄势大，将大量利润耗费于奢侈生活，“即回家修祠堂、建台笔重楼宏丽”。徽商崛起所引发的村镇大规模建设，使徽派建筑获得了雄厚财力支持的背景，为之提供了坚实牢固的经济基础，其特殊建筑风格也逐渐形成体系，更加趋于文化性、装饰性；在白墙青瓦的外观里面，也包含着日益丰富的文化内涵，同时显示出高超的集建筑、书画、雕刻于一体的综合艺术，徽派建筑工艺达到一个新的水平。

至于徽商广建豪宅、园林，是将成家立业看作“富而显贵”的标志，希望用砖、木、石写成建筑形式的大块文章，能够以这种无声的语言抬高身价、光宗耀祖，也为晚年构筑一个颐养天年的洞天福地，更为子孙置备一份不动产业。既然徽商费巨资建宅第园林，他们“贾而好儒”，进而“官商互济”的本性，必然在徽州建筑上留下印记。商贾和官绅游走四方，广交文人墨客，见多识广，对外地各式各样的建筑格式、技巧十分敏感，吸收新事物颇为大胆，随着自身艺术鉴赏力的不断提升，将异地甚至异国建筑引入，经过取舍损益，加上明清前徽州建筑的“古风遗韵”，内外融合，不断创新，使徽派建筑日臻成熟，以浓郁的文化气息别开生面地成为徽州文化实在的载体。

概括起来说，徽派建筑的历史成因除依托地理环境外，更由于徽州有一个特别的社会结构：中原士族人员与山越土著的融合；两个导致辉煌的法宝：经商为贾聚财和科举仕途做官互济。三个基本条件：徽商巨资奠定经济实力基础；官绅名士构成艺术文化基础；新安理学成为思想理论基础。

二、徽派建筑的形态与构造

徽派建筑包括民宅、祠堂、牌坊、庙宇、书院，还有桥、亭、廊、阁、台、榭等单体形态，以及由之组群的村落、城镇。

当代研究民居建筑的学者陆元鼎先生曾有过这样的结语：“传统建筑中的地方特色、地方风格实质上是由地方建筑，主要是民居、民间建筑的共同特征所形成的。”徽州民居是徽州建筑类型中最能反映地域建筑文化特征的类别，徽州民居的艺术特点与审美特征传承了中国传统民居营造理念的因素，同时，在明清世风的波及和徽商文化的推动下，又表现出富含徽州地域特色的审美趣味和审美心态。

从徽州民居建筑形态看，整个宅居的布局以中轴线对称分列，面阔三间，中为厅堂，两侧为厢房，厅堂前方中部为天井，构成一座以天井为中心的三间两过厢组合，长方形平面双楼层的内向小型三或四合院。房屋四周用砖砌高墙围护，坡面屋顶用鱼鳞小青瓦覆盖，马头形的山墙从屋顶面的两侧筑起，一直高过屋脊，屋脊则用板瓦筑起脊筋和盘龙，覆盖蝴蝶瓦以防雨水冲刷墙头。宅内庭院铺设鹅卵石或青石板路，修筑花圃，林木盆景，小桥流水，和谐组合，构成了徽派民居建筑形态的基调。徽州民居的构造形态与周边的自然山水融为一体，它从外部素雅的色彩与高楼层外部形制两个方面表现了其与自然相合，以徽州的历史文化地理环境为根本，建筑特色有别于其他地区。徽州民居最引人注目的是其外部的色彩，白、黑、灰三种色调的使用，以及与周边山水的融合，构成了中国的画里乡村。

徽州民居的用色极为淡雅，看起来像是只用墨稍加勾勒的一样。“青瓦出檐长，马头白粉墙”，描述的是其外部的典型色彩，即粉白与青黑。经时间的打磨，在外观上，基本上只能看见三种色彩：黑、白、灰。黑色指的是徽州民居上的马头墙，顶端用黑瓦铺盖，形成了徽州建筑的边缘线，高低错落，看起来像是毛笔的随意勾勒；白色是徽州民居的主体颜色，其墙面全部是用白粉粉刷而成的，形成洁白的立面效果；而灰色则是随着历史的沧桑逐渐形成的，因民居的墙上施以白粉，在雨水的长期冲刷与浸透之下，有一些白粉就逐渐褪去，白粉之下的青砖慢慢显露出来，形成了山水画中的浸染效果。黑、白、灰与自然构成的山水意境，说不清房在景里，还是景在房的色块里。淡雅的色彩给人一种清净的气息和雅致的态度，也给人留下了别样富有文化性的思考。

徽派建筑由堂、楼、廊、阁、桥、天井、墙、门、顶、阶等基本要素组合而成，这些要素的基本形态是稳定的，很少有大的变化，但其组合方式、方法却十分灵活多变，相应的也有一定的组成规则，其中最常见的如垂直叠加，则可成楼或阁楼、阁桥；水平连贯、重复、围合、穿插、偏置、遮掩等方式则可组合成各种不同类型的房屋。如一般民居入宅则依天井的位置和布局可分为四种：凹形、口形、H形和曰形。凹形宅，即俗称三间式，一明间为堂、两暗间为厢房，堂前天井，天井两侧也可各建廊房，为一进两层的楼房，楼梯设在明间背后或廊房任何一侧；口形宅，多为三间两进的楼房，实际就是两座三间式的凹形宅相向组合，楼下前一进的明间为前庭，两旁为卧室，后一进的明间作客厅，天井在前、后进的中间稍偏前；H形宅，其实是两座凹形宅的背向组合，前、后进各有天井，两旁有廊房，中间为正屋；曰形宅，也是三间两进，每进各有天井，各进之间两边均有廊房相连。房屋的多进式重复或偏置，或随地形而穿插、连贯，甚或多单元纵横向延伸而围合成“多进堂屋”。每进一堂便递升高一级，沿山势陡度立台阶，俗称“步步高升”，最能体现徽州文化中“聚族而居”，讲求“亲亲”思想和家族内尊卑有序的等级制度。

徽派建筑形态另一种单体建筑——祠堂，是村中最具规模、耸然高出民居的建筑。祠堂是宗族祭祖、议事、管理和进行其他宗族活动的场所，也是族权的象征。作为徽州建筑中最具特色的公共建筑之一，祠堂在徽州的村落整体建筑中居于核心的地位，是聚族而居的徽州宗族的“圣殿”，是村落和宗族的精神寄托之所在。祠堂内设敬奉祖先牌位的寝殿和祭祖的享堂，执族规的议事厅。一座宗祠从外形上看去，自南往北的中轴线上，展布着照壁、坪坦、坊门、碑亭、仪门、两庑、祭台、享堂、前后天井、寝殿、祀座等一系列建筑物，持有严格的均衡与对称，造成一种神圣肃穆又阴森可怖的气氛，表达出封建宗法制度的封闭性、保守性和神秘性。从家谱的记载和现有徽州祠堂的遗存来看，除极少数家庙和祠堂以外，绝大多数徽州宗祠为三进五凤楼式砖木结构建筑。所谓“五凤楼”，主要取“有凤来仪”和“五凤朝天，四水归堂”之意，主要用于祠堂第一进即仪门屋顶装饰，五凤楼有10个角，呈五对展翅之状。五凤楼下正中的祠堂大门，被称为“仪门”。“仪门”，亦称“大门”“门厅”“过厅”等，这是徽州祠堂建筑的入口。第二进为“享堂”“室”“正寝”等。享堂是宗族进行祭祖活动、举行祭祀礼仪和商议宗族大事的地方，是由古代“庙”演变发展而来的。第三进为“寝室”，亦称“寝堂”，是供奉祖先神主牌位的地方。通常，徽州宗祠的寝室中供奉的祖先神位，主要由百世不迁之祖以及左昭右穆四亲。如明代休宁林塘范氏宗祠寝室供奉牌位的神龛，其顺序即依次为“百世不迁之主嵬然中龛，分支考妣左右享焉”。

与其他公共空间相比，作为宗族成员祭祖和议事的公共活动空间，祠堂在聚族而居的徽州村落建筑中处于至高无上的地位。因此，它的布局大多位于村落的中轴线上或村落中重要的地段。如黄山旌德县江村的傅公祠便位于江村的要塞，位置十分突出，“坐下龙脉、有形势、有堂局、有上砂、有结构、有明堂、有水口”，占尽了好山好水好地势。有的依山傍水而建，有的地势相对较高之处，以使祠堂建筑地势凸起，显示祠堂的威严。另外，在村落建筑中，祠堂一般与普通民居保持一定距离，这不仅能够突出祠堂与其他建筑的区别，同时通过祠前坦地或道路街巷，将其与民居等建筑维持一种相互依托的互动关系。

牌坊，徽派建筑形态中的又一种单体建筑，是一种宣明教化、旌表功德的纪念性建筑，源于中国古代用坊门表彰人或事，实属封建伦理道德的物化象征。从形态构成看，它包括下部的仿木构基础单元和上部的楼两部分。命名常以间、柱、楼的数量而定，早期如“单间两柱三楼”“三间四柱三楼”，后被更高大的“三间四柱五楼”式取代。明代后期徽州石坊造型上出现立体式的，如歙县城内的许国“大学士”石坊，俗称“八脚牌楼”，整座牌坊采用围合方法由前后两座“三间四柱三楼”和左右两侧“单间两柱（柱与前后两坊共用）三楼”的牌坊组合而成，是四面八柱各联梁坊的矩形之体结构。前后长 11.5 米，左右宽 6.8 米，高 11.4 米。该坊为四柱三楼冲天柱的石坊模式，梁柱粗硕，结构紧凑，造型丰满，安稳牢固，庄重肃穆，壮丽巍峨。

徽州牌坊的分类，按建造材料分为：木质（其形式和结构为，木质柱子下部用夹杆石夹住，在夹杆石外用铁箍围合，以防止散裂；柱子将横坊左右的两根立柱连为一体，故木牌坊多用挺钩、戗木等固定辅助件。如“叶氏贞节木门坊”）；石质（分门楼式、立体式和冲天柱式三种。其体量比例一般都比木牌坊高大，出挑较小，檐顶比木牌坊小得多，稳定性较好，而且还有精美的雕饰）；砖质（常作为祠堂、庙宇、宅第和会馆等大型建筑的大门门面，且多贴出牌坊的式样，像这种门民间称为“牌坊门”，主要起象征和装饰的作用。牌坊门的一般造型为有柱式和无柱式两种）。

徽州牌坊按作用与建造意图分，可分为三类：一类为标志坊，主要起标志地点、分隔空间、引导行人作用的牌坊，具有纪念意义，昭示后人。如徽州东门的“高阳里坊”，徽州城内的“古载杨书院坊”等。二类为功德坊，一种是显示官位与政绩的，如“许国八角牌坊”。许国为嘉靖十四年进士，隆庆十一年为礼部尚书兼大学士，十二年为少保、武英殿大学士，回乡建坊以表彰其政绩和功德。另一种标志科举成就的，如徽州东门的“江氏世科坊”，坊板上刻着江氏历届进士姓名。徽州城内中山巷“吴氏世科坊”，坊板上题刻着明永乐至清乾隆间的吴氏十五名进士、举人的姓名。建此类牌坊，既光宗耀祖，又鼓励后人读书进士。三类是节烈坊，有表彰忠诚的、表彰长寿的、表扬孝子的，还有表彰妇女贞节的等。如徽州的“豸绣重光坊”，主要为江应晓、江秉谦平反昭雪、恢复名誉和官爵，以表彰其忠诚。清代棠樾人，鲍逢昌千里寻父，割股疗母，乾隆三十九年奉旨旌表，建“鲍逢昌孝子坊”。像表彰贞节的，徽州现存很多，如“黄氏孝烈门坊”“胡氏节孝坊”等。特别是歙县棠樾石牌坊群，自东北向西南依次为：鲍象贤尚书坊、鲍逢昌孝子坊、鲍文渊继妻吴氏节孝坊、乐善好施坊、鲍文龄妻汪氏节孝坊、慈孝里坊和鲍灿忠孝行坊。七座主题鲜明的牌坊十分协调排列一致，形成了一个完整的封建社会荣誉体系——“忠、孝、节、义”。

人们常把古民居、祠堂、牌坊称作“徽州古建三绝”，当然这不仅指其单体的形态，还应概指其组群形态构成，包括建筑群整体形状、尺度、色彩、质感、轮廓线等要素的综合效果，以及其组群方式和规律或章法。

徽派建筑群体构成的古村落，其民居结体通常为多进楼层院落式集合型，大都是聚族而居，组群的基本方法是按徽州宗法传统的山庄形式，依据建筑单体本身形态、尺度的相互关系来构成序列的排置、叠放与组合。由于徽州民居建筑的采光通风，主要依靠屋内天井，排置、叠放很少受到朝向因素的影响。有建筑专家将徽州建筑这一基本组群方法的特征，概括为徽州建筑的有机性：①建筑轴向前后生长，即一进—两进—三进，每长一进只需设置一个横向天井；②建筑对称轴向左右加接，即一幢—两幢—三幢，每接一幢只需在天井一侧设出入口；③建筑垂直向上生长，即一层—两层—三层，限于木结构材料最高到三层；叠加的楼层与底层只需在平面坐标以上用天井贯通；④建筑入口大门外可设置小院向外生长和加接；⑤建筑的左、右、后侧可根据地段加接厨房杂院等。可见徽派建筑组群形态的基本特点是灵活地适应山区丘陵地形的起伏，因地制宜，以极有限、简洁的几种形态单体，相互巧妙结合而产生丰富生动的效果。大片民居层楼叠院，鳞次栉比，白墙青瓦黑墙边，三叠五叠式马头墙，嵌入锦峰秀岭、溪清湖碧的自然风光之中，呼应着山峦起伏、竹木丛林，映衬出蓝天白云、碧野翠屏，宛如一幅秀美绝伦的中国山水画。

徽州村落建筑组群形态的灵活多样、流动飘逸之中，往往蕴含着其形态构成的统一性。将杂多的各家各户先后筑起的、千姿百态的宅居趋于“繁中有序”的原生态村落统一整体，这当中必定历经了一个形成的过程。通常建村时，先请风水师卜宅，选择一理想的、依山傍水的“风水宝地”，根据地形、地貌、土质、气候、植被的情况，给村落位置和形态作出规划，进行设计，采用适当的建筑手法，沟通内外空间，以使房屋群体尽量达到与自然环境巧妙结合的意境。由于徽州群山环绕，川谷崎岖，山多地少，这就迫使徽州村落民居选址大都既要以天然山水为依托，同时又要利用自然条件：兼有山之静态与水之动态的交汇、山之封闭与水之开放的互补。用朱熹的话“冀都天地间，好个大风水”来说，“古时建立村庄之际，乃依堪舆家之言，择最吉星缠之下而筑之，可谓永世和顺也”。而戴震则说：“吾郡少平原旷野，依山而居，商贾东西行营于外，以就口食。然生民得山之气，质重矜气节，虽为贾者，咸近士风。”足见徽州先民已注意到风候水土对民俗文化以及建筑的影响，自古即有“无山无水不成居”之说。按照民间风水观念对山、水的吉凶判定，“山厚人肥，山清人秀，山驻人宁”，所以山之厚、清、驻等就成了民居选址的约定标准：同时对水“取其势之高燥，无使水近，亲肤而已，若水势屈曲而又环向之，又其第二义也”。综合两方面的标准，就要求建筑的选地讲究靠山不近山，临水不傍水，地势要求高、燥，视野开阔“望向好”水源充足方便；左右有大山“关拦”，坐向以南北为宜，有“前朱雀，后玄武，左青龙，右白虎”的对景山，及符合“山管人丁水管财”的五行学说为好。

徽州村落选址布局与天然山水融为一体，大多枕山、环水、面屏，既考虑生产、生活上的便利，又满足风水说的精神上的需求，力求贴近自然，将村落建成以“山为骨架，水为血脉”的有机整体。徽州建筑单体形态本身固然表现的是一种人工艺术美，但一旦众多单体建筑“大珠小珠落玉盘”似的融入山山水水之中，传达的就是一种“繁中有序”的自然美的延伸。看一下徽州村落的轮廓线，就会发觉这乃是一系列由马头墙边缘黑瓦强化的水平线所构成的轨迹，其交叉、重复、贯通、递进、跳跃、转折，主要反映的是地形的起伏、河流的走向。人们常以“错落有致”来描述马头墙的各种韵律，这个“致”，就是内在自然秩序和统一性，也正是徽州人所刻意追求的一种独特的既尊重保护自然，又赋予生机活力的空间模式。

徽派建筑的构造元素和方法中最具代表性的是天井、马头墙、门楼、隔扇、飞来椅，极富有徽州特色。

天井是徽派建筑核心构造元素，也是徽州民居的一大特色。风水书《相宅经纂》上说："凡第宅内厅外厅，皆以天井为明堂，财禄之所。"屋面雨水从檐下天沟汇入水视流到天井下的明堂坑（石池），称为"四水归堂"，寓意肥水不外流、招财图吉利。民居的天井多为窄条形，除泄雨水外还用于采光、通风，又是与建筑相互渗透、融合的补充空间。由于天井窄，且是高墙封闭的深院，采光多为二次折射光，光线柔和。天井内可种花养鱼置盆景，天井庭院还使院落相套，造就出纵深自足型大家庭的共享空间。

马头墙是徽派建筑天井上露出的封火山墙，其造型似马头形状，即将房屋两侧的山墙砌得高过屋面超出屋脊，并以水平线条状的山墙檐收顶，成为马头翘角的阶梯形叠落面，高低错落有致。马头墙有"坐吻""印斗""鹊尾"三式，因墙脊、墙檐砖的构件形状而得名。一般根据建筑物的进深尺寸确定山墙阶梯的级数和尺度，多为三叠和五叠，俗称三山屏风和五山屏风，由于其尺度合适，形状多样，给人以外部造型上的整体印象，形似跌宕起伏的五座山峰，俗名"五岳朝天"式马头墙。

门楼最早为门面上放避邪的"符镇"，如傩舞用的面具之类，进而演绎成固定的石砖雕：在功用上可挡墙面流下的雨水。门楼大体可分为门罩式、牌楼式和八字墙式三类。门罩位于门楣上方用水磨砖砌出向外挑的线脚，顶上覆以瓦檐。牌楼即门坊，有垂莲花式、字匾式、四柱牌楼式多种，其中三二间四柱的贴墙牌楼有三层、五层不等，但黟县屏山一祠堂五间六柱七楼门坊已属罕见。常见于官宦人家和祠堂的门楼高大轩昂，雕饰精美的五层门楼被称为"五凤楼"。八字墙式门楼是门坊的一种变体，其变化处是将大门平面向后退少许，以增加门的深度感，从而能防雨水滴在门上。

槅扇，俗称"格窗"，是有些民宅沿天井一周回廊采用镂空的花窗门扇，具有采光、通风、防尘、分隔空间、装饰美化等功能。明代至清初的槅扇雕饰简朴，以木格（俗称满天星）和柳条窗居多。清中叶后，建筑奢靡风行，槅扇也日趋华丽，花格图案和裙板木雕多采用暗喻方式表现吉祥的寓意。

飞来椅，是徽派建筑楼层中常见的一种弧形栏杆。因其栏杆身稍向外临空悬置，超出天井拦板，形状略似椅靠背，古代徽州女眷倚此观望，故又名美人靠。飞来椅主要见于府第内部，正位在天井四周的楼厅边沿的视线集中处，其雕饰精美，与板壁、格窗等处的疏简形成鲜明对比。飞来椅也用于临街店铺的外立面以及水街的长廊上。

三、徽派建筑的工艺特点

徽派建筑的外观是朴素简洁的，不像皇家、官邸建筑那样施以浓漆重彩，而是在很大程度上凭借完善的工艺手段，配置各种精美的雕刻和彩绘，对建筑部位、构件进行艺术加工，使其增添美感，形成一种清丽高雅的艺术格调，反映出鲜明的地域美饰倾向和浓郁的乡土气息。特别是徽州"邑中多巧匠"，积累了丰富经验，建筑所用的木、竹、石、砖、瓦等材料都可以艺术加工，每一建筑构件都可以施行雕刻。木、砖、石雕，谓之徽派建筑"三雕"，融装饰艺术与建筑结构为一体，可说是绮丽多姿、精美绝伦。

徽建三雕，顺应民居、祠堂、牌坊等建筑的需要而产生和发展，又与新安画派、徽派版画、篆刻、砚雕，乃至徽派盆景等艺术相互借鉴、共同切磋，大大提高了工匠的艺术修养。但表现形式与绘画不同，而是以“刀”代笔，在木、砖、石等之上，下雕刻的功夫。因此，工匠对取材用料、造型构图、刀法技巧和视觉效果等，须全盘考虑。一般先要确定雕刻对象的位置、比例、主次关系，再根据图案的对称、呼应、疏密、虚实、明暗、刚柔，以及立体感、节奏感等要求，分别采用平雕、浅浮雕、高浮雕、透雕、圆雕、镂空雕和线刻来造型。无论是木雕、砖雕还是石雕，都由模式化的两道工序完成：第一道为“打坏”，实即构思图样，在料面上凿出画面的轮廓，明确各部位的层次，区分前、中、远三景；第二道为“出细”，将坯进行精雕细刻，运用适当雕法使人物和景象凸现出来。

木雕，华美丰姿，在徽州古建筑上运用最普遍，是徽建三雕中数量最多的一种。徽州木雕俗有“大木雕”和“小木雕”之分。大木雕是木构架中的梁枋、斗拱、雀替、华板、托脚、蜀柱等建筑承重体系的组成部分；小木雕是槅扇、勾栏、内檐窗下栏板、檐条等多属建筑的维护部分。徽州木雕，尤其是大木雕，一般不施彩色，其原因之一是由于明俗：“庶民庐舍，洪武二十六年定制，不过三间五架，不许用斗拱、饰彩色。”使得富而不贵的徽商，只能从封建住宅等级限制之外另辟蹊径，常用银杏、楠木、红木等名贵木材，保持本色以显其纹理色泽质地，使雕刻的细部更显生动鲜明。大凡月梁头上用线刻纹样；窗下栏板、屏门隔扇、天井四周的望头柱、檐条等用浮雕技法较多，内容有戏剧、故事、传说、花鸟、博古、八宝等图案；斗拱、撑头上的人物或动物，左右对称，尽用圆雕、透雕。木雕装饰中的卷草、虫鱼、云头、回纹变形丰富多彩，民俗风情浓郁，充分体现出徽州工匠的创造性以及徽雕的独特风格。

砖雕，清新淡雅，是徽建三雕中最具魅力的一种。徽州砖雕所用的材料是特意烧制的质地细腻适于雕刻的水磨青砖。砖雕被广泛装饰于门楼、门罩、窗楣、照壁和八字墙上，一般采用高浮雕、圆雕和镂空雕的技法。明代砖雕风格粗犷古朴，刀法简练；清代砖雕风格渐趋细腻繁缛，注重情、景、形及构图，从近景到远景透雕层次往往有七八个，最多竟达九层。一块块砖雕排列成“组刻”，其内容由明代的几何形体为主发展到清代的以民俗图、戏剧题材大场面为主，如百子图、渔樵耕读图、游春行乐图、宴官图、九世同居图等。构图多用夸张手法，形象朗然，寓神于形，极大地提高了雕刻图案的表现力。

石雕，浑厚潇洒，凝重沉雄，多用于祠堂宅第的台基、勾栏、柱础、漏窗，牌坊的梁坊、柱头、花板，以及石鼓、石狮和龙凤、仙鹤、麒麟等奇禽异兽的形体造型上。徽州石材遍布四境，黟县有“黟青石”、歙县产“凤凰石”、休宁有“白麻砾石”、靠新安江附近的浙江淳安产“茶园石”。依据就地取材、因材施艺的原则，石雕技法主要采取浮雕、透雕、半圆雕等。

许国牌坊石雕，工整细腻，古朴豪放，堪称徽派石雕工艺中的神品杰作。整座立体式造型的八脚石牌坊上遍布雕饰，大梁两端如意头、缠枝、锦地开光；雀替上浅雕花鸟虫鱼，起着中间过渡作用，以使主次分明、层次丰富。大梁中部菱形柜内为高浮雕，图案四面八方都暗寓着许国一生的经历和名望：东面“鱼跃龙门”暗示他科举出身，为嘉靖四十四年（1565）进士，入翰林院庶吉士；南面雕刻“巨龙腾飞”，隐喻他平步青云，每两年升迁一级，从七品逐次升到从一品，仅次于首辅的二辅，还有“三豹（报）喜鹊”，暗指他万历十一年至十二年（1583—1584 年）以礼部尚书（正二品）兼东阁大学士入内阁参赞机务，旋加封太子太保，授文渊阁大学士，接着又晋少保兼太子太保（从一品）武英殿大学士的三步高升；西面“龙庭舞鹰”则以与“武英”谐音隐喻许国位居“武英殿大学士”；北面冲天柱上平雕出“瑞鹤翔云”的图形，退为虚渺的背景，则寓意天下太平，又象征许国品格高洁脱俗。柱础外向的台基上，雕有蹲踞与奔跑着神态各异的大小石狮 8 座 12 只，形姿生动活泼。台基左右侧都刻有各式獬豸图案。牌坊四面额枋上分别刻有“大学士”“少保兼太子太保礼部尚书武英殿大学士许国”“先学后臣”“上台元老”等形大如斗的馆阁体字，字迹端庄、雄浑凝重，是明代著名书法家董其昌的手笔。

棠樾石牌坊群坐落在歙县棠樾村，明清盐商鲍氏家族在入村口处陆续建起 7 座石坊，构成一组群体，自西向东，矗立在略呈弧形弯曲的青石板甬道上，依次为鲍灿忠孝行坊、鲍寿孙慈孝里坊、鲍文龄妻汪氏节孝坊、鲍淑芳父子乐善好施坊、鲍文洲继妻吴民节孝坊、鲍逢昌孝子坊、鲍象贤尚书坊，从旌表内容看，由两头向中间各按“忠孝节义”序列排开，昭示了宗法伦理秩序。7 座石牌坊形式统一，均为三间四柱三楼式，仿木结构，前两坊草纹头特式，余五坊为冲天柱式，突出了牌坊群体的整个形象。为了免除牌坊建筑空间序列上的单调，明隆庆年间在西起第三座牌坊后设置了四角攒尖小亭——步亭，该亭圮后重建于清乾嘉年间。7 座牌坊中两座建于明代，五座建于清代，先后群立于村口，细看每座牌坊，结构严谨，石质厚实，榫接缝合，开合有间。构成牌坊的硕大梁柱，多用茶园青石，以洗练手法平琢浑磨，古朴凝重，气势轩昂。各座牌坊的雕饰物，均雕刻华丽、玲珑剔透，与梁柱成明显对比，充分表现出明清徽派建筑古韵的震撼力。

绩溪龙川“奕世尚书坊”是明嘉靖年间为户部尚书胡富和兵部尚书胡宗宪而立，因他俩是叔侄，历经一个花甲的时间差而任尚书，故称“奕世”。牌坊高大威严以石雕技艺精美著称，石坊的梁、柱、坊、抱鼓石等主体结构件都用花岗岩制作；屋面、斗拱、雀替、匾额、花板等装饰件则以茶园石雕刻。画面主要有瑞鹤翔云、鲲鹏展翅、二龙戏珠、双狮滚球；工艺上兼用半圆雕、浮雕、透雕手法，层次丰富，虚实对比强烈。奇禽异兽，栩栩如生，技艺特高，堪称建筑瑰宝。

黟县西递胡文光刺史坊石雕，通体采用“黟县青”石，主柱和柱墩粗壮厚实。该坊为三间四柱五楼（檐）式结构，中间两柱前后雕有两对作为石柱支脚的倒匍石狮，造型逼真，威猛传神。梁坊、匾额、石柱、斗拱都装饰有对称的雕刻图案，且多有寓意：如檐下斗拱两侧，饰有 32 面圆形花盆，以象征花团锦簇，后竟应验了胡文光为官 32 年。另在雕花漏窗上，有牡丹凤凰、“八仙”和文臣武将，以及游龙戏珠、舞狮耍球、麒麟嬉逐、麋鹿奔跑、孔雀开屏、仙鹤傲立等石雕，刀技细腻生动，无不活灵活现。石坊前后有题签镌刻：二楼额坊上刻有“登嘉靖乙卯科奉直大夫胡文光”字样，三楼匾额东、西面各刻“荆藩首相”和“胶州刺史”楷书大字。祠堂宅第石雕精品颇多。歙县北岸吴氏宗祠天井下石栏板雕有“西湖风景图”和“百鹿图”，以及清代西湖“平湖秋月”等景，刻画精细逼真；七块并连的大理石上雕刻着山林溪涧之间姿态各异的百只野鹿，生机盎然，妙趣横生，显示出徽州匠师敏锐无比的观察力和想象力。黟县西递村堪称石雕艺术博物馆，大型花窗和小型窗户，多用整块“黟县青”石料，透雕成各种几何图形或寓意图案，空间层次感极强，像一幅立体的图画。如西递村“西园”的石雕漏窗《松石》和《竹梅》：前者奇松侧立山石，遒劲奇险；后者竹影伴着古梅，古拙刚毅。徽州很多漏窗石雕，特点在于它“漏”，这有点像山水画中的“空白”，是突破有限空间而达到无限意境的手段，显得沉雄壮观、气势宏大，使内外景色融为一体。

徽州古代工近帮内以砖木石三旺专管营造施工，均重视就地取材、因材施艺，对取材用料的理解尤为探刻。门罩、门坊、照壁，既要耐风雨侵蚀，又要装饰得清丽高雅。则以砖雕为宜。台基、栏板、望柱、柱础，都处于建筑底部，在材质上要求坚实稳定防潮，故取石料，施以石雕。建筑内部以本村为主，重点部位以木雕装饰，大多不能有色彩。厅堂的外檐柱，可由石、木选用，团材取形：石柱取方，木柱取圆。

徽州明清时代的木，砖、石雕中的杰作还有很多，如黟县宏村汪定贵的承志堂木雕，休宁县五城古林贞节坊石雕，众多祠堂、民宅门楼上的砖雕等，工艺精湛，堪为艺术瑰宝，令人叹为观止。

四、徽派建筑的风格与审美

徽派古建筑作为中国传统建筑艺术中的一朵奇葩，以山地环境为天然依托。以其中占主体的徽商社会文化作人文底蕴，呈现出其独特的建筑风格。风格一词，在建筑学中概指建筑内在特征的外部显观，是“建筑物或建筑设计的一种格调。以某种可以认识的方法与别的格调相区别”。有的专家认为“徽派建筑风格大体可概括为：古拙、敦厚、凝重、规矩、清逸、精致”。徽州山川秀丽，无需多修饰，村居园林化建筑敦厚质朴。土地资源短缺，便普建楼居，紧凑精致。徽州“东南邹鲁”“程朱阙里”的文化氛围使徽人格守礼仪，好古守矩。明清徽商鼎盛，贾面好儒，欣赏雅文化简单自然之美，清逸古雅。商人普遍有精打细算的积习，喜好精致小巧的审美趣味。徽州匠师的制作工艺冠于全国，则更是对徽州建筑精致的支撑。徽派建筑风格所涵盖的各个方面及其成因，由表及里都可归结为对“徽风古韵”建筑风骨的理解及其外在表现。

徽派建筑风格，从局部到整体是一致的。小到民居庭院盆景的装饰，中为宅第厅堂的布局，大至祭祖的宗祠构建，其风格都是一脉相承的。如从祠堂的规模、形制和建筑工艺方面来看，徽州区呈坎的“贞靖罗东舒先生祠”是典型的徽派建筑风格的代表之一。东舒祠始建于嘉靖年间，至万历年间续建成，在后寝屋顶上立柱加盖一层阁楼，用以藏置历代恩纶（圣旨、诰命等），故名“宝纶阁”。祠堂共四进四院，沿中轴线依次对称，头门为棂星门，五间六石柱牌坊式木制黑栅栏，天井左右碑亭；二道门为仪门，侧有两庑。中门接甬道上露台，台前、左、右三方均由有两组三十八块雕有夔龙戏灵芝和奇花异草的青石栏板固定。大堂五开间，六柱并列，正间屏门上枋悬“彝伦攸舒”金字匾额，为董其昌题书。寝殿崇阁两层，十二柱并列，九楹外加两个楼梯间共十一开间。台阶、扶栏的望柱上均饰以浮雕石狮。后寝走廊前立十根方石柱于台阶之上，柱基为十六角形。七十二根大柱架起纵横交错的月梁、雀替，阁前高悬明代孝子吴士鸿手书“宝纶阁”巨幅匾额。这是一座极不寻常的祠堂，给人的第一印象是宏阔壮观，其面阔九开间（为避免超过封建社会营造等级的禁限，开间被分为三组三开间），与故宫太和殿相比，仅少两个开间。其高台基、三道饰以浮雕的台阶勾栏，错综复杂的木构，在祠堂中实属罕见。宝纶阁的装修，雕刻精美，彩绘炉火纯青，集明代祠堂装饰艺术之大成，融古、雅、大、美于一体，夺中国祠堂之冠。

见证徽派建筑风格的另一实例是绩溪龙川胡氏宗祠，位于瀛洲镇大坑口村南。该村古称龙川。东晋散骑常侍胡炎镇守歙州，后因联姻华阳汪氏，举家再迁于此。胡氏宗祠始建于宋，明嘉靖年间兵部尚书胡宗宪主持大修，清光绪中期再次修葺，该祠三进七开间，由前至后依次升高。由照壁、广场、门楼、庭院、廊庑、祭堂、寝殿、特祭祠组成，地面建筑面积1564平方米。门楼为重檐歇山顶，戗角八只。仪门上彩绘以门神，石鼓相依、石狮对峙。门楼前后向，有十根方石柱、五根月梁和四块额枋。东西廊庑各有十二根方石柱，架二十四根月梁。越天井登台阶进祭堂，有四十八根立柱和五十四根梁枋，其屋架由十四根银杏圆柱和大小十二根冬瓜梁架构而成，圆柱由莲花枣木柱椟和八边形石磉承顶。东西则各有十二扇高近四米的落地槅扇门，裙板上雕刻的“荷花图”，有含苞欲放的蓓蕾、高贵的出水芙蓉，也有以枯衬荣的折枝残荷，千姿百态，展示出一片枯荣交替、生生不息的自然态势，表明徽州工匠不凡的审美情趣。后进享堂上下两层，东西两廊，现存高近三米的落地槅扇二十四扇。祭龛前首槅扇上的“百鹿图”，塑造了一群姿态不同的鹿，洋溢着勃勃生机。胡氏宗祠整体建筑集徽派木、竹、砖、石“四雕”及彩绘之大成，尤以木雕之多、精、美著称，内容取材有古禽祥兽、花草竹木、山水云霞、天体水族、楼台亭榭、戏文故事、人物博古、风情习俗等，雕技有浅浮、深浮、镂空，浮镂相配，线浮并用。表现方法，或简练粗放、典雅拙朴，或精湛细腻、玲珑剔透，具有很高的欣赏价值，专家誉之为“木雕艺术博物馆”和享誉“木雕艺术殿堂”之称，可与北京故宫木雕相媲美，精妙之处故宫犹有不及。因此，龙川胡氏宗祠有中国“古祠一绝”“江南第一古祠”之美称。

徽派建筑的风格甚至在祠堂也有组群的体现，黟县西武乡的南屏村共有30多座祠堂，形成一个风格古雅的祠堂群，村前横行街200米长就有8座祠堂。南屏村是聚集着叶、李、程三大姓氏，多族共居的小山村，同一姓氏的直系亲属围绕着“家祠”建筑住宅，而“家祠”建造在“支祠”周围，“支祠”又簇拥着“宗祠”。宗祠显得恢宏阔大，如叶氏宗祠“叙秩堂”有多种装饰性斗拱，木雕精美，而家祠则小巧玲珑，多由祖遗宅第改修成，装饰雅致。南屏村口，古树苍郁；村内众多大小祠堂和民居，形成高墙深巷，72条巷道纵横交错、曲折幽深，形似迷宫。

徽派建筑的审美，从建筑体自身形态（布局、造型、结构和装饰）方面再对照居住者心态（理想、意念和境界）方面看，两者达到适当的整合面构成种有机的整体美。

首先，徽派民居单体建筑那种“门罩山墙地铺砖，两进三间天井院；双层砖木结构楼，楼上阁厅飞来椅”，即以“四水归堂”的天井为中心，“五岳朝天”式的马头墙，“步步高升”组合的多进堂院以及“五凤楼”式的高大门楼等宅第模式，最能体现徽州传统古朴自然的造型美。徽派建筑不论是民居还是祠堂，外观上看都是“白墙黑瓦马头墙，梁架结构高楼房；砖雕门罩石雕（漏）窗，木雕楹联显文华”。徽派建筑群体组成的村落，则是“祠堂民宅石牌坊，村头水口园林化，长街短巷工分布，天人合一星吉祥”，既有人文历史的民俗气息，又有保护生态与自处和谐相处的前卫意识，至少可以使“人在画中居”的村民感受到平和恬淡、纯朴的情调，给外来观光者呈现幅幅谐调互补、富有灵气的林园景色：山因水青，水因山活，树因水绿，草色如茵，让人们从审美的愉悦中得到心理上的满足，抚慰和净化人的心灵，达到天人合一、物我两亲的境界。这就和道家返璞归真的理想、佛家的“禅境”合流了，这也是徽派建筑所追求的诗情和画意的出发点。

其次，从徽派建筑这部用砖、木、石等写成的立体史书中，可以感受到古代徽州文明的律动，尽管徽州村落建筑多是在无严格规划情况下自然而然地形建造而成的，其制作者也只不过是一些不登大雅之堂的砖木石匠，但这些乡土赤脚建筑师完成的却是一些期与京城官府官邸相媲美的作品，所体现的乃是徽州人文、科技、工艺综合创建的光辉业绩。徽派建筑集徽州大地山川的灵气，融古徽社会风俗的精华，凭“徽派三雕”工艺的精湛，在村落的总体布局上，依山就势，就水取形。构思得体，巧夺天工；在表现程式上，规整灵活，奇巧多变；在空间结构和利用上，造型丰满，讲究韵律美，尤以白墙、青瓦、马头墙最引人注目。正如有专家所总结的，徽派民居建筑的特色是：朴素淡雅的建筑色调。别具一格的山墙造型，紧凑通融的天井庭院，奇巧多变的梁架结构，精致优美的雕刻装饰，古朴雅致的室内陈设。徽派建筑取材单纯为砖、木、石，一般都是白墙、青瓦、黑墙边，处处显现出淡雅质朴的自然美。这种黑白相间的色调，令人联想到太极图的阴阳鱼，黑一白单纯得一目了然，却似乎又神秘莫测，表现出“道法自然”的美学法则。徽派建筑的单体一般都是以天井为中心组成的矩形平面，但这种平面在群体组合上有着极大的灵活性，可随着境异而有多种群体平面空间；在立体方面也有很大的灵活性。楼层、房数和进深也多有变化，形成不同高度的山墙面，加上房屋随地形的高低而起伏，就形成了马头墙造型，给人以丰富多彩、错落有致的群体空间韵律感的印象。徽派居民高围外观封闭的“官印墙”上小窗眼，靠内部设置的天井庭院，以实现通风、采光和承泄屋面雨水等功能外，也是家人共享阳光、仰望星月、临风纳凉的地方，虽是足不出户，却已与自然融为一体，充分显示出徽派建筑中审美主体的人与审美客体的建筑物间的亲和力。房屋以木构架为主体。内部分隔也多是板壁、屏门、槅扇；墙不承重，柱抗大梁，徽俗所说“墙倒屋不塌”或“屋塌墙不倒”是也，一明堂二暗房三开间式为基本单元的民宅一般有八根、十六根、二十四根立柱等不同作式，相邻四根柱子之中围接的空处称为间。另外，不论硬山、悬山的屋顶，从山墙看去，前后两面坡上的瓦椽靠五根桁条木承托着，这样上驮负着五根桁条的梁就称为五架梁，也称五步梁。明洪武二十六年定制，庶民庐舍不过三（开）间、五架（梁），即此定式。但在徽州却以此定式，灵活地组合连接而成多进堂屋，由于多单元纵横向延伸，加上垂直叠加成阁楼，使得木构梁架奇巧多变，其上的蜀柱、叉手、雀替、托脚、驼峰、斗拱等构件，相互勾连迂回、巧妙结合使得梁架结构的技术工艺和装饰艺术相互渗透，达到了珠联璧合的妙境，这正是徽州匠民们高格调的文化基质和审美品位的具体反映。徽派建筑群体的外观朴素简洁，通过对建筑部位、构件施以精致优美的雕刻装饰，创造一种远观亲切质朴，近看清丽文雅的艺术格调。置身于徽州一些大姓古村落中，举目四望任何一个角度的景观都给人留下美不胜收的印象，犹如进入了建筑雕刻的艺术长廊。徽州民居十分讲究室内陈设，突出部位在厅堂，这是生活起居、聚亲待客之处，也是注重文采、着意陈设之所。正壁上常高悬匾额，下挂祖宗绣像或中堂字画；贴壁摆一狭长条桌，桌子正中平日摆自鸣钟，年节时则设神案，桌两边置花瓶、屏镜。条桌前摆有八仙桌和太师椅，堂两侧设茶几、坐椅，侧壁上挂名人字画，柱上贴制楹联，如写有“读书好营商好效好便好，创业难守成难知难不难”“善为至宝一生用，心作良田百世耕”“寿本乎仁乐生于智，勤能补拙俭可养廉”“世事让三分天宽地阔，心田存一点子种孙耕”等。从这些楹联可以体味到徽州民居那种恬淡、幽静的气氛。这种室内陈设所形成的氛围给人的总体印象就是古朴雅致。

最后，徽派建筑的审美特色除了表现在门楼门罩、马头墙等鲜明的形态以外，更应着重省悟徽派建筑所体现的徽州宗法伦理结构之物化以及徽州商业社会民俗之物化了的客体，特别是徽建三绝中的祠堂、牌坊和古民居，作为封建制度下产生的一系列建筑空间，既是体现宗法伦理秩序的表征，集神权、君权、族权、父权、夫权于一体，又是一件件体现宗法统治森严的精神产品。祠堂、社屋、庭院、园林等所围合的内部空间，是一种沿主轴纵深展开的序列，体现长幼有秩、男女有别、上下有序的等级制度：厅堂分上、中、下堂，房分正（明）、偏（暗）、廊（用）房。这种主次分明的建筑格局，系沿袭古老的“朝事之制”，即朝是左，在东侧属上；暮是右，在西侧属下。上厅明间为祖堂，俗称堂前，属至尊至上，完全是用基于宗法血缘的夫权、父权、族权来铺垫君权、神权，使封建专制观念渗透到各家各户而获得其广泛统治的基础。再如祠堂是反映人与宗族之间相互关系的一种物态，人们企望凭此求得天、地、人之间的和谐，达到趋吉避凶与后代昌盛、永享福寿的目的。祠堂既是阖族供奉祭祀祖先的场所，又是藉祖先荫德联络全族感情、统一全族思想、发达全族伟业之所在。徽商特别深刻认识和看重的正是这些，所以修建祠堂不惜重金甚至全力以赴地捐助而不顾自身承受能力，其最终目的都是为了振兴宗族。这当然主要因受了程朱理学的教化。儒学作为人世之学，将普通饮居生活升华到伦理的意境，成为徽派建筑审美理想的核心，同时在其形成过程中既吸收了道家主张平淡自然、质朴含蓄的审美理想，又吸收了佛教体认到自己心灵的深处而发挥到哲学与艺术的“禅境”这一主体意识的精神资源。总体来说，徽派建筑中审美理想是儒释道审美思想的综合。在徽州建筑中伦理意境的基本精神，就是将建筑的形态、规格、布局纳入男女长幼尊卑的伦理道德规范秩序之中。

另外，伦理意境其实和宗教信仰对于风水意愿来说都有着紧密的联系：伦理意境是风水意愿的道德基础，宗教信仰则是风水意境的精神依托。风水意愿在建筑上体现为“蕴藏生气”的空间布局，伦理意境在建筑上体现为秩序排列，宗教信仰在建筑上又体现为心灵的寄所。尽管这三者的观念内容不同，但在建筑上表现为正负对称、有向有背、层层相抱的形式需求：风水的藏住生气为屋宇定点选址，伦理的秩序为屋宇定位取向，宗教的信仰为屋宇设置趋吉避凶的层层护体符镇，如照壁上的麒麟、门旁的石鼓或石狮、仪门上的门神、梁枋上雕饰的龙凤以及厅堂内槅扇上的花鸟虫鱼走兽浮雕等。由此，风水、伦理、宗教即地缘、血缘、心缘三者构成一种结合力：世世代代的人们都生活在自然环境基础上构成的、人工造筑的居住实体之中。

徽派建筑的审美也反映了徽州商业社会民俗的另一个侧面，普通人家的居住空间，毕竟是由农耕社会封建统治所致，芸芸众生所住的民宅都是高围墙楼房、小天井、小房间、小窗眼，以及木雕窗格，涂清漆勾圆边，整个建筑显得很拘谨、局促，这在客观上是因徽州丘陵地带山高水激、地少形狭、人口又多的压力，只得因地制宜，采用楼居，也使宅第倾向小型化。在主观上则因徽商讲求实惠，精于算计，由于土地珍贵，以及不露富的心理，只能于极小的有限空间内，在构筑上要求小中见大、以一当十，即从广度、体积上施展其功能，以质优发挥其效应，通过修饰技巧，游刃有余地安排生活起居，创造一种以小示大的意境，从有限看到无限。再说，徽州人在弦涌不绝的文化氛围中成长，不论行贾、入仕、务农还是做手艺，总是牢记圣贤遗训，勤俭节约，吃苦耐劳，甘做“徽骆驼”，能向外开拓而不固守家园。讲究“达则兼济天下，穷则独善其身”，在向外开拓时，从不忘怀家乡；当不再能向外开拓时，就叶落归根，隐居乡里。徽派民居建筑所在的村落，青山隐隐，绿水悠悠，街巷纵横，庭院深深，乡民过着熙熙攘攘其乐融融的日子。正如南唐诗人许坚《入黟吟》所写的：“黟县小桃源，烟霞百里宽；地多灵草木，人尚古衣冠。”这与茫茫人海中那些争名于朝，争利于市的人们不是有着天壤之别吗？

徽派建筑，从粉墙鸳瓦的外观、黑白相间的色调，到讲究风水的选址、依山傍水的格局、形似马头的山墙、官印式样的围墙、五凤楼式的门罩、奇巧多变的梁架、采光通风的天井、精美三雕的装饰、小巧玲珑的庭院、室内雅致的陈设，直到房前屋后的园林、远处起伏的山峦、溪清湖碧的水系。蓝天白云下的田野和村庄、大片民居层楼叠院，街巷纵横交叉，环境幽美，交通便利，利于生产生活；天人合一，物我两亲，人与自然关系得到和谐相处，充分表现天籁、人籁合奏着和谐生动的韵律，徽风古韵，给人一种飘然复悠然的乡情热土之美感。

徽派建筑之美美在山水的自然美和建筑的造型美的巧妙结合，融为一个有机的整体。正如计成《园冶》中所谓“虽由人作，宛自天开”。徽州民居、祠堂、牌坊、书院等建筑的分布，依山者靠山采形，傍水者就水取势，顺应自然，师法自然，即因地制宜，重视工巧，以便充分发现和拓展造化的天性，并且使建筑造型的艺术美与天地造化美相映生辉，以增添整个村落建筑群体的生动灵气和韵味。“徽州古建三绝”之美称自此油然而生。徽派建筑是徽州百姓生活的载体和包装，人居环境所折射出的人情美是活生生的人文关怀，处处洋溢着乡村的生活气息，成为以人为本的理想居住场所。

徽派建筑之美美在建筑的工艺美、结构的装饰美及二者的交相辉映。衬托出普通砖木石匠和乡土赤脚建筑师在劳动创作时的美好心愿，始终贯注着巨大的热情，常把他们自己审美的观念和尺度，用现实或象征的手法反映出来，以追求古雅、简洁、富丽和吉祥。徽派民居，白墙青瓦，檐牙高琢，宅墙井立，小巷幽深，犹如中国山水画一样，青山蜿蜒，群峦叠翠，绿水环流，色碧清雅，无处不显示出与自然和谐联系的秩序感。远看民宅外观是大面积空白一片，粉墙上嵌着几个高低有次的小小洞窗，以达到整体与局部、面与点的对比艺术效果；近看主体建筑的细部，有着绮丽多姿、精美绝伦的装饰艺术雕刻佳作。平整一片白的高墙远景，嵌着砖雕一色青的门楼近景，形成强烈的疏与密的对比，给人以艺术的享受。宅内的天井两廊采用镂空雕的花窗、槅扇，极力创造出虚与实的对比，以形成虚实相生的艺术效果。并用“借景”手法，将窗内、外之景对比映衬，相得益彰。厅堂与厢房之间明与暗的对比，以适应心理不同需求：明堂为供奉、待客之所，厢房则“暗室聚财”。还有，砖石材料显示刚的感觉，竹木材料有柔的感觉。本柱下有石础，础之上垫木櫍、这都表示刚中有柔，刚柔相济。总体来说，徽派民居建筑运用的美饰手段，诸如远近、大小、点面、虚实、疏密、内外、黑白、明暗、简繁、刚柔等的对比，不但表明其制作工艺的高超和美妙，而且在构造配置上充分体现出对立统一的空间美，已将古代朴素的辩证思想贯人这当中了。

徽派建筑之美，美在建筑艺术体现出中国传统美学思想，兼有实用功能与审美文化相结合的特点。因而它有着丰富的历史内涵，经受了千百年来徽州文化的陶冶，通过选址、择向、空间组合、体型、体量、质感、比例、尺度、色彩、装饰、陈设等建筑语言，构成特定的地理环境和历史背景下发展起来的社会经济、组织结构、时尚风俗和建筑文化风貌。徽州古村落通过选址、布局和设计的样式与色彩所形成的景观，既是大自然以山水错综变化为基质的基本构成，山重水复，林木交盘，溪石映带，云霭掩秀，徽州人因行贾、入仕宦游的阅历而提高了对自然美与建筑美组合空间的审美要求，于是衣锦还乡，大兴土木，置宅院、园林，建祠堂、社宇，架桥修路，以构成景观层次丰富的游赏空间。徽州村落建设基于卜地测居的风水观念，十分重视村头组景，随山就水，配置桥、亭、塔、阁、坊、碑，形成水口园林景观。水口是指一个村庄水的流出之处，按风水观念来讲，水本主财；水口不仅具有水流出入的功用，更具有聚财的意象，是村民命运、前程的象征。因此，徽人讲究水口的设施，体现为防卫型、生产型、交通型、游赏型等多种模式，表明徽州村落水口的园林化建筑是在特定的地理和历史条件下发展起来的。水口园林开创了民办公共性质的园林之先河，是徽派园林建筑中颇值得重视的一种，它不但美化了徽州的人居环境，也表达了人们寄托吉祥如意的风水意愿，更多的是明清社会经济、文化、时俗所打下的烙印。水口园林作为全村的风水脉络，不仅是村落最大容量的边界，而且集交通、导向、防卫、观赏和象征等功能于一身，是评价村落环境的一项重要指标。培养着村民恬淡幽雅的审美情趣和良性反馈的生态意识。这些给人的总体印象是属于中国传统文化中天人关系的范畴。人与天地无时无刻不在息息相通：人在此确实成了自然之子，而自然在此也确实成了人的无体无肤之母，由天人感应进而达到天人合一。可见，徽派建筑的民居村落景观，包括村中公众设施如祠堂、社宇乃至坟山都作为宗族的风水宝地，以及每家每户的房前屋后，两旁的庭院园林，一草一木几乎被看成是关系到人们祸福的圣物，受着不容冒犯的爱戴保护，这种天地造化和人工造设巧妙结合的建筑布局、水口园林，使得整个村舍充满流动感和生命感，更能体现出天人合一的美学境界，确实有助于实现人们一直追求的自我和谐、人际和谐、人与自然和谐的理想。

概而言之，徽派建筑民居、村落和园林，作为一种历史的遗存，是研究人文、科技、工艺的活化石，也是一部建筑文化的立体教科书。因为建筑是多元要素的有机组合与叠加，包括实物、科学、技能、艺术和文化，其中有着丰厚的科技观念和人文意蕴，营造出诸如良好生态、优美形态、平衡心态三合一的氛围。徽派建筑反映出人们追求的一系列理想，即建筑艺术也十分重视写意手法，即是创造出一种含蓄美的有效方式，乃指不过分拘泥于对实物形象的摹写，而是赋予有限形象更深广寓意的宗旨，有着以下四个方面的精神追求：建筑实体与建筑文化的统一，建筑科技与建筑工艺的结合，人工构建与自然生态的和谐，科学精神与人文精神的交融。纵观古徽州建筑和环境中的诸多景物异状，都会令人见景生情，情系物而发于心，使得建筑物突破了物质技术乃至功能的范畴，进入人情和心理的境界，山川本是自然之物，但其一旦与人交流情感时，便成了有情有义的“龙”和“脉”了，风水术中的龙山和水脉，能呈吉祥或凶兆。建筑园林和村落住宅也一样，一旦与人交流着情感，便会触发人们“六感”交集，即聚合感、归宿感、安全感、亲切感、秩序感、领域感，继而在脑海里萌生出徽州古建三绝中雕刻工艺无所不包的内在含蓄美，“三性”俱全，即丰富性、灵动性、韵律性。这就充分体现了当时那个年代人们的社会习俗心理和精神风貌，很值得探究和发掘，可以说其开发的价值应引起我们高度重视。

第五节　徽州水文化

徽州一府六县，地处皖南山区，山多水少人稠。有谚云：七山一水一分田，还有一分道路和家园。虽然徽州介于万山丛中，但是水系却四通八达，东达浙江杭州，西至江西饶州，北往江苏南京。其水系主要有新安江、练江等，更多的是给人留下深刻印象，串联和点缀于徽州古村落之间，形成“小桥、流水、人家”式的水口、小水流等。可以说，正是因为这些如珍珠般的小水系，让徽州因水而灵，因水而名，因水而传。

一、徽州水文化的基本内涵

徽州水文化是徽州地区与水相关的一切物质现象和精神成果的总和。其内涵主要为两大层面：一是物质层面。既有徽州地区水的自然面貌，如河流、水口，也包含徽州人民在生产活动中所创造的物质产品，如坝渠、塘堰、桥涵、水圳、水碓、水磨等，还有和水有关的管理体制、行为规范等。二是精神层面。以水为载体，通过人们思考、提炼、加工所形成的理水技艺、精神气节和文化特质。如徽州古村落的风水文化中的“天人合一”思想以及由水而发的和谐理念，徽州山水文学和新安画派中的人文精神，水利工程鱼梁坝意在防洪、蓄水、灌溉、通航等功能的精神内涵等，它们是徽州水文化的灵魂和核心。

二、徽州水文化价值审视

1. 自然价值

世界自然和文化双重遗产的黄山以五绝而闻名：奇松、怪石、云海、温泉、冬雪。五绝有三景与水有关。“几百里山水画廊”的新安江水系，是徽州与外界交通的最重要水道。这些水道是徽商名扬天下的起源之路，徽州的许多集镇和村落都是傍水而建，而水道还造就无数精美的古桥、水街等，也给徽州带来瑰丽多姿的水文化画卷。

2. 人文价值

徽州水文化底蕴深厚，具有珍贵的人文价值。首先，徽州山水文学品格独具，艺术精湛，影响深远。其主要表现在两个方面：一是徽州人编著的山水文学作品。如朱熹《观书有感》、戴震《水地记》《水经注》的勘校等；二是为徽州所倾倒的文人留下的山水文学作品。这一方面自从梁武帝面对徐摛发出“新安大好山水”的赞语后，一个以新安江为主线、以黄山和白岳为中心的徽州山水文学的特定领域就凸现了出来。徽州山水诗歌和山水散文代表性作品主要有：谢灵运的《新安桐庐江》、沈约的《新安江水至清浅深见底贻京邑游好》、权德舆《新安江路》、李白《青溪吟》、王安石的《咏屯溪诗》、范成大的《温泉》、杨万里《新安江水自绩溪发源》《过阊门溪》、张可久《霜角·新安八景》《水仙子·黄山道中》、汪道昆《望天都》、唐寅《齐云岩纵目》、袁枚《宿黄山狮子林晨起登清凉台看云铺海》、黄景仁《春雨望新安江》、程敏政《游齐云山记》、徐弘祖《游黄山日记(前)》《游白岳日记》和《游黄山日记（后)》、许楚《新安江赋》、郁达夫《屯溪夜泊记》等。

徽州人朱熹《观书有感》云：半亩方塘一鉴开，天光云影共徘徊。问渠那得清如许，为有源头活水来。这里的水不仅是自然的水，更是蕴含着水的人格理想，就如“君子之交淡若水”“上善若水”一样，水是一种人格力量的象征。因而，水在这时被赋予了道德的意义指向，成为了儒家文化的人格载体。

戴震的《水地记》是清代史地学史上以水为主的奠基之作；戴震修的《直隶河渠书》对国家水利农田建设和利用，是有作用的；校勘的《水经注》等除了有创新的学术价值，亦具有深厚的人文价值。戴震不仅以其如炬的思想启迪后人，而且也以其亲自设计建造的水利工程——珠塘坝，制服山洪，至今依然造福乡里、泽被后代。

谢灵运、李白、朱熹、王安石、汪道昆、唐寅、戴震等历史文化名人，留下了丰富的人文作品，其深厚的人文内涵和人文价值还有待我们进一步深入研究和挖掘。

另外，徽州许多古民居、亭台楼榭的楹联，歌颂自然山水，咏唱自己的生活，也是徽州水文化的一个重要组成部分。如“天长流水坐怀古；春静幽兰时向人”“水惟善下方为海；山不矜高自极天”“一溪烟水明如画；十亩桑田谁并耕”“雨入花心自成甘苦；水收器内各显方圆”“远树平林村落；小桥流水人家”“孝友初心诗书夙好；春秋佳日山水清音”“清风明月本无价；远水近山皆有情”“得山水情，其人多寿；饶诗书气，有子必贤”“忍片刻风平浪静；退一步海阔天空”“水墨开奇境；丝桐发妙音”“清气若兰，虚怀当竹；乐清在水；静趣同山”“放怀楚水吴山外；得意唐诗晋帖间”“丰山拱应家声振；坎水环流世泽长”“四面远山绕二水；一潭星月照孤亭”“水声千涧雨；山气四时秋”等，这些楹联是对徽州人古风和睿智的延续，作为一种文化积淀而具有丰厚的人文内涵。

其次，新安画派以自然为师，秀丽的徽州山水是他们艺术创作的源泉。黄公望、倪云林、渐江、汪之瑞、查士标、孙逸、程邃、梅清、石涛、黄宾虹、赖少其等，这些和新安画派有着渊源、创建和传承的画家，将新安这片山水所形成的独特的自然风貌，和数百年来形成的人居文化合而一体，形成了一个人与自然和谐的状态。新安画派注重文化的修养和提炼，更注重人品画品的合二为一。新安画派所体现出来的艺术内涵和人文精神，是我们民族文化、民族精神的一个重要组成部分。

再次，徽州村落的风水文化亦有深刻的人文内涵。徽州古村落建设从层次看，有点过于讲究“风水”，但是从实际功用看，依山傍水，其水系设计和防水措施都十分讲究，特别是人与自然的和谐，一切以人为本的思想贯彻其中，这种别具一格的水景观，给我们留下了丰厚的水文化遗产。

这些取材、依托于徽州山水的文学、艺术、村落、楹联的人文作品和物质产品，成为独具特色、别具一格的徽州水文化瑰宝。

3. 生态价值

徽州古村落堪称是中国传统风水理论应用最彻底的地方。徽州人在风水观念下，营造出一个理想的“人居环境”，尤其在古村落的水系建设中取得了杰出的成就。村落的选址要流水环绕，村落结构要水路相生，民居建筑要四水归堂，加之村落命脉所系的水口园林等，它们“聚气”又“聚财”，既能孕育生气、增添生命力，又能“克火”，维护和调节局部生态环境，形成一个可以自我更新的生态系统，其最大的成功、最深的教益是重环境保护、使生态平衡、致天人和谐，具有很现实的生态价值。

4. 精神价值

徽州的生产、生活与水紧密相连，与水结下不解之缘，集数十辈人努力、千万人智慧，水文化积聚着徽州人特有的人文内涵和精神气质，凝结为水利智慧的宝库。

徽州村落对水口、水系、水园的规划所体现的“以人为本，天人合一”的哲学高度以及由水而发的和谐理念；水利工程歙县渔梁坝、婺源曲尺堰充分发挥了防洪、蓄水、灌溉、通航、镇火等诸多功能，体现人水和谐以及人与自然和谐相处之道；徽州山水文学、新安画派等人文作品讲究品行操守，注重气节人格、乐于简朴清净，摒弃奢侈享乐、精心钻研艺术，追求创新和个性，其所形成的内在人格精神和独特艺术品格，具有深刻的人生启示意义和强烈的审美感染力；这方水土孕育的徽商，其身上体现出爱国精神、进取精神、创业精神、竞争精神、创新精神、奉献精神、开放精神、团结精神、和谐精神等，这种精神发轫于徽州，是徽州水文化核心价值所在。

三、徽州水文化价值反思

1. 积极意义和正面影响

首先，徽州的水坝、水土碣和水碓可调节水流速度和上下游的水量，水坝、水土碣还有防洪抗旱、便利通航、保证饮水安全等多重综合功能，其典型代表就是被称为老徽州水利工程中两朵奇葩的歙县渔梁坝和婺源曲尺堰，它们比会带来许多不良后果的水库要好得多。它们既充实了我们当代的水利规划和理水技艺，又给我们提供人水和谐——水利建设的水文化视角。

其次，徽州古村落对水系的规划所形成的良好生态系统，对我们今天保护生态环境、消解环境危机，推进建设农村、稳定农村、繁荣农村乃至社会主义新农村建设和谋求经济社会的可持续发展有着深远的意义和价值。

徽州古村落所体现的水文化精神，还对徽学和徽文化研究有着重要的学术和方法论价值，它的“以人为本、天人合一”以及由水而发的和谐理念，对我们今天的社会主义和谐理论的建立甚至和谐社会的发展也有着重要的启示和促进。

另外，徽州水文化的开发和利用，对于当前徽州的旅游和文化产业的发展有着极大的推动作用，为徽文化向徽文化经济的转化提供一个探索的途径。

2. 面临的问题和负面影响

虽然徽州水文化对我们今天有着诸多方面的意义和价值，但是老徽州毕竟是长期处于封建社会和小农经济环境下，随着社会经济的发展，其逐渐面临和表现出多方面的缺陷和问题。如徽州古村落的生态价值在当代逐渐表现出：生态理性的过时、生态实践的保守封闭、生态张力的脆弱等现代缺陷。再如徽州古村落（西递、宏村等）近年来过于依赖旅游产业，这给当地经济带来显著效益的同时，也给当地的自然环境（如水质恶化严重）、生活环境（如乡村生活气息减弱）以及社会文化环境（如商业气息过浓）等带来较大的负面影响。

总之，坚持从实际出发，保护和开发并举，继承和创新结合，既要充分汲取徽州水文化所具有的自然、人文、生态和精神价值营养；又要克服、解决其所面临和表现的现代缺陷和负面影响，努力实现发扬徽州水文化精神乃至促进社会经济协调发展。

参考文献

[1] 金元浦. 中国文化概论 [M]. 北京：中国人民大学出版社，2012.
[2] 朱恩义，秦其良. 中国传统文化 [M]. 大连：大连理工大学出版社，2017.
[3] 刘庭华. 老子之道：为人处世的智慧与方法 [M]. 北京：红旗出版社，2012.
[4] 蒋维乔. 中国佛教史 [M]. 上海：商务印书馆，2015.
[5] 冯友兰. 中国哲学简史 [M]. 北京：北京大学出版社，2012.
[6] 高开华. 徽州文化十讲 [M]. 合肥：安徽大学出版社，2015.
[7] 汪良发. 徽州文化十二讲 [M]. 合肥：合肥工业大学出版社，2008.
[8] 朱万曙. 论徽学 [M]. 合肥：安徽大学出版社，2004.
[9] 赵华富. 徽州宗族研究 [M]. 合肥：安徽大学出版社，2004.
[10] 卞利. 明清徽州社会研究 [M]. 合肥：安徽大学出版社，2004.
[11] 李宗新，靳怀堾，尉天骄. 中国水文化概论 [M]. 郑州：黄河水利出版社，2008.
[12] 姚汉源. 中国水利史纲要 [M]. 北京：水利电力出版社，1987.
[13] 张南，等. 简明安徽通史 [M]. 合肥：安徽人民出版社，1994.
[14] 陆林. 中国佛教史 [M]. 上海：商务印书馆，2015.
[15] 张海鹏，王廷元. 徽商研究 [M]. 合肥：安徽人民出版社，1995.
[16] 陆林，凌善金，焦华富. 徽州村落 [M]. 合肥：安徽人民出版社，2005.
[17] 周晓光. 徽州文化史（明清卷）[M]. 合肥：安徽人民出版社，2014.